JN299193

性教育学

荒堀憲二　松浦賢長

編

朝倉書店

まえがき

　これまでの性教育にはその裏打ちとなる学問がなかったが，性教育を学問にしていこうという取組は，実は過去に存在していた．それは昭和47年前後のことである．昭和47年は，日本性教育協会が設立された年であった．当時，設立に携わった先達は，毎月テーマを組み，学術的な論文・レビューや啓発的論述を雑誌（ジャーナル）形態にて発行していった．それらの雑誌を見ると，いまでも当時の熱気が伝わってくる．性教育を学問として展開していくという，その熱い思いが溢れていた時代であった．それはわが国における性教育学勃興の時期である．だが，この熱気はいつの間にか大樹になることなく潰え，その後何十年にもわたる学問不在の実践時代にとってかわられていくことになった．

　性教育の実践を支える学問の不在は，時にはその実践が流行に大きく左右される状況を作り出してきた．子どもたちにおける性の課題がピークとなっていた西暦2000年前後には，現場の教師等，実践する方の多くが，何か確たるものを欲しはじめていた．このような状況の中，問題を共有した全国の若手研究者たちが性教育学構築のために集い，5年以上の長きにわたる議論をはじめていった．「約40年前の性教育学勃興の熱気を引き継いでいく．」これが性教育学再興を合い言葉として集った若手研究者の総意となった．

　この議論の過程で，「性教育学はどうあるべきか」という問いから，5つの上位概念を導き出すことができた．①人間　対　ヒト，②個人　対　関係（or 世代 or 集団），③現実　対　理念，④近代　対　前近代，⑤現在　対　時間である．これらの上位概念は，大学の授業科目「性教育学」を展開する際の材料にしようという考えを生み出した．

　全国の大学で，性に関する授業科目は少なくはないが，こと「性教育学」という授業科目で展開されている例はほとんど存在しない．いわば，大学レベルで性教育について学んだ"専門的"職業人はほとんど存在しないということである．わたしたちの今回の性教育学再興の取組は，同時に，大学レベルで性教育学を修めて，実践に活用できる専門的職業人を育てる試みでもあった．

　大学授業科目「性教育学」というものは，どのようにプランされるのか．大学ではひとつの授業科目に付き15回の授業が求められる．そこでわたしたちは，全19章の内容を用意し，大学教師がそれらから自分の教える専門的職業人の特性にあわせて15章を取捨選択できるような，ある程度自由度の高い授業材料をゼロから構築した．それが本書である．

　ただし，すべての学問にとって，客観的な批判に耐え再現性を確保し得ることは必須の条件である以上，本書が性教育学復興の芽となるためには，多くの批判を得て改訂を重ねることが必要である．本書が読者諸氏の関心を誘うと同時に，諸氏の声を頂戴できることがあれば，望外の喜びである．

　さいごに，性教育学の基盤編ともいうべき本書を世に送り出すことができる幸せを，これまで支えてくださった，関わってくださった全ての人に感謝いたします．ありがとうございました．

2012年3月　　　　　　　　　　　　　　　　　　　　　　　　　　　　　　　　　編　著　者

編　集　者

荒堀憲二　　伊東市民病院・院長

松浦賢長　　福岡県立大学看護学部・教授

執　筆　者（五十音順，敬称略）

阿部真理子　　玉川大学教育学部・非常勤講師（8.3 節, 9.4 節, 9.5 節）

尼崎光洋　　愛知大学地域政策学部・助教（10.3 節, 19 章）

荒堀憲二　　伊東市民病院・院長（7.1 節, 9.3 節, コラム 1）

石走知子　　鹿児島大学教育学部・准教授（16.2 節）

梅澤　彩　　熊本大学大学院法曹養成研究科・准教授（14.1.3 項, 17.2 節）

オズジャン日香理　　前岡山大学医学部歯学部附属病院（10.4 節, 11.2 節）

笠井直美　　新潟大学教育学部・准教授（15.1 節, 15.3 節, 16.1 節, 16.3 節）

川端壮康　　尚絅学院大学総合人間科学部・講師（15.4 節）

久保田英助　　愛知みずほ大学人間科学部・講師（14.1.1 項, 14.1.2 項）

榊原秀也　　横浜市立大学大学院医学研究科・准教授（5.2 節, 5.4 節）

坂口菊恵　　東京大学教養学部・特任講師（4 章, 10.2 節, 11.3 節, 15.2 節）

助川明子　　横浜市立大学医学部・客員研究員（5.2 節）

鈴木　茜　　市原市保健センター（8.4 節）

竹原健二　　国立成育医療研究センター研究所・研究員（14.2 節, 17.1 節）

劒　陽子　　エンゼル病院産婦人科（18.3 節）

當山 紀子 (とうやま のりこ)	沖縄県立看護大学・講師（18.1節，コラム 2）
永田 雅子 (ながた まさこ)	名古屋大学発達心理精神科学教育研究センター・准教授（13.1節）
仁木 雪子 (にき せつこ)	八戸短期大学看護学科・教授（8.1節）
納富 貴 (のうとみ たかし)	誠晴會納富病院・院長（6章，7.5節，9.1節，9.2節，10.1節，10.4節，11.2節）
服部 律子 (はっとり りつこ)	岐阜県立看護大学看護学部・教授（8.2節）
針間 克己 (はりま かつき)	はりまメンタルクリニック・院長（5.3節，12章）
平原 史樹 (ひらはら ふみき)	横浜市立大学大学院医学研究科・教授（5.2節）
細井 陽子 (ほそい ようこ)	九州女子大学家政学部・講師（7.4節）
松浦 賢長 (まつうら けんちょう)	福岡県立大学看護学部・教授（5.6節，11.1節，13.1節，13.2節，14.5節）
松本 亜紀 (まつもと あき)	社団法人倫理研究所研究センター・専門研究員（2章）
丸岡 里香 (まるおか りか)	北翔大学人間福祉学部・准教授（7.2節）
三國 和美 (みくに かずみ)	仙台青葉学院短期大学看護学科・准教授（8.5節，17.3節）
宮原 春美 (みやはら はるみ)	長崎大学医学部・教授（16.1節）
茂木 輝順 (もてぎ てるのり)	女子栄養大学・特別研究員（1章）
森 慶恵 (もり よしえ)	名古屋市立平和小学校・養護教諭（5.1節，7.3節）
山口 幸伸 (やまぐち ゆきのぶ)	名古屋少年鑑別所（15.1節）
山崎 明美 (やまざき あけみ)	信州大学医学部・講師（18.2節，18.3節）
渡辺 多恵子 (わたなべ たえこ)	玉川大学教育学部・非常勤講師（3章，13.3節）

目　　　次

I. 性をふりかえる

1. 性教育の歴史 〔茂木輝順〕 *1*
1.1 「性」の語意と「性教育」の登場 1
1.2 性教育の制度史 2
1.3 自　慰 4
1.4 性感染症 5
1.5 男女交際 6

2. 性の民俗 〔松本亜紀〕 *8*
2.1 村社会の性 8
2.2 性の伝承 9
2.3 お祭りと性 10
2.4 性の民俗の変遷 11
2.5 海外からみた日本の性の民俗 12

3. 性と文学 〔渡辺多恵子〕 *14*
3.1 男女交際 14
3.2 同性愛 16

II. 性を知る

4. 性とは何か 〔坂口菊恵〕 *18*
4.1 性の存在意義 18
4.2 オスとメス 19
4.3 性戦略と生活史 21
4.4 ジェンダー 23

5. 性差・性別 *26*
5.1 一次性徴・二次性徴 〔森　慶恵〕 26
5.2 性的指向 〔助川明子・榊原秀也・平原史樹〕 27
5.3 性同一性障害 〔針間克己〕 29
5.4 性ホルモン・性腺異常 〔榊原秀也〕 30
5.5 性別（性的発達）のレベル 〔松浦賢長〕 32

6. 男性の身体 〔納富　貴〕 **35**
- 6.1 男性外性器の解剖と生理 …………………………………………… 35
- 6.2 勃起・射精のメカニズム …………………………………………… 37
- 6.3 生殖機能に影響を与えるもの ……………………………………… 41
- 6.4 快　楽 ………………………………………………………………… 43

7. 女性の身体 **46**
- 7.1 解剖生理 ……………………………………………… 〔荒堀憲二〕 46
- 7.2 月経周期 ……………………………………………… 〔丸岡里香〕 48
- 7.3 ボディイメージ ……………………………………… 〔森　慶恵〕 49
- 7.4 栄養と生殖機能 ……………………………………… 〔細井陽子〕 50
- 7.5 快 ……………………………………………………… 〔納富　貴〕 52

8. 妊娠・出産と避妊 **55**
- 8.1 妊娠の機序 …………………………………………… 〔仁木雪子〕 55
- 8.2 出産の仕組み ………………………………………… 〔服部律子〕 56
- 8.3 若年・高年妊娠 ……………………………………… 〔阿部真理子〕 58
- 8.4 避妊法とその効果 …………………………………… 〔鈴木　茜〕 61
- 8.5 人工妊娠中絶 ………………………………………… 〔三國和美〕 64

9. STD/STI **67**
- 9.1 性感染症 ……………………………………………… 〔納富　貴〕 67
- 9.2 性感染症各論 ………………………………………… 〔納富　貴〕 67
- 9.3 女性の性感染症 ……………………………………… 〔荒堀憲二〕 74
- 9.4 予防法 ………………………………………………… 〔阿部真理子〕 77
- 9.5 性行動・性感染 ……………………………………… 〔阿部真理子〕 79

III. 性を表現する

10. 性行動と身体 **82**
- 10.1 共感・思いやり ……………………………………… 〔納富　貴〕 82
- 10.2 性行動とペア・ボンド ……………………………… 〔坂口菊恵〕 85
- 10.3 性衝動 ………………………………………………… 〔尼崎光洋〕 87
- 10.4 攻撃性 ……………………………… 〔オズジャン日香理・納富　貴〕 91
- 10.5 性的魅力 ……………………………………………… 〔納富　貴〕 93

11. 性行動と環境 **97**
- 11.1 性行動を早める・遅くする環境 …………………… 〔松浦賢長〕 97
- 11.2 レジリエンス ………………………… 〔オズジャン日香理・納富　貴〕 99
- 11.3 感覚と性行動 ………………………………………… 〔坂口菊恵〕 101

12.	パラフィリア	〔針間克己〕	**106**
	12.1 パラフィリアの概念		106
	12.2 パラフィリア各論		107

IV. 性を共有する

13.	性と人間関係		**111**
	13.1 人間関係と発達	〔永田雅子〕	111
	13.2 家庭における性の扱い	〔松浦賢長〕	112
	13.3 メディアと出会い	〔渡辺多恵子・納富 貴〕	115

14.	性 と 社 会		**119**
	14.1 性と道徳	〔久保田英介（14.1.1, 14.1.2）・梅澤 彩（14.1.3）〕	119
	14.2 現代家族と婚姻	〔竹原健二〕	123
	14.3 性の商品化	〔松浦賢長〕	125

V. 性を支える

15.	性犯罪・性被害		**128**
	15.1 性犯罪とはなにか	〔笠井直美・山口幸伸〕	128
	15.2 性被害のあいやすさ	〔坂口菊恵〕	130
	15.3 性的虐待・DV・デートレイプ	〔笠井直美〕	131
	15.4 対　策	〔川端壮康〕	134

16.	性 の 支 援		**136**
	16.1 障害児・障害者の性	〔宮原春美・笠井直美〕	136
	16.2 受診行動	〔石走知子〕	138
	16.3 助けを求める行動の支援	〔笠井直美〕	142

17.	性 と 医 療		**145**
	17.1 出産と医療	〔竹原健二〕	145
	17.2 生殖補助医療	〔梅澤 彩〕	147
	17.3 出生前診断	〔三國和美〕	150

VI. 性を広げる

18.	性に関する国際的動向		**153**
	18.1 リプロダクティブ・ヘルス／ライツ―性と生殖に関する健康・権利	〔當山紀子〕	153
	18.2 セクシュアル・ヘルス	〔山崎明美〕	156
	18.3 包括的性教育	〔山崎明美〕	159

18.4　プロチョイス・プロライフ……………………………………………〔剱　陽子〕162

19. 性に関する尺度 ────────────────────────〔尼崎光洋〕**164**
　19.1　尺度とは何か………………………………………………………………………164
　19.2　性に関する行動を測定する尺度……………………………………………………164
　19.3　性に関する意識を測定する尺度……………………………………………………165
　19.4　性に関する態度を測定する尺度……………………………………………………167

索　引 ─────────────────────────────────**170**

コラム
デザイナーズベイビー〔荒堀憲二〕152／リプロダクティブ・ライツが否定されたことによる影響の例〔當山紀子〕153

1 性教育の歴史

I. 性をふりかえる

1.1 「性」の語意と「性教育」の登場

◎ 1.1.1 性における「セックスに関する事柄」という意味

現在の日本語では,「セックスに関する事柄」を「性」と表記するが,「性」を「さが」と訓読みするように,もともとの「性」の意味は「うまれつき」や「本質」で,「セックスに関する事柄」という意味は含まれていなかった.「性」という言葉が「セックスに関する事柄」という意味でも使われるようになったのは,19世紀頃からで,例えば「国語辞典系で『性』という語にセックス的意味があると説明するのはやや遅れて大正期にはいってからのこと」[1]とされる.それまでは,主に「淫」「色」「情」などの語が「セックスに関する事柄」の意味で使われていた.つまり,それ以前の人々は,現代の私たちと同じように「性」を認識し得ないということである.

したがって,江戸時代前期の儒学者・古義学の開祖・伊藤仁斎(1627–1705)が『語孟字義』の「性凡五條」の中で「性は生なり.人其の生ずる所のまゝにして加損すること無し」と述べているが,これは,現在,性教育の分野で用いられることの多い「性は生である」という表現とはまったくニュアンスが異なり,「人のうまれつきは変化せず,そのとおりに生きていく」という意味となる.

◎ 1.1.2 「性教育」の言葉の登場[2]

「性教育」は1910年代(大正期)頃から,使われるようになった用語であり,100年ほどしか使用されていない言葉である.管見の限りでは,少なくとも1918(大正7)年には「性教育」が使用されている.東京府立第一高等女学校教頭(当時)であった市川源三が雑誌『心理研究』73号に寄稿した論文「男女心理の研究と結婚」で「性教育」が使用されている.市川は「家族制度」や「結婚」の問題点をいくつか指摘したうえで「此の問題を解決する法に於て,吾々は性教育 sex education の必要性を唱導したい」と述べた.

この「性教育」という用語が登場するまでの過程では,「性育」「色情教育」「性欲教育」「性的教育」などの言葉が使われ,現在の「性教育」に該当する名称をめぐって,一種の乱立状態が見られたことがあった.現在ではほとんど「性教育」が使われ,それ以外の語は,あまり使われることがない.

では,他の語がいつから使われているのかというと,「性育」…国府寺新作「性育論一斑」『教育時論』123号,1888(明治21)年,「色情教育」…ローゼンクランツ(松尾貞次郎訳解)『魯氏教育哲学』普及舎,1891(明治24)年,「性欲教育」…富士川游「性欲教育問題」『中央公論』23巻10号,1908(明治41)年,「性的教育」…ホール(中島力造ら訳)『青年期の研究』同文館,1910(明治43)年,といずれも明治期に見られる用語である.「性教育」が明治期に使用されていた例はなく,「性教育」はこれらの中では一番新しい言葉である.

これらの言葉が使用された大まかな時期をいうと,「性育」は「色情教育」「性的教育」に取って代わられる形で大正初期あたりまでに消えている.「色情教育」は明治末期あたりから「性欲教育」へと変わっていく傾向にあった.大正前期には,主に「性欲教育」か「性的教育」が使われるようになり,そ

の後「性教育」が登場してきた．「性的教育」は「的」が次第に省略されたことによって，「性教育」に変化していったと考えることができる．一方，「性欲教育」は，「性教育」が広まる中で，「性欲教育」を批判する雰囲気が高まり，「性欲教育」は使われなくなっていった．

1.2 性教育の制度史

◎ 1.2.1 純潔教育政策期

　日本において，性教育が制度的に位置づくようになったのは，戦後のことである．1946年11月，終戦期に増加した私娼[i]の対策として，次官会議によって「私娼の取締並びに発生の予防，及び保護対策」が決定され，これを受け，1947年1月，文部省社会教育局は各都道府県あてに「純潔教育の実施について」を通牒する．この通牒に基づき，翌2月には純潔教育準備委員会，6月には文部省純潔教育委員会が組織される．そして，委員会は論議の結果をまとめ，1948年2月「純潔教育基本要項」を発表する．その中で，「純潔教育の目標」は次のように掲げられている．「純潔教育は，単にいわゆる性教育の部面にとどまることなく，同時に一般道徳教育，公民教育，科学教育，芸能文化教育との連関において，およそ左の点に目標をおき綜合的に推進すること．(1) 社会の純化をはかり男女間の道徳を確立すること．(2) 正しい性科学知識を普及し，性道徳の高揚をはかること．(3) レクリエーションを奨励し，健全な心身の発達と明朗な環境をつくることに努めること．(4) 宗教，芸術，その他の文化を通じ，情操の陶冶，趣味の洗錬をはかること．」

　この純潔教育基本要項発表後の，1950年4月，純潔教育委員会は純潔教育分科審議会へ名称変更される．審議会は同年に青少年向けの読物として『男女の交際と礼儀』を発刊するなど，断続的に活動を続け，1955年3月，「純潔教育の普及徹底に関する建議 附・純潔教育の進め方（試案）」をまとめ，文部大臣に提出する．この「建議」では，「純潔教育は，いわゆる封建的貞操観，道徳感，宗教的禁欲主義などの先入観のみによって行われることはのぞましくない」と説明され，「『性教育』と『純潔教育』とは相違があるわけではない」とされている．これを受けた文部省は「純潔教育資料作成費」を予算化し，『性と純潔—美しい青春のために—』(1959年)，『思春期までの子どもの指導』(1961年)，『男性と女性—若い人々のために—』(1962年) など，青少年や保護者向けの読物資料などを作成した．

　一方，学校教育分野では，1949年に発表された「中等学校保健計画実施要領（試案）」（文部省）に，健康教育の内容の一つに「成熟期への到達」という項がもうけられ，「月経」「精液射出」「健全な男女関係」「遺伝」などの知識教育も含めた指導内容が示された．しかし，1952年の「中・高生徒の性教育の基本方針」（文部省初等中等局）という通達では，「性教育の基本は，生徒に性に関する知識を与えるというよりは，おう盛な活力，精力（エネルギー）を健全な方向に向けてやるような興味深い経験（スポーツ，広範囲なレクリエーション活動等）を与えるようにする」とされ，「新しい知識を与えることは生徒の好奇心を刺激することにもなる」と性に関する知識を与えることが懐疑的に捉えられている．さらに，1958年改訂の中学校学習指導要領や1960年改訂の高等学校学習指導要領では，性に関する学習内容は各領域へ分散して示され，「成熟期への到達」の項のようにまとまって示されなくなった．

◎ 1.2.2 純潔教育政策から性教育政策へ

　1972年になると，文部省社会教育局は「純潔教育と性教育の関係について」（文社婦第八十号局長裁

---

[i] 敗戦期の私娼（パンパン）と，内務省などが主導となって1945年8月26日に設立された「特殊慰安施設協会（略称RAA）」との関係については，以下の論文を参照．田代美江子，「敗戦後日本における「純潔教育」の展開と変遷」，『ジェンダーと教育の歴史』（橋本紀子・逸見克亮亮編，川島書店，2003）．

定）で,「純潔教育と性教育とは,本来,その意義,理念つまり,目的および内容が異なるものではないと考えられます.（中略）よって,今後は,純潔教育と性教育とが同義語であるとの見解に立って,事務をすすめることとします」との見解を示す.この裁定以後,社会教育局の性教育施策は縮小傾向にあり,代わりに,文部省内で主に性教育政策を牽引したのは,初等中等教育局や体育局である.この転換は,性教育の主な対象が,成人を中心とした社会人から,学校における児童生徒へ転換したことのあらわれであると考えられる.また,このような純潔教育から性教育への転換の背後には,女性のみに純潔思想が押し付けられているといった女性運動からの純潔教育批判や,欧米からセクシュアリティ(sexuality)概念が日本に流入し,性の概念がsex（生物学的な性）より広くとらえられるようになったことなどがある.さらに,1972年に設立された財団法人日本性教育協会が,純潔教育ではない性教育の進展を図ったことも影響している.

文部省初等中等局からは,1974年に『思春期における生徒指導上の諸問題—高等学校編』『同—中学校編』,1977年には『問題行動をもつ生徒の指導—高等学校編』『同—中学校編』や1979年の『生徒の問題行動に関する基礎資料—中学校・高等学校編』を刊行し,男女交際,性的な関心が強い生徒,性的被害を受けた生徒への対応などについて解説している.

そして,1986年には『生徒指導における性に関する指導—中学校・高等学校編』が刊行されている.「性に関する指導」の目標として,次の5点があげられている.「男性又は女性として自己の性の認識を確かにさせる」「人間尊重,男女平等の精神に基づいて男女の人間関係を築くようにさせる」「家庭や社会の一員として必要な基礎的,基本的事項を習得させる」「心身の発達に適応し,当面する諸問題を解決する力を養わせる」「青年期における人間としての望ましい生き方を学ばせる」.

また,同書では「性教育という言葉は,今日なお人によってその解釈が異なり,男女の身体的,生理的な事項やそれに関係する問題の教育や問題行動の防止のための指導という狭い概念でとらえているものが少なくない」と説明されている.同書の執筆者の一人でもある田能村祐麒は,このとき文部省が「性教育」という用語の使用に慎重だった点について,「（当時の）文部省の担当官が性教育という言葉を嫌っていたということもありますが,各教科については『○○教育』といい,各教科にまたがる教育に関しては『○○に関する指導』と呼ぶようにしていると聞いておりました」と語っている[3].

◎ **1.2.3 エイズ教育政策期**

1989年3月,1992年より小学校で実施される新しい学習指導要領が,文部省より公示された.その中で,特に注目を浴びた一つが性教育である.5年生の理科の中に,「人の発生や成長」が学習内容として示されたこと,加えて,小学校にはそれまで存在しなかった保健の検定教科書が使用されるようになることが注目され,「性教育元年」というキーワードをあげて報じるマスコミもあった.このように,当時,性教育が大きく注目された背景には,80年代後半から日本でHIV/AIDSの問題が大きく浮上したことがあげられる.文部省体育局は1987年2月,「エイズの予防に関する知識の普及について」を各都道府県教育委員会長など宛に通牒するなど,学校教育においてエイズをどう扱うかが議論となっていた.その最中に,この学習指導要領は示されたのであった.

そして,1999年には,文部省が『学校における性教育の考え方・進め方』を発刊する.性教育の基本的な目標として,次の3点があげられている.「男性又は女性として自己の認識を確かにさせる.」「人間尊重,男女平等の精神に基づく豊かな男女の人間関係を築くことができるようにする.」「家庭や様々な社会集団の一員として直面する性の諸問題を適切に判断し,対処する能力や資質を育てる」.通達を除けば,文部省の指導資料のタイトルに,初めて「性教育」という言葉が使われたことになる.

1.3　自　　　慰

◎ 1.3.1　自慰＝有害

　1908（明治41）年，医学者の富士川游が，東京の高輪中学において，性欲に関する講演を行った．この講演は日本で最初の学校における性教育ともいわれている[4]．この講演の狙いの一つは「手淫の害」を知らせることで，富士川は「生殖器を濫用することの害」を生徒に話している．文明開化以後，欧米から日本に流入してきた性科学によって，自慰を有害とする考え方が広まっていき，自慰は万病の基であり，神経系への害から精神病や神経衰弱，近視や低身長，身体が虚弱になることから淋病や肺結核などの原因になるとも考えられるようになっていった．

　明治・大正期の性教育論は，自慰を有害とするものが大部分である．大正期には，澤田順次郎や羽太鋭治などの通俗性欲学が流行し，手淫＝有害説をさらに広めた．

◎ 1.3.2　自慰大害なし

　手淫＝有害説に反論を行った最も代表的な人物が山本宣治である．山本は，「固定強迫観念の害の方が自慰そのものの害より大なのです」[5]と，自慰のそのものの害よりは，有害性を信じ込むことによって生じる害の方が大きいと述べ，「自慰は青春の性的覚醒期の男子に極めて普通であり自慰者の大多数は精神病患者になることも無い」[6]という．このように山本が主張する背景には，山本が（当時）最新の欧米の性科学や，彼が1923年に行った青年対象の性行動調査から，自慰は青年男子において一般的に行われているものであるという見識を得ていたということがある．

　しかし，山本は「自慰大害なし」と述べるものの，害があると信じ込むことによって害が生じるという立場であり，自慰は望ましくないものという立場であった．日本近代のオナニー言説を詳細に分析している赤川学は，自慰が万病の基になるという有害説の立場を「強い」有害論，山本などのように有害性を限定的にとらえる立場を「弱い」有害論と分け，戦後の1950年代を通して「弱い」有害論は「強い」有害論を駆逐していったとする[7]．

◎ 1.3.3　自慰それ自体は無害だけど…

　自慰それ自体は無害であるが望ましいものではないという立場は，戦後の性教育論にも受け継がれていく．それは，主に，適度であれば無害であるが過度であると有害であるといった形で見られる．例えば，1948年に兵庫教育委員会体育保健課が作成した指導者用の性教育資料では，「自慰の害毒を余り極端に説くことはよろしくないが，併し，それが習慣性になる場合の弊害については，充分に之を悟らせねばならぬ」と，自慰を過度に行うことによって，成績が下がったり，気力が失ったりするといった弊害が解説されている[8]．

　過度な自慰を望ましくないと位置づける以上，必要となるのが，性欲の昇華という観点である．つまり，スポーツや芸術などを奨励し，性欲のエネルギーに転化させ，自慰を防止するという方法である．自慰を防止するという意味での性欲の昇華の奨励は，1970-80年代の性教育論においても散見される．

◎ 1.3.4　自慰は性欲をコントロールする上でも必要なこと

　1980年代以後の性教育論においては，性欲をコントロールするうえでも，また，自らの性を肯定的にとらえるためにも，自慰は必要な行為であるとする意見も見られるようになった．最近の中学校の保

健教科書の中には「健康に過ごしているのなら，男子でも女子でも，自慰（マスターベーション）の回数で悩む必要はありません」という記述も見られる[9]．

1.4 性感染症

◎ 1.4.1 富国強兵としての性病予防

「文部省としては現在の生理衛生で教えている程度以上にはその必要性を認めない．私は性教育よりもむしろ中等学校の上級生か高等学校あたりの生徒に性病の恐ろしい事を教えるのが今日の急務でなかろうかと考える」[10]

1923（大正12）年に起きた高等女学校の4年生（実年齢では16歳前後）が主治医から強姦に遭い妊娠した事件に対する，文部省の山内雄太郎督学官のコメントの一部である．女性の性被害を防止するための性教育よりも，性病の罹患者を減らす方が重要であるという認識である．富国強兵の時代においては，将兵となる男性が性病に罹患することは，即戦力ダウンにつながる憂慮すべき事態であった．前節で触れた富士川游の講演（1908年）においても，「生殖器病の原因」やその予防法・療法が語られている．性感染症の恐ろしさを知らせることは，特に男子対象の性教育において重要な事項の一つであった．

◎ 1.4.2 「不健全な交際」というイメージ

戦後の1949（昭和24）年，高等学校教科課程の一部改正によって，70単位時間の「保健」の学習が必修となり，1951年度から「保健」の検定教科書が高等学校で使用されはじめた．

例えば，講談社1952年発行『高等保健』は，「不健全な男女関係」という項目で，「性病はいずれも伝染性の病気であって，青年が性の問題を本能的に解決しようとして感染し，さらにまた他人にうつすことが多い．（中略）将来の自分の配偶者や子孫の幸福を考えない男女関係は，不健全なものであって，また青春の破滅をきたすものでもある．」と述べ，また，『高等保健』（大修館書店，1955年）の「性病の予防と治療」という項目は，「不潔な男女間の交際は性病感染の機会を与えるものである」という書き出しに始まり，両教科書ともに，「梅毒」「淋病」「軟性下疳」「鼠径リンパ肉芽腫症」の解説をしている．この時期の教科書の多くは，性感染症を「不健全な男女関係」あるいは「結婚」や「遺伝」と関連づけた形で，4種類の「性病」，中でも「梅毒」について，詳しく述べている．

一方で，ペニシリンの開発などにより，戦後，日本における性病（梅毒・淋病・軟性下疳・鼠径リンパ肉芽腫の合計）の罹患者数は劇的に減少していた．人口10万対で，1950年に男性351.3・女性394.5であったのが，1955年に男性77.7・女性294.2，1960年には男性19.9・女性19.0である（図1.1）[11]．

このような背景から，教科書における性感染症の記述も減少していく．例えば，『保健体育』（開隆堂，1973年）は，「性病予防法」の解説で，「性病は不潔な性行為によって起こる伝染病で，梅毒，りん病，軟性下かん，そけいリンパ肉芽腫症の四種がある」と名称を示しているのみで，症状などの解説はない．『保健体育』（大原出版，1973年）では，「性病（中略）などの予防法」と触れられている程度で，性感染症の名称の記載もない．

◎ 1.4.3 HIV/AIDSの登場

このような状況を一変させたのが，HIV/AIDSの登場である．性器クラミジア感染症の罹患者増加もあり，1998年頃の教科書から，性感染症に関する記述量が増加していく．それだけではなく，HIV/AIDSの登場は「性感染症＝恐ろしいもの」というイメージを与えるだけの教育方法に変革を迫った．

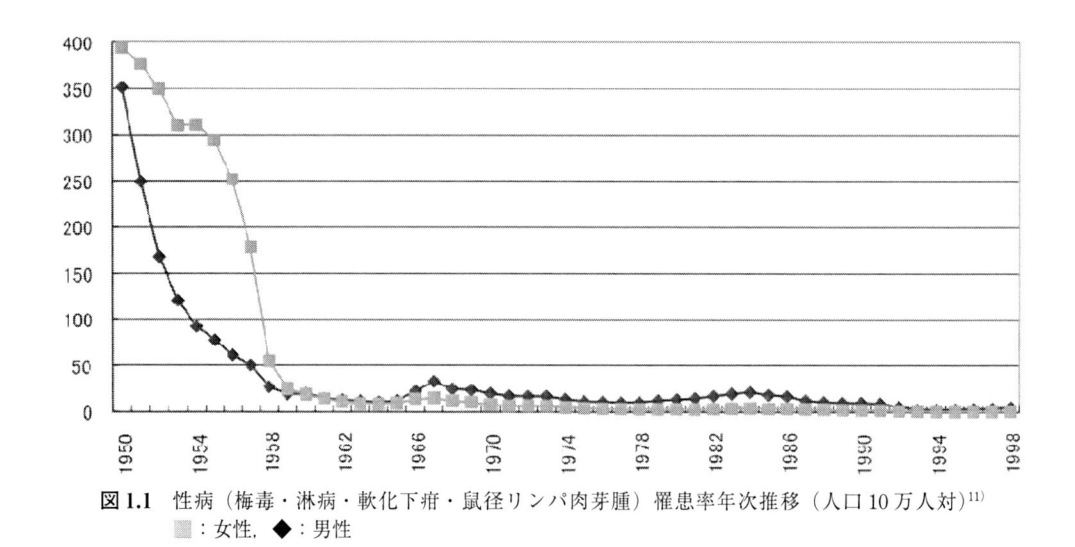

図 1.1 性病（梅毒・淋病・軟化下疳・鼠径リンパ肉芽腫）罹患率年次推移（人口10万人対）[11]
■：女性，◆：男性

教科書はレッドリボン運動や HIV 感染者の声などを掲載し，差別や偏見をなくすという視点が取り入れられるようになっていった．

1.5 男女交際

◎ 1.5.1 男女別学から男女共学へ

中学校と高等学校が中等教育を担う現在の学制は，戦後，発足したものである．それは，男子の教育のみを担う（旧制）中学校と女子のそれを担う高等女学校という，男女別が当然であった戦前の中等教育制度からの大きな変容であった．

当時の保護者や教員は，教育制度が共学化されていくにあたって，「男女間のまちがいがあってはならない」という心配から，性教育の必要性の声をあげることもあった．和歌山県教育局学校教育課が 1949 年に発行した『男女共学指導要領試案』は「生活指導の部」と「性教育の部」で構成され，同書の半分は性教育についての記述である[12]．また，札幌市教護協会が 1950 年に市内の高校との申し合わせによって決められた「男女交際九カ条」には，「男女の交際は，明朗で常に生徒であることを自覚し，秘密をもたないこと」「男女互に心身の純潔を尊重しあうこと」などという項目がみられる[13]．

◎ 1.5.2 『男女の交際と礼儀』

純潔教育施策においても，男女交際は重要な課題であり，1950 年には文部省純潔教育分科審議会が『男女の交際と礼儀』を発刊，1959 年には文部省社会教育局が同書を改訂して発刊している．同書は，かなり量産され，広く普及したことが指摘されている[14]．『男女の交際と礼儀』は「異性との交際を心から自分を愛している両親や信頼する年長者にすら秘密にすべき理由はありません」と「公明正大」であることを促し，服装やあいさつ，文通や贈り物などの男女間のエチケットや求婚などについても解説している．

◎ 1.5.3 グループ交際の奨励

『男女の交際と礼儀』の改訂版には，「中学生や高校生，あるいはその年ごろの少年少女が，一対一で交際し，出歩くなどということはあってはならないことです」という説明もみられる[15]．しかし，異性

の特徴を発見したり，男女の心理的な違いや社会的なはたらきの違いなどについて認識したりするには，異性との関わりを完全に排除するわけにはいかない．そこで，推奨されたのがグループ交際である．例えば，1960年代後半に純潔教育の研究指定校となった札幌市立柏中学校のPTA研究会では，保護者たちは，異性との関わりを遮断させるのではなく，グループ交際を奨励し，かつ，特定の異性との1対1の交際を避けさせることこそが，異性とのコミュニケーション能力を形成させることと男女交際における過ちを防ぐことの双方を両立させるための方策だと考えている[16]．

◎ **1.5.4 不純異性交遊**

また，青少年の男女間の「あやまち」は，1950-60年代以後，「不純異性交遊」という言葉で表現された．警察はこれを不良行為として補導の対象とした．1979年の『生徒の問題行動に関する基礎資料』（文部省）では，不純異性交遊は「未熟な男女，つまり未成年あるいは社会的に一人前と認められない者が，遊びを目的として，結婚の意思がなく，特定または不特定の者と性的関係をもつこと」と定義されている．

しかし，1986年の『生徒指導における性に関する指導』（文部省初等中等局）では，「不純異性交遊」という語は用いられておらず，警察でも1989年以後補導する不良行為の中からこの語は消えている[17]．さらに，1990年代に「不純異性交遊」は死語とみなされるようになっていった[1]． ［茂木輝順］

文　献

1) 井上章一・関西性欲研究会編，『性の用語集』，講談社現代新書，2004．
2) 茂木輝順，『性教育の歴史を尋ねる〜戦前編』，日本性教育協会，2009．
3) 田能村祐麒・広瀬裕子，「対談 性教育行政と現場」，オンラインセクシュアルマガジン『セクシュアルサイエンス』，2006年9月号．
4) 富士川英郎，『解題 富士川游著作集 第9巻』，思文閣出版，1980．ただし，日本で最初の学校における性教育という評価に関する疑義と考察は，茂木輝順，『性教育の歴史を尋ねる〜戦前編』，日本性教育協会，2009．
5) 山本宣治，『人生生物学小引 第5版』，1924（汐文社，1979）．
6) 山本宣治，『性教育』，1923（汐文社，1979）．
7) 赤川 学，『セクシュアリティの歴史社会学』，勁草書房，1999．
8) 兵庫県教育委員会事務局体育保健課，『指導者用性教育資料第二輯』，1948．
9) 森 昭三他，『新中学校保健体育』，学研，2006．
10) 『読売新聞』1923年3月22日，ただし現代仮名づかいに改めた．
11) 「平成10年伝染病統計調査　第28表_性病り患率（人口10万対）」，政府統計の総合窓口（e-Stat）掲載．
12) 和歌山県教育局学校教育課，『男女共学指導要領試案 新教育研究叢書第五集』，1949．
13) 橋本紀子，『男女共学制の史的研究』，大月書店，1992．
14) 斎藤 光，「「男女の交際と礼儀」の基礎研究」，『京都精華大学紀要』，**33**，2007．
15) 文部省版「男女の交際と礼儀」，全国日本社会連合会，1959．
16) 茂木輝順，「性教育実践に見られる教師や保護者の性意識と子ども観——一九六〇年代後半から七〇年代前半における札幌市立柏中学校の性教育実践から」，『青年の社会的自立と教育』（橋本紀子他編），大月書店，2011．
17) 現代性科学・性教育事典編纂委員編『現代性科学・性教育事典』，小学館，1995．

② 性 の 民 俗

I. 性をふりかえる

2.1 村社会の性

　前近代における日本の村社会の性は，婚姻や出産との関わりにおいて共同体存続の鍵を握る公的な面を持つため，さまざまな規制の対象とされていた．

　村社会がその性的規制を向けた対象は，主に若者集団である．村社会では，一定の年齢になった男女に若者組や娘組などの集団への加入が義務づけられ，地域によって違いはあるものの，結婚までの期間を仲間とともに過ごすのが慣習であった．特に男性の場合，若者組が種々の生業や社会生活に関する知識や体験，さらには長幼の序を学ぶだけでなく，ヨバイ（夜這い）の心構えや異性への接し方，せんずりなどの自慰行為など性教育を教わる場としての機能を有していた．

　ヨバイに行くときは，事前に相手の女性に意思表示をしなければならない．また，相手が承諾の場合は下駄や手拭いを軒先に吊るす，単独ではなく若者組の年下の仲間を連れて行く，などの作法やルールがあった．特に，他村の娘に手を出すことは厳しく戒められ，揉め事が生じないよう配慮がなされていた．

　ヨバイは必ずしも結婚に発展するものではないが，そのような未婚男女の交渉のあり方には，若い者たちが性的には成熟しながらも，まだ結婚には至らない中途半端な数年間をうまく処理するための一種の制度と考えられている[1]．また，一時期，ヨバイが好色的な旧習として語られたが[2,3]，一見，性的放縦に見えるその実態は若者組や共同体の監視下において厳密にコントロールされた性愛であり，また，女性の側に拒否権や選択権もなかったわけではない．

　若者組が持つ性の規制の機能は，村落内での婚姻傾向が多い時代において，村外へ婚出した者や婚入してきた者に対する処罰や制裁にも示された．例えば，村落外から嫁いできた嫁入り行列に対し，村の若者たちが縄を張って祝儀を要求したり，小石や雪玉を投げつけたり，悪口雑言をあびせて妨害をするのである[4]．

　一方，女性は，娘組への加入後，村の特定の老人や若者組などの男性に頼んで一人前の女性にしてもらう破瓜（はか）（処女破棄習俗）を経験する[5-7]．破瓜は，十三サラワリ，アナバチをワル，ハツボボ，ハツヨロコビなどとも呼ばれ，将来の結婚生活に必要な性知識を学ぶ重要な機会とされていた．これらは，処女のままでは結婚に支障をきたすという伝統的な考えによるものであり，なかにはオナゴにしてもらったお礼として，娘の親が米や酒を贈るなどの独自の慣習も見られ，結婚に際して処女であることに価値が置かれないばかりか，村社会において女性たちの性に対する共有資産視の観念が存在していた可能性が指摘されている[8]．

　しかし，村社会の規範的モデルから外れた女性たちは性の相手として忌避される場合もあった．とりわけ，無毛・無月経・性器の奇形など肉体的・生理的障害あるいは疾病を持つ女性や，夫が早死にする・気位が高く不貞である，などの迷信を持つ丙午（ひのえうま）年生まれの女性は忌避された[9]．

　また，伝統的な村社会では跡継ぎの子を作ることが嫁の最大の務めとされ，それゆえに，結婚してもなかなか子が授からなければ石女（うまずめ）と呼ばれたり，女児ばかり産む女性は女腹（おんなばら）と非難され，時には離縁の原因ともなった．その場合，妊娠を切望して神仏に祈願したり，産婦の下着を借りて身に着ける，土中

に埋めた胎盤の上に座る真似をする，などの感染呪術が行われた．その反面，多産，寡婦や未婚の娘の妊娠，年をとってからの妊娠は外聞をはばかることとされ，避妊祈願も行われた[10]．

2.2 性の伝承

前述のごとく，前近代の日本の村社会では若者組や娘組などへの加入によって一人前と承認されることは婚姻の資格を得ることを意味していたため，将来の結婚生活をスムーズに送ることを目的として，加入時に性体験を伴う場合があった．

男性の場合，加入儀礼の登山の帰路で遊女を買ったり，父兄や若者組の頭に妓楼に連れて行かれるなどして性の手ほどきを受ける．このような習俗は「筆おろし」と呼ばれ，その相手は後家などの40歳前後の女性がつとめるが，その際，異性の口説き方や接し方，結婚までの心得，性生活，出産などの知識を教わった．筆おろしは，女性の側からはトンガラシムキ，ハツムキ，ハツアジミなどとも呼ばれていた[11]．

一方，女性の場合は，一定の年齢に達するか，もしくは初潮を契機に娘組への加入を承認され，一人前とみなされた．これを機に，娘たちは鉄漿で歯を黒く染めたり（カネツケ），腰巻をつけるなど身体的装いにも変化を施し，成人したことを周囲に示す．この時に，実の親以外の大人で，カネツケの道具を贈ってくれた人をカネオヤ（鉄漿親），腰巻を贈ってくれた人をヘコオヤ（褌親）と呼び，仮親[i]と義理の親子として生涯の付き合いを約束する擬制的親子関係を結ぶ場合もあった[12, 13]．

伊豆諸島の利島では，15歳を迎えた女性のカネツケを祝う儀式が昭和10年頃まで行われた．これには，男性に濁り酒を浴びせられる「シルヲスワセル」という行事が伴い，ビーツアキイワイとも称された．ビーツアキとは，この地域では「女陰が開く」という意味を持つことから，性的要素の意味合いの強さがうかがわれる．この日以後，女性たちは娘宿へ毎晩泊りに行き，結婚相手の選び方や社会生活上の知恵を娘仲間や宿主から学んだり，毎夜遊びにくる若者たちとの交際を始める[14]．

また，女性の初潮は村の繁栄につながる慶事とされ，地域によっては親戚や集落の若者を招いて盛大な祝宴が開かれた．

伊豆諸島最南端の青ヶ島では，昭和40年前半まで，女性が初潮を迎えるとハッタビ（初他火）と称してタビゴヤ（他火小屋）と呼ばれる隔離小屋で月経期間を過ごした．この時，娘には，誕生時に仮親を務めた後見人（ボウトギ）と，親類縁者の若い娘（ソバトギ）の二人が付き添う．タビゴヤには，他にも産婦や月経中の各年齢層の女性が滞在するので，初潮を迎えた女性は，月経中に性や生殖に関する伝承や集落内の決まりごと，生活の知恵，機織りや針仕事などを教わった[15, 16]．また，タビゴヤは出産から産後の養生期間を過ごす場でもあったため，産婦も安心して出産に臨むことができた．青ヶ島では，ソバトギを引き受けると幸せになると伝承されているが，未婚の女性にとって出産時の様子や分娩姿勢などの身体技法，産後の養生法などを実際に見聞きすることができ，タビゴヤ習俗が性と生殖に関する口頭伝承を可能にしていたと考えられる．

月経時や出産前後を集落内の隔離小屋で過ごす習俗は，志摩半島，敦賀半島，若狭湾沿岸，瀬戸内海沿岸，伊豆諸島などで昭和40年代頃まで行われ，これらは主に女性の血を不浄とする穢れ観念に基づいて論じられてきた．しかし，月経は女性の生殖能力の指標であり，一定期間を隔離小屋で過ごすことは女性の身体や性の状態を公にすることとなり，これはつまるところ，性が村社会の管理下に置かれていたことを意味する．また，その期間は日常の厳しい労働から解放されるため，女性の身体保護の場と

[i) 仮親とは実の親以外の義理の親のこと．仮親と擬制的親子関係を結ぶことで，集落内における社会的・経済的支援を得ることを目的とする．

しての機能も有していたとも考えられる．特に，出産後の隔離期間は地域によって違いはあるものの，21～75日間の忌みの期間を必要としたが，その日数は産後の身体の回復だけでなく，夫との接触が禁止されることによる性の規制期間としてとらえることもできる[9,17]．

2.3 お祭りと性

　日本の民俗文化における性の位置づけは，陰陽和合と表現されるよう対立する男女の合一（性交）による豊穣を約束し，農耕社会の維持・安定を図るうえで重要とされてきた．特に，農作物の豊穣を祈願する祭りでは性にまつわる行事が多く，正月15日を中心とする小正月行事では農耕豊作を祈るための予祝儀礼（年のはじめに1年間の農作業の過程をあらかじめ象徴的に行う儀礼）が行われ，女陰や男根を象徴した削り花や削り掛けが門前や家中に飾ったり，性交を表現した行事などが行われた．

　例えば，大正年間まで広い地域で見られていたハダカワリと呼ばれる行事では，全裸姿の夫婦が豊穣を願う言葉を唱えながら囲炉裏の周囲をグルグルと回り，夫婦唱和の後に性交を行った[5]．また，小正月14日の夜は性の解放日とされ，女性の成人儀礼や新婚夫婦が村民注視のもとに夫婦の秘事を実演する，という露骨な性行事などが行われた．

　小正月に行われる道祖神祭りや火祭り行事トンド焼き[ii]などでは，子どもを主体とする行事が多いのも特色である．鹿児島県大口市下木場集落（現・伊佐市）では，14日の夜，新婚の家々を男児が訪れ，手に持ったハラメ棒で「ハーラメ（孕め），ハラメ」と唱えながら新婦に向かってハラメ棒を突き出す．ハラメウッ（ハラメウチ）と呼ばれるこの行事は，子孫繁栄と豊作を祈る祭りとされ，ヤマビワの木で作られたハラメ棒は女陰に男根を突き刺したような形状で，この行事が終わると梅や柿の木などにかけておくとよく実がなるといわれている[18]．

　また，小正月に限らず，翌年の豊作を祈願する豊年祭においても，大根などの野菜で男女の性器を露骨にかたどった祭具を奉納したり，これらを用いた性交の演出を加え五穀豊穣を祈念する祭りを神事として伝えている地域も多い．

　茨城県かすみがうら市の平三坊と呼ばれる神事では，毎年5月5日に巨大な男根を持った男性（平三坊）と臨月間近い女性による性の営みが表現されるし，天下の奇祭と称される奈良県明日香村の飛鳥坐神社のおんだ祭りでは，祭壇上で婚礼の儀を行った夫婦の和合の営み（種つけの儀）が演じられる．おんだ祭りの終盤では，秘事を終えた夫が懐中から取り出した紙で股間を拭き，その紙を参拝者に撒くのだが，この紙は「福（拭く）の紙」と呼ばれ，子どものいない夫婦が持ち帰り，その夜，寝室で使うと子宝が授かるといわれている[19]．

　ほかにも，男根をご神体とする川崎市金山神社のかなまら祭りや，厄男たちが大男茎形を神輿に担ぎ行列をなす愛知県小牧市の田県神社の豊年祭りなど，男女の営みを演ずる祭りや祭礼は枚挙にいとまがない．

　これらの祭りにおいて，女性性器とともに勃起した男性性器をかたどったものが祀られることは，豊穣多産に男性の性的能力が重視されたことを示しており，男女の営みに象徴される人間の生殖行為と穀物の生産行為の間に成立する類感呪術に基づいた信仰的要素の発現ととらえることができる[21]．

　これ以外にも，盆や年越し，節分の時期に行われる神社の祭礼の夜に，近隣の青年男女がお籠りと称してお堂に集まり不特定で性交を行う雑魚寝と呼ばれる行事もあったが[21]，これは，若者組による性の統制から外れた習俗として記録されることはほとんどなかった．

[ii]「トンド焼き」は地域により「ドンド焼き」「ドンドン焼き」などの呼称がある．

2.4 性の民俗の変遷

　前近代の伝統的な日本では，性の享楽や欲望などをあまり否定せず，むしろ，童歌や民話にも性的表現が多く見られる点や，小正月行事における子ども組の役割や身体的成長に応じた通過儀礼，若者組での性教育など，幼年期より性的環境を身近にしながら成長することが一人前になる道として自然なものとされていた．

　ところが，明治維新以後，近代国家への脱皮を図る明治政府は，欧米人の視線や批判を意識しながら，性に関する民俗行事や慣習，また下半身に関することを風紀取締りの対象とし，諸策を打ち出した．その手始めに，1868（明治元）年には欧米人が多く居住する横浜で立小便を禁止，1869（明治2）年には東京で市内風俗矯正の触書が出され，猥褻な図画や見世物，裸体での外出，さらには浴場の男女混浴を禁止する．また，1872（明治5）年には信仰や崇拝の対象とされていた生殖器を模した男根の形代（金精様・道祖神・カナラマサマなど）を野蛮・未開を表象した「淫祠」として撤去・毀損すべし，という布告を出し，それにならって各県でも同様の禁令を発するに至っている[20]．

　また，取締りの対象は，それまで若者の自主的な性の管理の伝統であった若者組にまで広げられ，1873（明治6）年には青年男女の風紀是正を理由に福島県会津地方で念仏踊り・若者組・地蔵祭りが，1876（明治9）年には新潟県佐渡相川地方で若者組や寝宿慣習が禁止され，その規制は徐々に全国各地へと拡大する．特に，男女の出会いと交歓の場であった盆踊りは，盆唄に猥褻の語が多いとの理由により「淫風」「淫弊」「愚民の所業」と指弾され，官憲の取締りの対象とされた．一部地域では官憲に対抗する形で盆踊りを強行したところもあったが，規制の厳しさは1887（明治20）年代を境に一層増し，国民道徳の樹立を目指す教育者や指導者の教導によって，性に関する民俗は非難されていく[21,22]．

　一方，村社会の中で次第に生じた階層化は，家格を重んじた村外婚の増加をもたらし，ヨバイから始まる村内婚を減少させたばかりでなく，村外の評判を意識して女性の処女性が重視されはじめる．また，若者組や娘組に代わって青年団や処女会が結成され，近隣学校の教員による教養講座（礼儀作法，料理，茶道など）や生活慣習の改善などに関する講習が定期的に行われるようになり，かつての若者集団が担っていた性の伝承の場としての機能は失われていった．

　この頃から，電灯の普及，集団就職による若者の離村などを背景にヨバイの習俗は消滅し，その結果，村社会が取り仕切ってきた性に関する諸慣行は次第に見られなくなり，結婚や性は家族の管理下に置かれるようになる[23]．

　また，性科学の導入に伴って性科学書の通俗版が続々と出版され，医者や教育者の間で性が議論の対象となった．その結果もたらされたのは，処女膜の発見，妊娠や避妊に関する知識，手を使った自慰行為を否定する手淫害毒論であり，それらが理想化・絶対化されることにより，そこから外れる伝統的な性愛習俗はきわめて不道徳なものとみなされるようになった[8]．

　特に，1920年代頃から夫婦間における性生活を論じられるようになり，1950年代における家族計画運動による避妊知識の普及によって，夫婦・男女間の性行為を生殖行為から切り離し人生の営みと位置づけて，恋愛や快楽を追求する行為へと転換させた[24]．

　今日，性に関する知識の享受は，人生のライフサイクルから切り離され，個別・断片的なものとなった．また，学校教育における医学的・生物学的知識に重点が置かれた性教育が普及し，手軽にアクセス可能なメディアが担う情報では，とりわけ性行為のみが大きくとりあげられるという特徴が顕著であり，処女性を重視する傾向も失われつつある．

2.5 海外から見た日本の性の民俗

　前近代の日本の性の民俗については，幕末から明治初期にかけて日本を訪れた西洋人の記録によって詳しく知ることができる[iii]．しかし，その内容は当時の日本人の性に関する風俗や慣習を驚嘆の目で記録したものが多く，例えば，当時，西洋人たちは日本人の公然たる裸体と混浴の習慣に仰天し，日本総領事のハリスは「何事にも間違いのない国民が，どうしてこのように品の悪いことをするのか判断に苦しんでいる」と述べている[25]．また，春画・春本のはばかりない横行や，制度化された売春が隠微さや悲惨さを伴わず社会の中で肯定的な位置を与えられていることについても，ヴィシェスラフツォフは日本人が「品位というものにまったく無頓着」[26]と述べ，驚愕と道徳的批判のまなざしを向けている．

　ところが，西洋人のなかには，ヴェルナーのように「羞恥とは単に微妙な感情ばかりでなく気候によっても変更される概念である」として，地理的な要因から日本人を擁護し，さらには日本人が「慎み深さや羞恥について，別種の観念を持っている」と評価したうえで，自らの尺度のみで日本の文化を非難することを戒める見解もあり[27]，徳川期の日本人とそれを記録した西洋人たちの性意識や羞恥心の文化的相違が顕著である．

　そもそも，当時の日本人にとって裸体は「顔の延長のようなもの」であり[28]，西洋人が裸体＝セックスを想起させるものとして不道徳であると認識している一方，裸体を見て性欲を覚えるという思考そのものを当時の日本人が持ち合わせていなかったこと，また，「性」や「性欲」という言葉自体が現在のような意味では存在しておらず，春画や春本の類も性的な欲求に供すというよりは，呪術習俗，性教育，性的な笑いや遊びを楽しむといった多様な要素を含んでいたことも考慮しなければならない[29,30]．

　一方，明治期に入ると，西洋人による日本人の性の民俗，とりわけ，生殖器崇拝に関する研究成果がみられる[iv]．その嚆矢といえるのが，1895（明治28）年，シカゴ大学のバックレーによって著された論文「日本における生殖器崇拝」である[v]．この中でバックレーは，生殖器を祀る場所・表象・祭礼・祭式に分けて論じ，生殖器崇拝の起源としては『古事記』のイザナギ・イザナミ神話をあげ，その慣習は神道に属するものであり「醜行」「猥褻」とみなすべきではないと主張，また，1905年にはアストンも著書『神道』において生殖器崇拝の風習を取り上げて，同様の考察を行っている[31]．その後，1907（明治40）年には，来日経験のないドイツ人のクラウスによって日本人の信仰，慣習，風習，および慣習法のなかにみられる性風俗が『日本人の性生活』としてまとめられ，日本に関する一級の書物として激賞を受けた[32]．

　また，時代は下るがアメリカ人人類学者R.J. スミス，E.R. ウイスウェル夫妻による『須恵村の女たち』（御茶の水書房，1987年）には，太平洋戦争開始直前の日本の農村における女性の生活の様子，とりわけ，女性たちの性に対する関心の高さ，大らかさ，そして発言権の強さなどが詳細に記されている．

　そこには，1935-36（昭和10-11）年にかけて夫妻が滞在した熊本県須恵村の女性たちが「煙草，酒，性に楽しみを見いだして」おり，「彼女たちのユーモアは土くさく，性的な関係についての話は率直で，隠しだてのないものだった」とあり，女性たちが性をあからさまに話題にしたり，アメリカ人である夫人の性生活の実態を知りたがる様子などが記録され，性的なからかいや戯言（ざれごと）が日常茶飯事であっ

---

iii）　当時の記録は，渡辺京二『逝きし世の面影』（平凡社，2005年）に詳しい．
iv）　一連の研究成果については，川村邦光「"性の民俗" 研究をめぐって」（『性の民俗叢書1』勉誠出版，1998年）に詳しい．
v）　出口米吉による翻訳が『人類学雑誌』（34巻12号，1919年）に掲載されている．

たことを教えてくれる[33]．

エラ夫人の日本語能力不足や調査方法の問題点に対する指摘はあるものの，男性社会の抑圧の下に管理され，家父長制の枠組みの中で描かれてきた日本女性の姿とは一線を画す，農村女性のおおらかな実態を記録した貴重な民族誌である．

［松本亜紀］

文　献

1) 波平恵美子,『暮らしの中の文化人類学 平成版』, 出窓社, 1999 年.
2) 赤松啓介,『女の歴史と民俗』, 明石書店, 1993.
3) 赤松啓介,『夜這いの性愛論』, 明石書店, 1994.
4) 天野　武,『若者の民俗』, ぺりかん社, 1980.
5) 藤村貞雄,『性風土記』, 岩崎美術社, 1967.
6) 瀬川清子,『若者と娘をめぐる民俗』, 未来社, 1972.
7) 大間知篤三,「日本人の性」,『大間知篤三著作 集 2 巻』, 未来社, 1975.
8) 新谷尚紀,「性」,『暮らしの中の民俗学 1 巻』, 吉川弘文館, 2003.
9) 網野善彦・坪井洋文編『日本民俗文化大系 10 巻　家と女性』, 小学館, 1985.
10) 恩賜財団母子愛育会編,『日本産育習俗資料集成』, 第一法規, 1975.
11) 安井眞奈美,「性の関心」,『人生儀礼辞典』（倉石あつ子ほか編）, 小学館, 2000.
12) 八木　透,『日本の通過儀礼』, 思文閣出版, 2001.
13) 八木　透,『婚姻と家族の民俗的構造』, 吉川弘文館, 2001.
14) 大間知篤三,『伊豆諸島の社会と民俗』, 慶友社, 1971.
15) 酒井卯作,「東京都青ヶ島」,『離島生活の研究』（日本民俗学会編）, 図書刊行会, 1966.
16) 青ヶ島教育委員会，青ヶ島村勢要覧委員会編,『青ヶ島の生活と文化』, 1996.
17) 波平恵美子,『ケガレ』, 東京堂出版, 1985.
18) 黎明館企画特別展『子どもの世界』図録, 鹿児島県歴史資料センター黎明館, 1990.
19) 合田一道,『日本の奇祭』, 青弓社, 2006.
20) 石川弘義・野口武徳,『性』, 弘文堂, 1974.
21) 西村茂樹,『日本道徳論』, 1887.
22) 川村邦光,「性の民俗─ワイセツの近代─」,『女の領域・男の領域 いくつもの日本Ⅵ』（赤坂憲雄・中村生雄ほか編）, 岩波書店, 2003.
23) 向谷喜久江,『よばいのあったころ　証言・周防の性風俗』, マツノ書店, 1986.
24) 服藤早苗他編,『恋愛と性愛』, 早稲田大学出版部, 2002.
25) ハリス, T. 著, 今里正次・玉木肇訳,『日本滞在記 中巻』, 岩波文庫, 1954.
26) ヴィシェスラフツォフ, A. V. 著, 長島要一訳,『ロシア艦隊幕末来訪記』, 新人物往来社, 1990.
27) ヴェルナー, R. 著, 金森誠也・安藤　勉訳,『エルベ号艦長幕末記』, 新人物往来社, 1990.
28) 中野　明,『裸はいつから恥ずかしくなったか─日本人の羞恥心』, 新潮社, 2010.
29) 小田　亮,『性』, 三省堂, 1996.
30) 佐伯順子,『「愛」と「性」の文化史』, 角川学芸出版, 2008.
31) アストン, W. G. 著, 安藤一郎訳,『神道（新装版）』, 青土社, 1992.
32) クラウス, F. S. 著, 安藤一郎訳,『日本人の性生活』, 青土社, 2000.
33) スミス, R. J., ウイスウェル, E. R. 著, 河村　望・斎藤直文訳,『須恵村の女たち』, 御茶の水書房, 1987.

3 性と文学

I. 性をふりかえる

　科学は，複雑に錯綜した具体的な事象を分析し，自然や人生を支配する普遍の真理，抽象的な法則を帰納的に導き出す．一方，文学は具体的な人生を具体のままで描き，現象を透過してその奥底にある本質を描く．文学に描かれた人生は，生きた生のままの人生であり，存在するものの本性である[1]．

　文学作品には，詩歌・小説・物語・戯曲・評論・随筆などがあるが，坪内逍遥が『小説神髄』の中で「小説の主脳は人情なり世態風俗これに次ぐ人情とはいかなるものをいふや曰く人情とは人間の情慾にて所謂百八煩悩是れなり（中略）されば小説は見えがたきを見えしめ曖昧なるものを明瞭にし限りなき人間の情慾を限りある小冊子のうちに網羅し之れをもてあそべる読者をして自然に反省せしむるものなり（略）」[2,3]と述べたように，文豪たちは，人の世俗的な欲望を小説に描きつづけてきた．人間は性的な関係について多くを悩み，同時にそこから喜びと活力を得ており，人の性的な結びつきは，数々の名作が生み出された人類の永遠のテーマである[4]といわれたように，人間の「性」に触れない小説は存在しないといっても過言ではない．

　現代社会は，人間の「性」を，生物学的性別である sex（セックス），社会・文化的性別である gender（ジェンダー），性の活動（性交など）に結びつく sexuality（セクシュアリティ）という3つの概念でとらえている[5]が，小説に描かれた「性」は，sex や gender を内包した sexuality である．後期ルネッサンスの発見である小説は，虚構の人物の生きた身体として存在し[6]，書くものが作り上げた虚構の人物の「性」は，現実よりも影の薄い異質の反実在ではなく，現実と正確に連動し存在している[7]．

3.1 男女交際

　男女交際が主題の小説は，石坂洋次郎の『青い山脈』[i]や，五木寛之の『青春の門』[ii]などが代表作として知られているが，イデオロギーに支配されない，実に多様な男女交際を描いた小説が存在している．

　川端康成の『死体紹介人』は，1929-30（昭和4-5）年に，死体紹介人，遺骨贋造，死体の復習，通夜人足の四編に分けて発表された作品である．生きている間は一度も顔を合わせることのなかった新八とユキ子の交際を描いている．

　帽子修繕屋の2階の一室を，貧しい大学生「朝木新八」と，若い女車掌「ユキ子」が時間差で間借りした．そこは，通りに面した窓際に安い塗薬の匂いがする粗末な机があるきりで，その外は灰色の壁と押し入れの襖だけの小さな部屋で，昼は新八が勉強部屋に，夜はユキ子が寝室に使用した．『翌る日は，机の上に湯呑が二つのせられた茶盆がおかれていた．紅で伊勢蝦を描いた古い湯呑は伏せてあり，藍で竹の葉を描いた新しいのは上を向いていた．急須の蓋を取ると，新しい番茶が匂った．……これらのことはそれから四月ばかり同じであった．……彼はいつも彼女の湯呑で番茶を飲んだ．』二人が互いに好感を持っていたと考えられる一文である．ユキ子は，昼間は部屋の目につくところに，いっさい自分の物を置かなかったが，湯呑だけは2つ並べて茶盆の上に置いていた．そして新八はいつもユキ子の湯呑

---

[i] 1947（昭和22）年に朝日新聞に連載された．健全なる常識に立ち，若者の男女交際や民主主義を描いた小説として知られている．中高生の男女交際の是非が議論された時代の作品である．
[ii] 1969（昭和44）年に週刊現代に連載された．福岡県の産炭地・筑豊に生まれた信介と織江の，幼少の頃から大人になるまで，長い年月をかけて，ゆっくり育まれていく男女の関係が描かれている．

を使っていた．その後すぐにユキ子は死亡した．新八は死亡したユキ子と結婚し，身寄りのないユキ子の遺体は解剖用に医大に寄付をした．解剖台の上に全裸で横たわるユキ子の写真を手に入れた新八は，寝る前にそれを見ることが癖になった．そして，ユキ子とのことは，のちの新八の男女交際に影響し続ける．

　小説に描かれた人の本性はさまざまな方向から解釈できる．主人公，朝木新八の死生観に焦点をあて輪廻転生思想という視点での考察もなされている[8]が，男女交際の視点からみた場合は違う解釈ができる．新八はユキ子と顔を合わせることがなかった（知りすぎることのできない関係であった）からこそユキ子に惹かれた．ユキ子の死により，関係は（時は）断ち切られ，断ち切られたままの関係であるがゆえに後の新八に影響しつづけるのである．

　これに近いものを描いた小説に，谷崎潤一郎の『秘密』がある．1911（明治44）年に中央公論に発表されたもので，世に満足できぬ主人公「私」と，妖艶な謎の女との秘密の交際を描いている．

　主人公「私」は，或る気まぐれな考から，Obscureな町の中の寺の庫裡の一間に隠遁した．「私」はそこで，魔術や催眠術，化学や解剖など奇怪な説話と挿絵に富んでいる書物（仏蘭西のSexologyの本なども交じっていた）を手当たり次第に耽読したり，地獄極楽の図などを四壁にぶら下げたり，白檀や沈香を燻べた香を焚きしめたりして過ごしていた．三味線堀の古着屋で，女物の袷が眼に附いた．それをきっかけに，「私」は女装を楽しむようになった．おしろいをつけ，銀杏返しの鬘とお高祖頭巾をかぶり夜道へ，次第に大胆になり活動写真や酒場にも出入りするようになり，自分に向けられる男や女の視線を得意に思っていた．しかし，或る晩，劇場の貴賓席で鮮やかな美貌をこれ見よがしに露にしている女に出会い，気圧され，今迄得意であった自分の扮装を卑しまずにはいられなくなる．しかもその女は，以前「私」が上海への航海の途中，汽船の中で関係をもち弄び捨てた女であった．美貌をうらやむ嫉妬の情は恋慕の情に変わり，男として彼女を征服し勝ち誇ってやりたい，「私」はそう思うようになっていった．やがて「私」と「女」は，逢い引きを繰り返す関係になる．「私」は浅草雷門から目隠しをして人力車にのせられ，女のもとに通い，現実とも幻覚とも区別の附かないLove adventureを楽しんでいた．しかし「私」は，「女」の居場所を突き止め，凡ての謎を解いてしまう．そして「私」は其の女を捨てた．

　この小説は，「異常」とも「倒錯」ともいわれる多様なセクシュアリティを描いたもの[9]，秘密を論理的に徐々に解く探偵小説[10]，表層的「意匠」の華麗な戯れ[11]，などさまざまな視点での考察がなされているが，男女交際の視点で見た場合に注目すべきところは，女の「秘密」が「秘密」でなくなったとたんに，主人公「私」が，女への興味関心を失うところである．人間男女は，知りすぎてしまった場合，相手への性的関心は萎えてしまう．婚姻し家族[iii]となった場合，そこにはまた違った情で結ばれた関係が生まれるが，未婚男女においては致命傷になることがあるのだ．この解釈は，第10章「性行動と身体」の中のヒトの「血縁指標」の算出に助けられる．第10章を参照されたい．

　男女交際をまた違った視点で描いたものに，川上弘美の『物語が始まる』がある．1999年中央公論新社に発表されたもので，主人公「ゆき子さん」が求婚する恋人を捨て，公園で拾った「男の雛形」と関係し，終わる物語である．

　団地の端にある小公園の砂場で雛形を拾った．腕に「どうぞ持っていってください．きけんはないです」と書かれており，知らぬふりをするには怖く，あきらめるには重さが足りず，大きさが手頃だったから拾ったのかもしれないと，ゆき子さんは言っている．大きさ1メートルほどだった雛形は，少しず

---

iii）ここでの家族は，夫婦，親子，兄弟，姉妹など血縁や婚姻で結ばれた共同生活の単位となる集団と定義する．

つ成長して男になったので，ゆき子さんは雛形に，「三郎」という名前を付けた．やがて，三郎は「どうやら，ぼくはあなたに恋をしているようです．」と言うようになった．ゆき子さんも「好きなの」と言うようになった．しかし，そうしているうちに三郎の老化が始まった．三郎の老化は急速に進み，1週間で約10歳年をとるようになっていた．そして最後は，口をきかなくなり，体が縮みはじめ，1時間ぐらいで最初の1メートルほどの雛形に戻った．腕には「どうぞ持っていってください．きけんはないです」とかすれたマジックのようなもので書かれていた．

　川上弘美は，ヒトと他の動物の間を自在に往還する小説を描く特質がある[12]といわれているが，『物語が始まる』も，人間の女性と人間ではない雛形（男性）との交際を描いたものである．偶然見つけた雛形を拾い，恋人を捨てて育てるが，やがて雛形は老化し，縮んでもとの雛形にもどってしまう．思いがけず始まり，幸せになれないとわかっている相手であっても関係し，終わりがくれば受け入れなければならない．男女交際にはそういう一面があると解釈される．

3.2　同性愛

　人間にとって性と繁殖は密接に結びついた概念である．しかし，繁殖に性を使わない生き物も多く存在していることから考えれば，繁殖のために性が必要不可欠のものではない[13]．

　人間の性にも繁殖につながらない性が存在している．同性愛である．古代ギリシャの哲学者たちは，同性愛（少年愛）を崇高なものとして真摯に追い学んでいた[14]．日本においても古代ギリシャと同様の少年愛が存在していた．戦国大名，織田信長の両性愛が有名な話として語り継がれているだけでなく，フロイスは，ザビエルが「僧侶たちは，寺院の中に武士の少年たちをたくさん置き，読み書きを教える傍ら，彼らとともに罪を犯している」と述べたことを記している[15]．

　男性の同性愛を描いた代表作に，三島由紀夫の『禁色』がある．第一部は1951（昭和26）年に，第二部は1953（昭和28）年に新潮社より刊行された．美しい青年，南悠一が，女を愛することができず刹那的に生きることや，自分を愛する女性たちを傷つけること，多くの男性を虜にしては性愛に溺れていくことに，悩み，苦しむ姿を，老作家，檜俊介が仕組んだ女性への復讐を柱に描かれている．

　1920年代から80年代までの日本は，同性愛に対して，西欧の性欲学・性科学がもたらした〈病〉としての変態性欲としての概念が中心であった[16]．その時代に，三島由紀夫は，この『禁色』や『仮面の告白』を発表し，同性愛イメージ（変態性欲コード）を一部の知識階層の読者に発動させ，彼ら読み手の好奇（あるいは同性愛当事者なら苦悩）を誘い出した[17]といわれている．しかし，禁色に描かれた南悠一の苦悩からみれば，三島由紀夫は禁色を発表することにより，「女性を愛することができない」というどうにもならない性を，ある種の圧制形態から解放しようとしたのだと考えられる．

　一方，女性の同性愛を描いた代表作として知られている小説に，谷崎潤一郎の『卍』がある．1928（昭和3）年から1930（昭和5）年にかけて，断続的に『改造』誌上に掲載されたものである．裕福な家庭でわがままに育てられた園子は，夫ある身でありながら，美しい女性，光子との性愛に耽る．一方，光子は園子と関係しながらも，男たちの愛を弄ぶ．そして，園子の夫は，二人に翻弄されつづけながらも二人から離れられず，二人の行動のすべてを事実上許してしまう．

　『卍』には，たしかに女性同士の愛欲が描かれているが，男性の同性愛を描いた禁色と違って，女性の同性愛のみを純粋に描いたものではない．彼女らを結びつけているのは愛であるとともに片道通行の美や性であり独占欲や嫉妬でもある[18]という考察がなされているが，それだけでもない．園子と光子の性愛の背景には，現実的な関係に満足できない「性」，手の届かないものや架空のものに執着する「性」が潜んでいる．作中で，園子の夫が園子の行動に対して「お前は年中しょむもない恋愛小説ばか

り読んでるよって文学中毒してんねん」と言っているが，この言葉からは，現実的な他者と接する経験が乏しいまま，恋愛小説を通して性をシミュレーションしてきたがゆえに，現実的な「性」に満足できなくなった園子への鋭い指摘が読み取れる．『卍』には，手に入ったとたん，現実的なものになったとたんに興味を失う，そんな「性」が描かれていると解釈できる．

女性の同性愛を違う視点で描いているものに，村上春樹の『スプートニクの恋人』がある．1999年に講談社より発表された．

「22歳の春にすみれは生まれて初めて恋に落ちた．広大な平原をまっすぐ突き進む竜巻のような激しい恋だった．恋におちた相手はすみれより17歳年上だった．さらにつけ加えるなら，女性だった．それがすべてのものごとが始まった場所であり，（ほとんど）すべての物事が終わった場所だった．」という文章で始まっているとおり，「すみれ」の17歳年上の女性へのどうしようもない思い，「ぼく」のすみれに対するかなわない思いが描かれている．

作中で「すみれ」と「ぼく」は性欲についての会話をしている．

「「実をいうとね，私には性欲というものがよく理解できないの」，すみれはあるとき，ぼくに，すごく難しい顔をしてそううちあけた．「その成りたちみたいなものが．あなたはどう思う，そのことについて？」「性欲というのは理解するものじゃない」とぼくはいつもの穏当な意見を述べた．「それはただそこにあるものなんだ」」この会話が「性」の本質そのままを示していると解釈できよう．人の「性」は理屈で考えられるものではない．理屈で考えることができないからこそ，永遠のテーマなのである．

作品は，何よりもまず純粋な呼びかけ，純粋な存在欲求である[19]．芸術家はその感性が鋭いがゆえに，理屈や理性でかたづけることのできない「人の性」の存在に気づき苦しんだ．文豪たちは，どうにもならない「人の性」の存在を描きつづけているのである．

［渡辺多恵子］

文　献

1) 大島一郎，『私の文学論―旅と死の発想による』，中部日本教育文化会，1988.
2) 坪内逍遥，『小説神髄　第二冊』，日本近代文学館，1976.
3) 坪内逍遥，『小説神髄　第三冊』，日本近代文学館，1976.
4) 長谷川真理子，『オスとメス＝性の不思議』，講談社，1993.
5) 土田知則・青柳悦子・伊藤直哉，『テクスト・読み・世界』，新曜社，2001.
6) Josipovici, G.: "Writing and the Body", Princeton Univ Press. 1982.
7) 三浦俊彦，『虚構世界の存在論』，勁草書房，1995.
8) 陳丹女尼，「川端康成「死体紹介人」論」，『龍谷大学大学院文学研究科紀要』，**27**，2005.
9) 平盛奈保，「谷崎潤一郎「秘密」における身体感覚とセクシュアリティの接点」，『尾道大学日本文学論叢』，(1)，2005.
10) 永井敦子，「谷崎潤一郎「秘密」論―探偵小説との関連性―」，『日本文芸研究』，**55** (3)，2003.
11) 柳澤幹夫，「谷崎潤一郎の心的機構論序説―「秘密」―」，『文芸研究』，**68**，1992.
12) 和田　勉，「川上弘美論」，『九州産業大学国際文化学部紀要』，**38**，2007.
13) 長谷川真理子，『オスとメス＝性の不思議』，講談社，1993.
14) プラトン著，久保　勉訳，『饗宴』，岩波書店，1952.
15) フロイス，L. 著，岡田章雄訳，『ヨーロッパ文化と日本文化』，岩波文庫，1991.
16) 古川　誠，「セクシュアリティの変容：近代日本の同性愛をめぐる3つのコード」，『日米女性ジャーナル』，**17**，1994.
17) 武内佳代，「三島由紀夫『仮面の告白』という表象をめぐって―1950年前後の男性同性愛表象に関する考察―」，『F-GENS ジャーナル』，**9**，2007.
18) 藤村　猛，「「卍」試論―園子と光子の恋愛の物語―」，『近代文学試論』，**33**，1995.
19) サルトル，J.P. 著，加藤周一・白井健三郎・海老坂武訳，『文学とは何か』，人文書院，1998.

④ 性とは何か

II. 性を知る

4.1 性の存在意義

　性の存在意義は長らく生物学者にとって謎とされてきた．性を持つほとんどの種では性は雄（オス）と雌（メス）の2種類である．移動性が高く養分に乏しい配偶子である精子を産生する側がオス，移動性が低く高栄養の配偶子を産生する側がメスと定義されている．植物や貝類，ある種の魚にみられるように一つの個体の中で精子と卵子の両方を産生する生物も存在する．精子は精子同士，卵子は卵子同士で配偶しては子孫を残すことができず，自分と異なった型の配偶子を見つけ出して結合する必要がある．生物学者のいう「性の2倍のコスト」はこれを表している[1]．

　トカゲを考えてみよう．メスのトカゲは一生の間に100個の卵を産むとする．トカゲの個体数は世代を通じてほぼ一定だと考えられるから，メスとオスとの間に生まれたこれらの卵のうち自ら繁殖できる歳まで生き残れるのはせいぜい2個体くらいだろう．平均すると，メス1匹とオス1匹の子孫ができる．すなわち，メス1個体が産む繁殖可能なメスは1匹となる．これに対し，仮に単為生殖（本来ならば有性生殖する生物が，受精を経ずに単独で子を作ること．無性生殖の一種）するようになったトカゲを考えてみる．ほかの条件が同じならば，単為生殖のトカゲのメスは100個の卵を産み，そのうち2匹が生き残り，1匹のメスが繁殖可能なメスの子孫を2匹ずつ残すことになる．となると，単為生殖のトカゲの方が子孫を増やすのには圧倒的に有利なはずだ．

　しかしながら，多細胞生物の大部分は有性生殖で増える．多大なコストを払いながらも有性生殖が維持されているということは，コストに見合うだけの利点が性を用いた生殖にはあるに違いない．有性生殖の利点の説明としてよく知られているものは，①進化のスピードを速める，②有害な突然変異の蓄積を防ぐ，というものである．有性生殖の特色は他の個体と遺伝子を混ぜ合わせること，できた子どもはみなそれぞれ違うこと，である．配偶して融合した染色体同士の間には組み替えが起こり，受精して新しい個体のもとができるたび，親とも兄弟とも違うユニークな遺伝子セットがつくられる．

　さて，染色体を2セットずつ持っている2倍体の生物で，ある遺伝子座にaとbという遺伝子がもともとあり，abという遺伝子型だったとする．ここでa，bの遺伝子はいずれもa→A，b→Bという突然変異を起こした方がこの生物にとって有利である場合を考える．無性生殖の場合は各々の個体におけるまれな突然変異の蓄積を待たねばならない．ABという最も望ましい個体が出現するには，a→Aという突然変異を起こした個体の子孫が，さらに，たまたまb→Bという突然変異を経る機会を得なければならないのである．これに対し，有性生殖をする生物では，a→Aとb→Bの変化は別々の個体に起こっても構わない．これらの個体が配偶して遺伝子を交換すれば，ABという個体はかなり容易にできると考えられる．これが，「有性生殖の方が進化のスピードが速い」ということである（図4.1）．

　しかしながら，進化のスピードが速い方がよいかどうかは状況による．環境が安定しており大きな変化が見られないならば，進化のスピードが速いことはせっかくその環境に適応している状態を容易に崩してしまうことにもつながるから，むしろ得策とはいえない．有性生殖が有利になるのは，環境も絶え間なく変化しているときである．生息環境がそれほど急速に変わり続けるということがあるのだろうか？　考えられているのは，変わりゆく「環境」とは，他種の生物によって作られるものではないかと

いうことである[2]．寄生虫，ウイルス，細菌など寿命が短く進化スピードが非常に速い寄生者はより大きな生物の生存をおびやかす脅威である．毎年異なった型のインフルエンザウイルスが流行したり病院で薬剤耐性菌による被害が報告されたりするように，寄生者は目に見えるスピードで進化し，宿主の適応しなければならない環境を変えていく．クローンで増える無性生殖の生物では，こうした手を変え品を変えた攻撃に対して有効な手立てを持った子孫を残していくのは難しいと考えられる．

「有害な突然変異の蓄積を防ぐ」という利点も遺伝子の組み替えと関係している．2つの個体がそれぞれ有害な突然変異遺伝子 m_1 と m_2 を持っていたとする．無性生殖の生物だと，有害な遺伝子を排除するには，再び突然変異が起こって有害な遺伝子が正常に戻る機会を待つしかない．しかしながら，有性生殖をする生物であれば遺伝子組み換えによって，これらの有害遺伝子をいずれも持たない新しい個体を比較的容易に生み出すことができるのである（図 4.2）．

4.2 オスとメス

ダーウィンは，クジャクの羽にみられるように，同じ種でありながらオスとメスとで異なった特徴を示す生物が存在することに頭を痛めていた．それぞれの生物の特徴は，生息する環境においてうまく生き延びることに最適化されている（自然淘汰）とすると，オスとメスとで外見や行動に違いがあることは整合性が取れないように思われる[3]．

個体が自分の遺伝子を子孫に伝えていくには，うまく生き延びるのみならず，うまく子孫をつくらなければならない．ダーウィンは，異性を獲得するために解決しなければならない競争のあり方に雌雄差があるために体や行動上の雌雄差があらわれると考え，これを性淘汰（ただし，現在の進化生物学の定

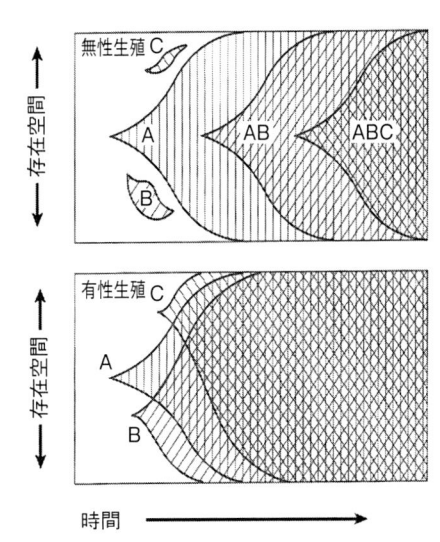

図 4.1 有性生殖が進化のスピードを早める
無性生殖の場合，突然変異 A, B, C が生じてもそれらは独立して存続・消滅していくしかなく，AB や ABC を持つ個体の出現は，A を生じた個体の子孫集団の中で改めて B および C を持つ個体が突然変異により生じるチャンスを待たなければならない（上図）．有性生殖ならば，突然変異 A, B, C が個別にそれぞれ生じても，それぞれの子孫が交配することにより比較的早く ABC を持つ個体が出現する（下図）．文献 1) を改変．

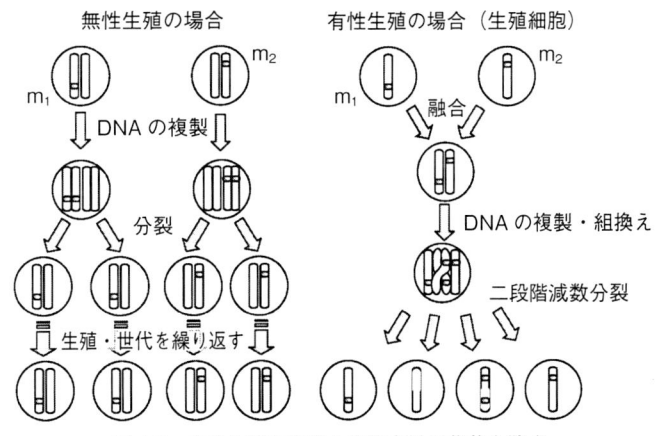

図 4.2 有性生殖は有害な突然変異の蓄積を防ぐ
無性生殖では個体の持つ同じ遺伝子セットが複製されるだけなので，有害な遺伝子 m_1 や m_2 を持たない個体の出現には，世代を繰り返してたまたま m_1 や m_2 を失う突然変異が生じるのを待たねばならない（左図）．有性生殖では染色体の複製の後に母方由来と父方由来の染色体の間で交差（組換え）が起こるので，減数分裂により生殖細胞（精子や卵子）ができる際に，有害な遺伝子が除かれた染色体が出現しうる（右図）．

義では性淘汰は自然淘汰に含まれる）と名づけた．さまざまな動物においてオスの方が牙や角が発達していたり，体格が大きかったり攻撃性が高かったりするのは，オス同士が配偶相手のメスを獲得するために激しく争うから（同性間淘汰，この場合は「雄間競争」）であると考えられる．また，オスがメスを惹きつけるために美しい羽を備えていたり，美しく複雑な歌を歌ったり，変わった動きで踊るものもある．こうした特徴をつくりあげてきたのはオス同士の直接の競争というよりも，そうした特徴を持つオスがメスに好まれ，配偶相手として選ばれるという異性間淘汰（「雌による選り好み」）のはたらきであると考えられる．一夫一妻でない動物ではオス同士のメス獲得に関する不平等，競争が激しくなるため雌雄の特徴の差（性的二型）が大きいものが多い．

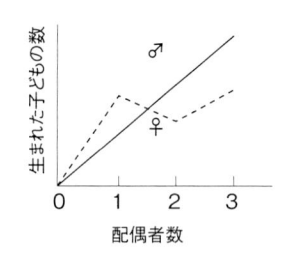

図 4.3 キイロショウジョウバエの実験により示された「ベイトマンの原理」
オスの残す子どもの数は交尾相手の数に比例して増えるが，メスの場合は頭打ちになる．

一般的にオスの方が交尾に積極的で見境がなく，メスの方は選り好みが強い（繁殖戦略の性差）．こうした違いが生じる理由について理論的な精緻化が行われたのは 20 世紀半ば以降であった．ベイトマンは遺伝的マーカー（特徴）を特定したキイロショウジョウバエを雌雄同数ずつ容器に閉じ込めて自由に交尾させ，それぞれの個体の繁殖成功を調べた[4]．その結果，メスは一度オスと交尾をしたら，その後交尾相手の数を増やしても残す子の数はさほど増えないことがわかった．一方，オスは多くのメスと交尾するほど残す子の数は増えていた（図 4.3）．また，オスではまったく子を残せなかった個体も多く，非常に繁殖に成功した個体とそうでない個体との差が大きかった．

なぜこのような性差が見られたのであろうか．卵は栄養に富み，一つつくるのに時間とエネルギーがかかる．一度に用意できる卵は限られており，いったん受精したらそれ以上の配偶行動は無駄である．これに対し，オスの精子は次々に大量につくられる，生体資源としては「安い」ものである．そのため，オスが繁殖成功度を上げるためには配偶相手の数を増やすことが主要課題となる．

その後，トリヴァースが親の子に対する投資は配偶子（精子や卵子）産生だけではなく，妊娠・授乳・子育てにかかる時間やエネルギーなどを総合して考えるべきことを示した（親の投資理論）．これにより，メスの方が交尾に積極的で体が大きく攻撃的であるといった，典型的な性役割と「逆転」している生物の生態も説明がつくようになった．そうした生物ではオスが主に子育てをする，産卵に必要な栄養の多くをオスがメスに提供するなど（図 4.4），オスの方が繁殖のために多大な投資をしている[5]．

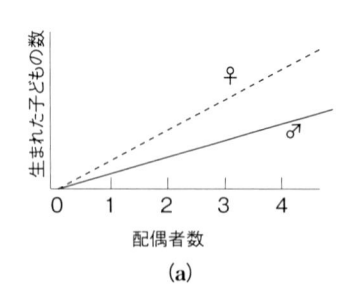

図 4.4 性役割の逆転した例
コオロギやキリギリスでは交尾の際にオスからメスに渡される大きな精包が，メスにとってたくさん卵をつくる助けとなる貴重な栄養源になる．食料が不足している状況では特に，メスの残せる子の数は交尾相手の数に比例して増える一方でオスではそれほど伸びない．結果，メスはメス同士で争い交尾可能なオスを追い求める．

(a)

(b) 精包を食べるメスのモルモンコオロギ

(c) マウントするメス（右）を拒否するオス

4.3 性戦略と生活史

◎ 4.3.1 性戦略の理論

　妊娠・子育て期間を通じて関係の続く見込みがあり，父親が自分の子を認知するような「結婚」という男女間の長期的な性的結びつきはいずれの人間社会にも存在し，人類普遍的な行動であると考えられる[6,7]．しかしながら，数ヵ月・数日，数時間，数分というように短期間しか続かない性的関係も存在する．進化心理学者のバスとシュミット[8]は，前者をとろうとする意志決定を「長期的配偶戦略」，後者をとろうとする意志決定を「短期的配偶戦略」と呼び，いずれもヒトの他者との性行動の正常なレパートリーとして存在するとした．

　こうした違いを要因に入れることで，ヒトの配偶者[iv]選択や配偶行動について，大昔のヒトが直面してきた進化的淘汰圧を考慮して検討することが可能になったのである．

　哺乳類の一種であるヒトでは，親の子に対する投資量に男女で大きな違いがある．男性は一度の性行動のみで子を残すことが可能だが，女性にとっては270日の妊娠期間と授乳が必須である．これにより，男性・女性が解決すべき進化適応上の課題は互いに異なってくる．まず，短期間の配偶関係は男性にとって投資が非常に少なくてすむにもかかわらず子を残せる手段であるため，男性側にとって進化適応上の利益が大きく，男性の方が女性と比べて短期的配偶戦略を取ろうとする傾向が強いだろう．

　前節のベイトマンやトリヴァースの議論で見たように，男性は性交相手の数を増やすことによって子の数を増やすことができる．そのため，短期的配偶戦略の文脈ではa) 相手の数を増やすこと，b) 性的にアクセスしやすい女性を特定すること，c) 妊娠可能な女性を判別すること，d) コミットメントや投資を最小限にすること，が解決すべき課題になるだろう．これに対し，女性にとっては自分と子のために確保できる外的資源の量と質の方が直接的な重要性を持っており，相手男性の遺伝子の質は二次的なものであると考えられる．それゆえ，女性が長期的配偶戦略をとる際に解決しなければならない課題は，a) 自分や子に長期的に資源を投資する能力および，b) 投資する意志を持っている男性を見分けること，c) 父親としての資質が高い男性を見分けること，d) 長期的な関係を持つ意志と能力がある男性を見分けること，e) 他の人間の攻撃から自分や子を守る能力と意志がある男性を見分けること，となるはずである．

　もちろん，男性も長期的配偶戦略をとりうるし，女性が短期的配偶戦略をとることもある．男性が長期的配偶戦略をとる際の課題は，a) 繁殖上の価値が高い（健康な子を産みそうな）女性を同定すること，b) 生まれてきた子が自分の子であるという保障が得られること，c) うまく子育てのできる女性を見分けること，d) 長期的な関係を持つ意志と能力がある女性を見分けること，となる．一方，女性が短期的な配偶戦略を求める際には，a) 男性からすぐに資源を引き出せること，b) 将来的に長期的な配偶相手になりえそうな男性の資質を見極めること，が課題となる．以上の予測が「性戦略の理論」により立てられた[8]．

　さまざまな文化・地域でヒトの性行動や配偶相手のパターンを調査した結果，社会により程度の差はあれ，性戦略の理論による予測はおおむね正しいことが裏づけられてきた[9,10]．

[iv] 生物学的な文脈で「配偶（mating）」という場合，関係が長期に続くという意味合いは含まれていない．一度の交尾（性行動）のときだけの関係であっても，「配偶行動」「配偶相手」と称される．

◎ 4.3.2 生活史理論

a. ヒトの生活史の特徴

　幼い頃どのように成長するか，何歳で性成熟して最初の子をつくるか，どれほどの数のどのくらいの大きさの子をつくりどの程度それぞれの子に投資するか，さらにいつ繁殖を終了してどのように老化し何歳で死ぬのかは，その生物をとりまく物理的・生態学的環境に依存しさまざまなパターンがある．ある種の生物個体の一生の間でこうした主要な出来事の起きる時期は，残せる子孫の数を最大とするように，自然淘汰により最適化されているはずである．こうした観点に基づいて，それぞれ異なる環境下で生物がどのような形質を持つにいたるかを知ろうとするのが「生活史理論 (life history theory)」である．

　生物の用いることのできる資源は有限である．一生の間に残すことのできる子（自らも繁殖年齢まで生き延びることのできる子）の数を最大化するには，いつどのように成長や繁殖などのライフ・イベントに資源（時間，努力，エネルギー消費など）を割り当てるかが重要な問題となる．エネルギーを身体の維持や成長に用いれば，繁殖のための資源は犠牲になる．また，現在の繁殖に過剰に投資することは，将来の繁殖の機会を削っていることを意味する．

　ヒトという生物の生活史上の四大特徴として，a) 陸生の脊椎動物中で特異的に寿命が長く老化も遅い，b) 女性の閉経後の寿命が長い，c) 成熟が遅い，d) ほかの大型類人猿や，霊長類に一般的にみられるパターンと比較して離乳が早い，という点があげられる[11]．

　ヒトは性成熟に達し子を産みはじめる年齢が高く，身体能力の老化が非常にゆっくりであることに見られるように，さまざまな点で「遅い」生活史を持つ．一方で，女性が年齢をかさねて生殖能力が衰えるペースや仕組みは，一般的な霊長類で見られるパターンの例外ではない．さらに，典型的には採集民は子を3歳までには離乳し，平均出産間隔は3.7年であり，繁殖間隔は他の大型類人猿よりもはるかに短い．すなわち，ヒトは他の大型類人猿と比較すると，短期間のうちに多くの繁殖を「詰め込む」という特徴を持っている．ヒトの子は離乳したからといって，他の霊長類の子のように食物を完全に自力で採るようにはならず，母親は栄養の面倒を見なければならない子どもを同時に複数抱えることになる．

　これにより，複数の子どもたちの必要とするカロリーを一人の採集者でまかなうことは難しくなり，親以外の協力者による子育てへの貢献がヒトの社会では特徴的に見られる．子育てする母親への主たる協力者として，研究者や一般的な考えによって古くから想定されてきたのは父親であるが，男性は必ずしも自分の子に利益をもたらすことを主目的として活動するわけではない．

　そのため，母子が協力を得られるより確実な要因は，前述のb) とc) である．閉経後の女性や思春期の女性は自分自身の新しく生まれた子は持たないので，娘や母親の子育てを手伝うことにより包括適応度の上昇（自分と遺伝子を分かち合う個体の生存・繁殖に貢献すること）が期待できるのである．

b. 「子ども」の誕生

　ヒトの生活史の特徴の一面は，進化により「子ども期」が出現したことである．ヒト以外の霊長類では，胎児期の急速な身体成長速度がゆるやかになる幼児期，成長速度がほぼ保たれる未成年期，再び成長速度がゆるやかになる成年期に3分されるが，子ども期はない[12,13]．ヒトでは離乳により幼児期を終えた後も，周囲の大人に依存しなければ十分に栄養を摂取できない子ども期が4歳から7歳くらいまで続く．成長速度の減少が止まり，急速な身体成長が見られるのもこの時期である．

　ヒト属の生活史に子ども期が挿入されたのは200万年ほど前ではないかと推測されている[11]．子ども期は，巨大化した脳が十分に発達し，複雑化した社会にうまく適応する時間の余裕を生み出すために生じたと考えてきた研究者が多かった．しかしながら，それは子ども期が出現したことの副産物ではあっても，それ自体が子ども期を出現させた進化的原動力であったとは考えにくいとする主張もある．子の

表 4.1 大型類人猿メスにおける生活史の主要パラメータ（文献 11 より改変）

主に野生状態のものを，採集社会のヒトと比較する．種名はヒトに近く書かれているほど，系統的にヒトに近いことを表している．ヒトはとびぬけて寿命が長いが出産可能な期間の長さは他の大型類人猿と大きく変わらないこと，初産年齢が高い一方で子の離乳年齢が低く，出産間隔が他種と比べて短いことがわかる．

種名	最長寿命（年）	初産年齢（年）	オトナメス体重（kg）	妊娠期間（日）	新生児体重（kg）
オランウータン	58.7	15.6	36.0	260	1.56
ゴリラ	54.0	10.0	84.5	255	1.95
ボノボ（ピグミーチンパンジー）	50.0	14.2	33.0	244	1.38
チンパンジー	53.4	13.3	35.0	225	1.90
ヒト	85.0	19.5	47.0	270	3.00

種名	母親に対する新生児の体重割合（％）	離乳年齢（年）	出産間隔（年）	最終出産年齢（年）
オランウータン	4.3	7.0	8.05	41 以上
ゴリラ	2.3	2.8	4.40	—
ボノボ（ピグミーチンパンジー）	4.2	—	6.25	—
チンパンジー	5.4	4.5	5.46	42
ヒト	5.9	2.8	3.69	45

— はデータなし

離乳が早まることにより母親が次の繁殖サイクルに早く入れるようになったこと，その間多くの親族や周囲の大人が子の面倒を見ることができること，さらには年長の子どもや青少年が子どもの面倒を見ることで母親の負担軽減が促進されたことが，ヒトに特有な生活史パターンのもたらした直接的な利点であったと考えられるのである．

4.4 ジェンダー

「ジェンダー（gender）」という言葉の起源は紀元前 5 世紀，ギリシャのソフィストが名詞を男性，女性，中性の 3 種類に分類するために用いたのに由来する．もともと言語学上の用語であったものが，英語圏では，「性」について滑稽な感じで言及する際に用いられるようになり，現在では，特に性的な行為を意図するとき以外は公式な場面での「性（sex）」という表現はすっかりジェンダーに置き換わっている[14]．

「政治的に正しい」としてこうした置き換えが進められてきた背景には，男性と女性の差異の起源は生物学的なものというよりも大部分が社会的なものに由来するはずだとする前提がある．それまで暗黙のうちに生物学的な規定因を仮定されてきた性役割について社会による恣意性を訴え，性を社会的に構築されたもの（ジェンダー）としてとらえる流れをつくった立役者にミード（1901-1978）がいる．しかしながら，現在の心理学・神経科学の認識からすれば外的（社会）環境と生物学的な基盤とがそれぞれ別個に人間の行動や認知に影響を及ぼす，相対立するものであるとするモデルは誤りである．

ヒトの子どもが自分は「男である」「女である」という性別認識（ジェンダー・アイデンティティ）を持つに至るのは 2～3 歳の頃である．しかしながら，性による行動の違いがみられるのはそれより早い．男児の方が女児よりも概して身体的な活動性が高く活発な遊びを好むことが年齢を通じてみられる．ジェンダー・アイデンティティの確立を待たずに，生後 9 ヵ月頃には男女それぞれの子どもは，ステレオタイプな「男の子おもちゃ」「女の子おもちゃ」に対する指向を示すようになる[15]．男の子おもちゃは乗り物，ボールなど動きを楽しむものが多く，女の子おもちゃは人形やぬいぐるみなど生き物

図 4.5 初めてふれた女の子おもちゃ（左）・男の子おもちゃ（右）で遊ぶベルベットモンキー[16].

を模した抱きごこちのよいものが典型的である．こうした性別ステレオタイプ的なおもちゃに対する選好性は，ベルベットモンキー[16]やアカゲザル[17]の雌雄でも見られることが報告されており，雌雄がそれぞれもともと持っている行動の好みや知覚のバイアスによって生じていることが示唆される（図4.5）．

また，ヒトやその他の動物の子どもは同性の子同士でグループを作って遊ぼうとする傾向を持っている．同性を遊び相手として選ぶ段階では，子どもはまだジェンダー・アイデンティティを確立していなくてもよい．自分と相手が同じカテゴリーに属するか判断する能力や，自分と似た集団に所属し，不快な関係は避けるという能力があればグループ分けは可能である．

同性同士のグループは，子どもたちに対してその性別に特有の社会化を進めるのに重要な役割を担っている．女児は一人か二人の親しい友人と集中的に遊ぶことが多く友人関係は長続きする傾向があるが，男児はより大きなグループを作って遊ぶことが多い．こうした違いは幼少期から思春期，成人期を通じて見られる．また，女児の会話は関係の親密性を高めるために行われることが多いのに対し，男児は自分の地位を主張し聴衆を自分に惹きつけるために話をするという違いがある．

子ども期における性役割の違いで顕著なものに，男女の境界を越える際の容易さがある．女児が男の子的な行動をとることは容認されやすいが，男児が女の子的な行動をとることは仲間の男児や大人からの嘲りや拒否を呼び起こしやすい．男児は生後12ヵ月にして大人からこうしたプレッシャーを受けることが報告されている．性別に非典型的な遊びの好みやごっこ遊び（男児がままごとで母親役を演じるなど）を好んでいた子どもは，将来は両性愛・同性愛の性的指向を持つようになる可能性が高い[18]．成長後にいわゆる「性同一性障害（自らの身体的性の特徴に対する不適合感がある）」を示すのはその中でもごく一部である．多くは男性もしくは女性としてのアイデンティティを保ちながら，性的指向や異性装などでバリエーションを示すことになる．

こうした子どもの頃の遊びの指向は，胎児期の男性ホルモンのはたらきによって影響を受けることが動物実験やヒトの臨床例で知られている．霊長類など妊娠期間の長い動物ではこの臨界期は胎児期にあるため，メスの胎仔を妊娠している母ザルに男性ホルモンを注射することによってメスの子の行動がオス化する様子が調べられてきた[19]．ヒトにおいては副腎皮質過形成の女児（胎児期に過剰な男性ホルモンの曝露を受ける）に関する調査が詳細に行われており，行動が男性化することが報告されている[20]．

内分泌疾患により心身の特徴がすべて染色体上の性と異なるパターンになり得るかというとそういうことはない．副腎皮質過形成の女児は疾患が発見されるとホルモン治療を受け，大部分は女児として育

てられる．性別不適合を訴える率は一般の女性よりははるかに高いとはいえ，ほとんどの女児は女性として生活することができている．就学などにより性役割に関する社会化が強化されることに加えて，性ホルモンの濃度によって引き起こされるのではない，遺伝子によって直接制御される性分化（オスとメスの機能が分かれること）の仕組みがジェンダー発達の多様性，複雑さを生じさせている可能性がある．

[坂口菊恵]

文　献

1) Maynard Smith J. & Szathmary E.: "*The Origins of Life: from the Birth of Life to the Origin of Language*", Oxford University Press, 2000.
2) Ridley M.: "*The Red Queen, Felicity Bryan*", Oxford, 1993. 長谷川真理子訳，『赤の女王―性とヒトの進化』，翔泳社，1995.
3) Darwin, C.: "*The Descent of Man*, 2nd ed.", John Murray, 1979. 長谷川眞理子訳，『人間の進化と性淘汰』，文一総合出版，1999.
4) Bateman, A.J.: Intra-sexual selection in *Drosophila*, *Heredity*, **2**, 1948.
5) Trivers, R.L.: Parental investment and sexual selection. In: B. Campbell (Ed.), "*Sexual Selection and the decent of men 1871-1971*", Aldine, 1972.
6) Brown, D.E.: "*Human Universals*". Temple University Press, 1991. 鈴木光太郎・中村　潔訳，『ヒューマン・ユニヴァーサルズ―文化相対主義から普遍性の認識へ』，新曜社，2002.
7) Westermarck, W.A.: "*The History of Human Marriage*, 3rd ed." Macmillan, 1903; Elibron Classics, 2005.
8) Buss, D.M. & Schmitt, D.P.: Sexual strategies theory: an evolutionary perspective on human mating, *Psychol Rev*, **100**, 1993.
9) Buss, D.M.: Sex differences in human mate preferences: Evolutionary hypotheses tested in 37 cultures, *Behav Brain Sci*, **12**, 1989.
10) Buss, D.M. *et al*.: International preferences in selecting mates: A study of 37 cultures, *J Cross Cult Psychol*, **21**, 1990.
11) K. Hawkes & R.R. Paine (eds.), "*The Evolution of Human Life History*", James Currey, 2006.
12) Bogin, B.A. & Smith, B.H.: Evolution of the human life cycle, *Am J Hum Biol*, **8**, 1996.
13) Gibbons, A.: The birth of childhood, *Science*, **322**, 2008.
14) Archer, J. & Lloyd, B.: "*Sex and Gender*, 2nd ed.", Cambridge University Press, 2002.
15) Campbell, A., Shirley, L., Heywood, C. & Crook, C.: Infants' visual preference for sex-congruent babies, children, toys and activities: A longitudinal study, *Br J Dev Psychol*, **18**, 2000.
16) Alexander, G.M. & Hines, M.: Sex differences in response to children's toys in nonhuman primates (*Cercopithecus aethiops sabaeus*), *Evol Hum Behav*, **23**, 2002.
17) Hassett, J.M., Siebert, E.R. & Wallen, K.: Sex differences in rhesus monkey toy preferences parallel those of children, *Horm Behav*, **54**, 2008.
18) Bem, D.J.: Exotic Becomes Erotic: A Developmental Theory of Sexual Orientation. *Psychol Rev*, **103**, 1996.
19) Goy, R.W., Bercovitch, F.B. & McBrair, M.C.: Behavioral masculinization is independent of genital masculinization in prenatally androgenized female rhesus macaques, *Horm Behav*, **22**, 1988.
20) Berenbaum, S.A.: Effects of early androgens on sex-typed activities and interests in adolescents with congenital adrenal hyperplasia, *Horm Behav*, **35**, 1999.
21) 坂口菊恵，『ナンパを科学する―ヒトのふたつの性戦略』，東京書籍，2009.

5 性差・性別

II. 性を知る

5.1 一次性徴・二次性徴

　性徴（sexual character）とは，性別の特徴である．生殖腺および性染色体に由来し，出生時に内性器・外性器にみられ，最も明確に性別が判断できる性差を一次性徴という．そして，かなりの確からしさで性別が判断できる特徴を二次性徴という．二次性徴は主に思春期に性器および身体の各部分に発達してあらわれる．

　一次性徴（primary sex characters）は，内性器・外性器の男女差で，出生時からあらわれている．出生時に，個体が精巣を有するか卵巣を有するかによって，性の判定を行う．このように生殖腺がいずれであるかということを，一次性徴という．卵巣は外からは触れないので，卵巣が存在することによって，あるいは精巣が存在しないことによって発育した外性器の形態をもって，女子の一次性徴としている．

　二次性徴（secondary sex characters）は，思春期に発達する性器以外の特徴で，下垂体性腺刺激ホルモン，男性ホルモン，女性ホルモンの作用で顕著となる男女の身体の性的特徴をいう．男子の場合，陰茎の成長，陰嚢の着色と皺の増加，精嚢，前立腺，球尿道腺の増大と分泌開始，ひげ，陰毛，腋毛の出現，咽頭突出，声帯の長さ増加，低音化，肩幅と筋力増加，皮脂腺増加などである．女子の場合は，乳房，子宮，膣の増大，肩幅は狭く，腰幅は広く，腕は開き，太腿は閉じるような体型，乳房臀部への脂肪沈着，陰毛，腋毛の出現などである．二次性徴の発現から完成までの時期を思春期といい，通常，8～9歳頃から，17～18歳頃である．この時期は，発育スパート（成長加速現象）とほぼ一致して訪れる．また，男女とも二次性徴の出現とともに骨密度も上昇し，20歳代でピークに達する．

　二次性徴は，ホルモンの分泌により起きる．脳の視床下部から，性腺刺激ホルモン放出ホルモンが分泌され，脳下垂体に刺激を与え，性腺刺激ホルモンの分泌が高まる．その結果，身長増加が著しくなるとともに，男性は精巣，女性は卵巣に作用し，精巣から男性ホルモン，卵巣から女性ホルモンが出される．ホルモンは血液によって身体の各部分に運ばれ，男性として，女性としての二次性徴があらわれる．

　二次性徴の発達観察により，性成熟を評価することができる．成熟度や進み具合の指標として二次性徴が用いられるのは，思春期の時期に限定される．二次性徴は，一般的に女子では乳房の発育，陰毛の発生，初経の順に出現し，男子では睾丸の発育，陰茎の発育，陰毛の発生の順に出現するが，個によっては陰毛の発生が先行したり，同時に進行したりして，個人差が大きい．

　二次性徴の進行段階は，ターナーのステージを用いることが多い．女子の乳房，男子の陰茎と陰嚢，男女の陰毛の成長の評価尺度が開発されている．それぞれの尺度は，1（思春期前）から5（成人）までの分布範囲である．5段階尺度において，第1段階は発達の思春期前の段階を示し，各特徴はまったく未発達である．第2段階は，各特徴が発達を開始した段階にあてられ，女子では乳房が盛り上がりはじめ，男子では生殖器（睾丸）が大きくなりはじめ，そして両性で陰毛があらわれはじめる．第3・第4段階は各特徴の発達が進行中である成熟の中間段階を示し，評価が他と比べて多少とも困難である．第5段階は各特徴の成人の状態，もしくは成熟しきった状態を表す．各特徴は一定の順序が開始される

と成熟まで進行するが，その速度には大きな個人差があり，また，各特徴それぞれは独立しており，必ずしも並行して発育するものではない．　　　　　　　　　　　　　　　　　　　　　　　　　　　[森　　慶恵]

文　献

1) ターナー，J.M. 著，林　正監訳，『成長の「しくみ」をとく：胎児期から成人期までの成長のすすみ方』，東山書房，1994．
2) 日本小児看護学会，『二次性徴』，へるす出版，2007．
3) 高石昌弘・小林寛道，『性成熟の評価法』，大修館書店，1995．

5.2　性的指向

◎ 5.2.1　性的指向とは

　性的指向（sexual orientation）とは，恋愛や性愛などの性的関心の対象がどの性に向いているかを指すものである．男性なら女性，女性なら男性というように反対の性が対象となる場合は異性愛（heterosexual），男性なら男性，女性なら女性というように同じ性が対象となる場合は同性愛（homosexual），どちらの性も対象となる場合は両性愛（bisexual）という．性的指向は，右利きや左利きのように気づいたらそうであったような生まれつきのものとの考え[1]と，生育や環境に関連があるとする報告[2]がある．自分から他者への関係性を表す概念であるため，この場合に用いている性とは性自認であり，自分の性自認に対して同性か異性かを示すものである．

　性的指向を一元的に示すことは，個人の中でも時間的経過で変化すること，異性愛者でも同性との性的経験をする場合があることなどから，難しいとされている．特に性的指向の研究では，測定尺度の違い，研究参加者の偏り，正直に回答するかなどにより，真実を反映することが難しい状況にある[3]．

　同性愛と性同一性障害は混同されることがあるが，性同一性障害は個人の性自認についての概念であり，アメリカ精神医学会の診断基準である Diagnosgtic and Statistical Manual of Mental Disorders, 4th Edition, Text Revision（DSM-IV-TR 4,「精神疾患の診断と統計のためのマニュアル」）では，性同一性障害の診断基準は，反対の性に強く持続的な同一感を持ち，かつ自分の性に対する持続的な不快感，またはその性役割についての不適切感を持っていることと記載されている．生物学的男性が性同一障害であった場合に，性的関心が女性に向いていれば同性愛ということになる．また，疾病及び関連保健問題の国際統計分類第10回修正版（International Statistical Classification of Diseases and Related Health Problems 10，以下ICD-10）の診断ガイドライン[5]に，性的方向づけ単独では障害とはみなされないと記載されており，同性愛もしくは両性愛そのものは治療の対象とはならない．しかし，同性愛や両性愛の頻度は，異性愛に比して少ないことから，セクシュアルマイノリティとして誤解や差別を受け，心理・社会的に問題を抱えることも多いのが現状である[6]．

◎ 5.2.2　同性愛・両性愛

　同性愛という言葉は，1869年オーストリアのケルトベニーがドイツ語で 'Homosexualität' と用いたのが初めとされており[7]，概念そのものはそれ以前より議論されていた．男性間の同性愛者にゲイ，女性間の同性愛者にレズビアン，両性愛者にバイセクシュアルの用語が用いられることが多い．日本では，文学での表現や歴史上の人物が同性愛者であるなど同性愛の存在は歴史の中に認められる[8]．国内で医学的研究として1990年代後半から同性愛，特にゲイ・バイセクシュアル男性が取り上げられるようになり，これは Human Immunodeficiency Virus（以下，HIV）感染症の増加と時を同じくしてい

る[1].

　同・両性愛者の頻度は，報告により異なりアメリカの報告のレビューでは2〜10%[3]となっている．日本の研究では，ゲイ・バイセクシュアル男性が4.3%であると報告されている[9]．マイノリティとされているが，学校のクラスを30〜40人と考えれば，クラスに1〜2人いると考えられる頻度である．10代前半で同性を好きになることをきっかけにゲイであることになんとなく気づき，10代後半にははっきりとした自覚を持つようになるとされる．その過程で周囲とは異なる性的指向に戸惑い，半数程度が周囲からの言葉の暴力やいじめを経験する[5]．自殺企図の頻度は同・両性愛の男性では28.1%，女性では20.5%と高く，男性では一般人口より有意に多いと報告[10]されており，同・両性愛そのものは障害とはみなされないが，同・両性愛者のメンタルヘルスはケアを考慮する対象となる．

◎ 5.2.3　性教育のなかでの性的指向

　性教育が行われている場は，家庭・学校・保健機関・医療機関とさまざまである．子どもたちが触れる性情報はテレビや本，インターネットなどさらに多い．学校では性的指向はどう取り上げられているか，現在使用されている検定教科書を閲覧（2011年10月18日教科書図書館にて著者閲覧）した．現行保健教科書は，小学校は5者10種，中学校が3者3種，高校4者4種が発行されている（http://www.mext.go.jp/a_menu/shotou/kyoukasho/mokuroku/23/1305342.htm）．小中高とも思春期になると心の変化として'異性に対する関心が芽生え'という主旨の記載はされており，異性愛が前提にあると推測できる．性的指向の多様性に明確に触れているものはなく，高校教科書の2種で，HIV感染の経路として異性間感染と並んで同性間感染があることが，グラフなどで取り上げられているのみである．小中高の学習指導要領（http://www.mext.go.jp/b_menu/shuppan/sonota/990301.htm）にも，性的指向に関する記載はない．教科書や学習指導要領以外に各学校で行われている個別の学習については，今回把握できていないため，性的指向を話題にしている学校がないということではないことは了承いただきたい．

　同・両性愛者の頻度は前述のように，クラスに1〜2人程度いることが予測されるものである．また，同性愛者の精神的負担が大きいことも明確になってきている[5,10]ことから，学習の場において異性愛が当然であるという態度，さらには，同性愛・両性愛に対する否定的な態度をとらないことが肝要である．性同一性障害などのほかのセクシュアルマイノリティを含め，性の多様性を尊重することを伝えていくためにどのようなアプローチが的確かを明らかにすることが今後の課題と考える．

［助川明子・榊原秀也・平原史樹］

文　　献

1) 日高康晴,「思春期の健康問題に決定的に関与する性的指向」,『精神科治療学』, 26, 2011.
2) Remafedi, G., et al.: Demography of sexual orientation in adolescents, *Pediatrics*, 89 (4), 1992.
3) Gonsiorek, J., Sell, R.L. & Weinrich, J.D.: Definition and measurement of sexual orientation, *Suicide Life Threat Behav*, 25 Supple, 1995.
4) 髙橋三郎・大野　裕・染谷俊幸訳,『DSM-IV-TR精神疾患の診断・統計マニュアル新訂版』, 医学書院, 2004.
5) 融　道男他監訳,『ICD-10精神および行動の障害―臨床記述と診断ガイドライン―新訂版』, 医学書院, 2005.
6) 日高康晴・木村博和・市川誠一,「ゲイ・バイセクシュアル男性の健康レポート2」, http://www.j-msm.com/report/report02/, 2007.
7) Herzer, M.: Kertbeny and the nameless love, *J Homosex*, 12, 1985.

8) 南定四郎,「わが性の始末記―同性愛研究への出発」,『セクシュアリティ』, 4, 2001.
9) 市川誠一,「男性同性間の HIV 感染対策とその介入に関する研究」, http://www.msm-japan.com/gallery/wp-content/uploads/2011/06/%E5%B8%82%E5%B7%9D%E5%85%88%E7%94%9F_%E7%B7%8F%E5%90%88.pdfsearch＝'男性同性間の HIV 感染対策とその介入効果に関する研究', 2010.
10) Remafedi, G., *et al.*: The relationship between suicide risk and sexual orientation: Result of a population-based study, *Am J Public Health*, **88**, 1998.

5.3 性同一性障害

◎ 5.3.1 診断基準

　性同一性障害（gender identity disorder）とは，心の性ともいうべき，ジェンダー・アイデンティティが身体的性別と一致しないために苦痛や障害を引き起こしている疾患である．その診断基準として，DSM-Ⅳ-TR がある．ポイントを表 5.1 に示す．

　性同一性障害の症状には主要な 2 要素があり，それが診断基準の A と B である．診断基準 A は反対の性に対する強く持続的な同一感であり，診断基準 B は自分の性に対する持続的な不快感および不適切感である．

　診断基準 C は身体的疾患である半陰陽を除外するためのものである．

　診断基準 D の苦痛や機能障害は，子ども時代には年齢相応の同性との仲間関係を発達させることができずに，孤立し，いじめや登校拒否などの形となり，大人の場合は，対人関係の問題や，学校や職場になじめないなどの形となり出現する．

◎ 5.3.2 基本用語

　性同一性障害に関する用語は，医療従事者だけでなく当事者の間でも広く用いられている．
- GID：gender identity disorder，性同一性障害の略語．
- MTF：male to female，男性から女性へ性別変更する／したい／したもの．
- FTM：female to male，女性から男性へ性別変更する／したい／したもの．
- SRS：sex reassignment surgery，性別適合手術．いわゆる性転換手術．
- 特例法：性同一性障害者の性別の取扱いの特例に関する法律．

◎ 5.3.3 臨床的特徴

a. RLE（実生活経験）

　RLE とは real life experience（実生活経験）の訳語であり，望みの性別で職業生活や学校生活などの社会生活を送ることをいう．筆者のクリニック受診者の統計では MTF では 41.0％ が RLE あり，すな

表 5.1　DSM-Ⅳ-TR の診断基準

A. 反対の性に対する強く持続的な同一感（他の性であることによって得られると思う文化的有利性に対する欲求だけではない）．
B. 自分の性に対する持続的な不快感，またはその性の役割についての不適切感．
C. その障害は，身体的に半陰陽を伴ったものではない．
D. その障害は，臨床的に著しい苦痛または，社会的，職業的または他の重要な領域における機能の障害を引き起こしている．

わち女性として職業生活や学校生活を送っており，FTMでは50.9％がRLEあり，すなわち男性として職業生活や学校生活を送っていた．

b. 戸籍変更

性同一性障害者は，2004年に施行された，「性同一性障害者の性別の取扱いの特例に関する法律」（以下「特例法」と記す）によって，一定の条件を満たせば，戸籍上の性別を変更できるようになった．最高裁判所の発表によれば，2010年末までに2238名の戸籍変更が認容されている．各年別にみると，2004年97名，2005年229名，2006年247名，2007年268名，2008年422名，2009年448名，2010年527名と増加傾向を見せている．

◎ 5.3.4 ガイドライン

「日本精神神経学会　性同一性障害に関する委員会」は，性同一性障害に関する医療者に対する治療指針として，「性同一性障害に関する診断と治療のガイドライン（第三版）」を作成している．
その概略は以下のとおりである．

a. 精神科医による診断・治療

詳細な問診とともに，泌尿器科医や婦人科医により身体的診察を行い，確定診断をする．また，精神療法的治療を行い，なおも性別違和が持続し，身体治療が本人の苦痛の緩和に望ましいと判断すれば意見書を作成する．

b. 医療チームによる身体治療移行の決定

2名の精神科医により意見書が作成されると，医療チームによる身体治療の適用が判断される．医療チームは精神科医だけでなく，泌尿器，婦人科，形成外科などの他科の医師や，法律関係者などの識者から構成されることが望ましい．

c. 身体治療の開始

身体治療にはホルモン療法，乳房切除術，性別適合手術がある．
ホルモン療法開始・乳房切除術は18歳以上（18, 19歳は保護者の承認が必要），性別適合手術は20歳以上という年齢条件がある．

[針間克己]

5.4　性ホルモン・性腺異常

◎ 5.4.1　性ホルモン

性ホルモンは卵巣から分泌される女性ホルモン（卵胞ホルモン，黄体ホルモン）と精巣から分泌される男性ホルモン（アンドロゲン）に分類される．視床下部から分泌される性腺刺激ホルモン（GnRH）の刺激により下垂体からゴナドFSH, LHが分泌されて性腺を刺激し，性ホルモンが分泌される（表5.2）．

表5.2　視床下部─下垂体─性腺系

内分泌器官	ホルモン
視床下部	性腺刺激ホルモン，放出ホルモン（GnRH）
下垂体前葉	卵胞刺激ホルモン（FSH），黄体形成ホルモン（LH）
卵巣	卵胞ホルモン（estrogen），黄体ホルモン（progesterone）
精巣	男性ホルモン（testosterone）

◎ 5.4.2 性腺の形成とその異常（性分化異常症）

性分化は未分化性腺の分化から開始される．男性ではY染色体上のSRY遺伝子のはたらきにより未分化性腺が精巣へと分化する．次に精巣から分泌されるアンドロゲンの作用により内外性器が男性化する．SRYがはたらかないと性腺・性管は女性型へ分化する．

性分化異常症（disorder of sex development：DSD）とは性腺・内外性器の形成過程に障害が起きたもので，「染色体，性腺，または解剖学的性が非定型である先天的状態」と定義されている[1]．表5.3に主な疾患と成因をあげる．

表5.3 代表的な性分化異常症（文献3より改変，引用）

原因	代表的疾患
染色体異常	ターナー症候群，クラインフェルター症候群など
遺伝子異常	XY女性，XX男性など
性ホルモン異常	精巣性女性化症候群，先天性副腎皮質過形成など
外性器異常	半陰陽，膣欠損症，膣中隔，双角子宮など

◎ 5.4.3 性分化異常症（DSD）

a. ターナー症候群

X染色体の1本の全欠損または部分欠損や正常核型とのモザイクにより起こる．小児期には外表奇形，心奇形，腎奇形，低身長などが認められる．成人期には性腺機能不全，骨粗鬆症，糖尿病や甲状腺機能異常などの内分泌・代謝異常，心血管異常などを発症する．

治療は小児期に成長ホルモン投与，思春期以降は女性ホルモン補充療法が行われる．また，小児期に発症した合併症の管理および成人期に発症する合併症のスクリーニングと治療も行う[2]．

b. クラインフェルター症候群

性染色体のうちX染色体を2本以上，Y染色体を1本以上持つ異常で47,XXYが多い．高身長，精巣萎縮，女性化乳房などを主徴とする．二次性徴がない場合はアンドロゲン補充療法を行う．乏精子症による不妊は顕微授精などの生殖補助医療の対象となる．

c. 性腺形成異常

未分化性腺から精巣または卵巣への分化の障害により性管が女性型となる．原発性無月経で診断される．女性ホルモン補充療法を施行する．

d. 先天性副腎皮質過形成

先天性の副腎酵素欠損により代償性にACTHが上昇し，アンドロゲンが過剰分泌されて男性化徴候を示す．常染色体劣性遺伝の遺伝形式をとる．アルドステロン低下による副腎不全に対してコルチゾールを投与する．アンドロゲン過剰による陰核肥大などには形成術が行われる．早期に診断・治療が行われれば妊娠・出産は可能である．

e. 精巣性女性化症候群

アンドロゲン受容体の異常によりその作用が発現されないために起こる．染色体は46,XYであるが表現型は女性をとる．外陰・膣は存在するが子宮は欠損するため原発性無月経となる．精巣腫瘍の予防のために摘除術後にエストロゲンの補充を行う．

性分化異常症は思春期に診断されることが多いが，状況に応じた段階的な情報提供が必要である．また，情報提供後も治療を継続しながら精神面も含めた十分なフォローが望まれる．

[榊原 秀也]

文　献

1) 緒方　勤他，「性分化異常症の管理に関する合意見解」，『日本小児科学会雑誌』，**112**(3), 2008.
2) Sakakibara, H., *et al*.: Health management of adults with turner syndrome (TS): An attempt at multidisciplinary medical care by gynecologists in cooperation with specialists from other fields, *J Obstet Gynecol Res*, **37**, 2011.
3) 榊原秀也，「2次性徴発現異常の診療—女子を中心に，性分化とその異常」，『思春期学』，**25**, 2007.

5.5　性別（性的発達）のレベル

◎ 5.5.1　有性生殖と性別

ヒトは有性生殖によって繁殖する．

有性生殖をする生物の中において，配偶子の大小の差異が発達している場合，大きい方の配偶子を産生する機能を「メス」，小さい方の配偶子を産生する機能を「オス」と呼ぶ．配偶子の差異は，進化の過程によって際立ってきた．大きい方の配偶子はエネルギー備蓄能を，小さい方の配偶子は遊泳能を特化させてきた．

生物学（自然科学）においては，この性的二型を「性」と呼ぶことがある．メスとオスの「性別」は，有性生殖をする生物の多くにおいて確認されている．

◎ 5.5.2　性　徴

性徴とは性別の特徴である．

最も明確に性別が判断できる特徴を一次性徴（primary sex character）という．かなりの確からしさで性別が判断できる特徴を二次（secondary）性徴という．ある程度の確からしさで性別が判断できる特徴を三次（tertiary）性徴という．この一次から三次までは，時間的な順序を示しているわけではなく（一次のあとに二次が来るという意味ではなく），より本質的な特徴の順序を指している．

人は他者の性別を瞬時に見分けようとする．体型・容姿・服装などがその判断材料になるが，それらの特徴は二次性徴もしくは三次性徴に分類されるものであり，若干の誤判断が生じることになる．

◎ 5.5.3　人と性別表現

文化によって性別の表現形態が異なる．

英語圏では，人の「メス」と「オス」を，female と male と表現する．これは，ヒト以外の他の動物（例えばライオン）の性別を表すときにも通常用いられている表現である．

わが国では，人の「メス」と「オス」を，「女」と「男」と表現している．これは，ヒト以外の動物の性別を表す際には用いられない表現である．すなわちわが国は，人の性別を動物の性別と切り離して表現しているといえる．人間中心主義（humanism）である．

◎ 5.5.4　人の性別判定

人の性別判定は生まれたときになされる．

助産師あるいは医師が，生まれてきた児の外性器にて判断する．最も単純な過程では，男性生殖器がついている場合には「男」と性別判定され，ついていない場合には「女」と判定される．判定が困難な場合には，染色体による判定などに移ることになる．

近年はエコーなどで出生前に性別判定がなされることがあるが，この場合も上記と同様に，男性生殖

器の存在を重要な判断材料としている．

◎ 5.5.5　脳と性別
　ヒトにおける最重要臓器は脳である．

　脳は，認知・理性・知性という精神の座であり，同時に情動や記憶を司る．心理・性格傾向および行動も脳によって制御されている部分が大きい．

　脳には「生まれつき」の性的二型もしくは性差がある．ただし，「生まれつき」とは，出生にあたって（at birth）という意味であり，母胎内での環境といった遺伝以外の影響も含む．近年は母胎内の環境が児の遺伝子発現に影響する現象（エピジェネティクス）に注目が集まっている．

◎ 5.5.6　性分化と原基
　哺乳類は受精後の成長過程でメスに，もしくはオスになっていく．これを性分化という．哺乳類では精巣にも卵巣にも分化する可能性を持った性原基が存在し，SRY遺伝子が発現することによってその性原基が精巣になっていく．SRY遺伝子が発現しない場合には卵巣となる．

　その後は精巣で作られる性腺ホルモンが，オスへの性分化を促していく．ただし近年では，脳の性分化に関する染色体からの直接的な影響（性腺ホルモンを介さない影響）があることがわかってきている．

◎ 5.5.7　性別（性的発達）のレベル
　日常生活における性別とは，通常，出生時の外性器判定による性別（戸籍等に記載される性別）を指している．これを表現型レベルの性別とする．現在，生物学はこの表現型レベルの性別以外にも，いくつものレベルで「性別（性的発達の段階）」が存在することを明らかにしている．

◎ 5.5.8　染色体レベル
　染色体レベルの性別は，受精の瞬間に決定される．時系列では最初に位置する性的発達（性別）である．受精卵を構成する精子が，X染色体を持っているのか，Y染色体を持っているのかで，メスかオスかが決まる．

　ヒトのメスは各細胞内に44本の常染色体と2本の性染色体（2本のX染色体）を持っている．オスは，44本の常染色体と2本の性染色体（X染色体とY染色体）を持っている．メスとオスの染色体の決定的違いは，小さなY染色体にあるといえる．

◎ 5.5.9　性腺レベル
　染色体レベルの性別は，精巣もしくは卵巣を発達させる．このレベルが性腺レベルの性別といえる．精巣もしくは卵巣から，性腺ホルモンが放出され，性分化を促していく．性腺レベルの性別は次に表現型の性別を発達させていく．男性ホルモンとその受容体が適切に存在すれば，表現型はオスとなっていく．そうでなければ，表現型はメスとなる．

◎ 5.5.10　脳レベル
　脳レベルの性別としては，神経レベルの性別と，性自認（ジェンダー・アイデンティティ）があげられる．神経レベルの性別は，胎内環境に強く影響を受けており，出生後の性指向および性役割行動と関

連する.性自認も神経レベルの性別と同じく胎内環境に強く影響を受けるが,それが表現型レベルの性別と異なっている場合には GID などに結びつくことになる. 〔松浦賢長〕

文　献

1) De Vries, G.J., *et al*.: A model system for study of sex chromosome effects on sexually dimorphic neural and behavioral Traits, *Journal of Neuroscience*, **22** (20), 2002.
2) Baron-Cohen, S., Lutchmaya, S. & Knickmeyer, R.: *"Prenatal Testosterone in Mind"*, MIT Press, 2004.

6 男性の身体

II. 性を知る

6.1 男性外性器の解剖と生理

◎ 6.1.1 陰茎

外陰部（図 6.1）は発生学的に未分化生殖管からテストステロンの作用のもとに男性化が進む[1]．

大陰唇と陰嚢，陰核と亀頭がそれぞれ相同器官である．陰茎は亀頭，陰茎体，陰茎根からなる．亀頭と陰茎体には深い冠状溝が存在するのがヒトの特徴である．このような形状になったのは，挿入しやすいばかりではなく，パートナーの中に存在する可能性のある他人の精子をかき出すために適応的進化をとげてきたという説もある[3]．陰茎海綿体は背部に 2 対並列し，強靱な白膜に包まれた上，陰茎中隔で結合し，さらにバック筋膜に覆われているため勃起時に硬度を保つことができる．尿道海綿体は尿道を包むように存在する．薄く伸展性のある尿道海綿体白膜に包まれているだけなので，亀頭部も含め勃起時にも陰茎海綿体ほどの硬度を保てない（図 6.2）．この部位が女性性器に密着するため傷つけないようにと進化してきた適応と考えられる．亀頭を覆うように陰茎皮膚の続きの包皮がある．尿道は男性では約 20 cm の長さがある．内尿道口から外括約筋までを後部尿道，外括約筋から外尿道口を前部尿道という．

ヒトのペニスは他種哺乳類と比較すると大きい．身長比からの長さや，太さを条件に加えれば哺乳類のなかでは最大級である．大きいにもかかわらず，民族学的にペニスを隠蔽する儀礼は多くの種族でみられる．禁欲を守らせる意味があるようである．榎本知郎は「このように宣伝しながら隠蔽するという自家撞着が，ペニスにまつわる微妙な文化を醸成してきたように思われる．」と述べる[4]．異常にと思えるほど大きくなったヒトのペニスは，陰茎骨の助けを借りないため，神経も循環器系も正常にはたらかないと十分に勃起できないようになった．大きくなりすぎると性交できるだけの勃起を保ちにくくなるという矛盾を指摘し，榎本はヒトだけに見られる愛という感情とペニスの巨大化に因果関係があるの

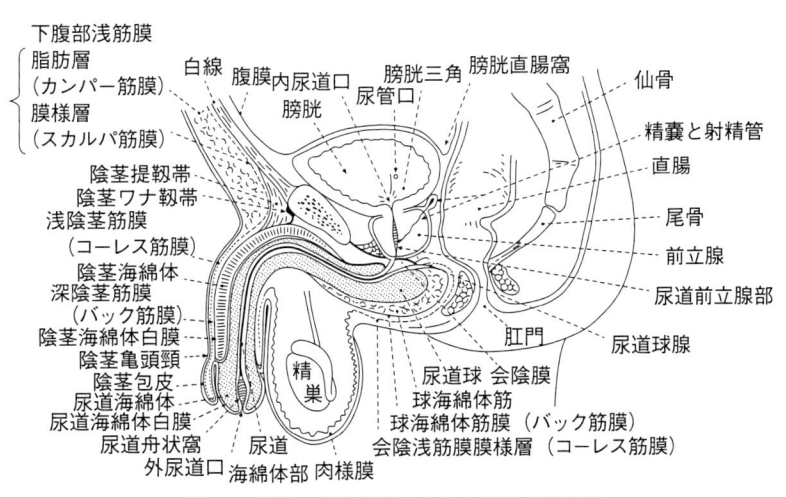

図 6.1 男性の尿生殖器を主とする正中断面図

ではないかと仮説している．

陰茎の神経支配では，知覚系の神経として陰部神経の枝である陰部背神経が仙髄に入力する．自律神経である副交感神経系は勃起を促す情報を伝達する．一方，交感神経系は非勃起状態を保つためにはたらく（詳細6.2節を参照のこと）．

陰茎に血液を供給するのは内腸骨動脈から分枝した内陰部動脈で，陰茎に入る直前で4つに分枝する（球部動脈，尿道動脈，海綿体動脈，陰茎背動脈）．静脈には大きく2つあり，浅陰茎背静脈は大伏在静脈へ流入し，深陰茎背静脈には回旋静脈，脚静脈海綿体静脈，球静脈からの流入を得て，内陰部静脈となり，内腸骨静脈へと注ぐ．

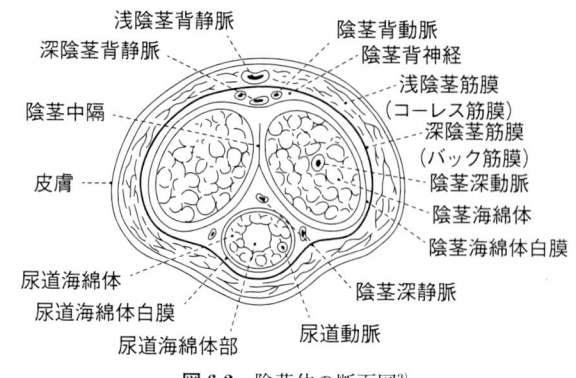

図 6.2 陰茎体の断面図[2]

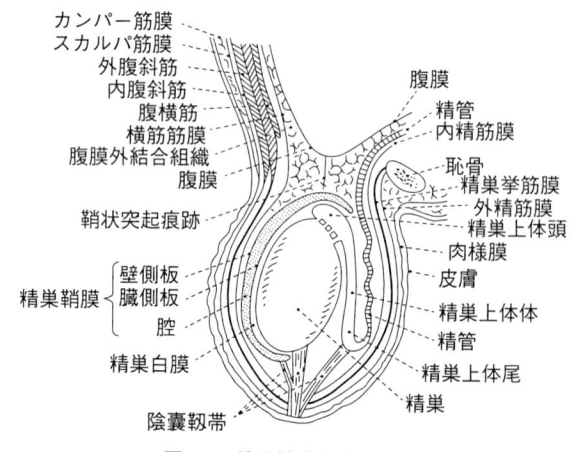

図 6.3 精巣鞘膜と陰嚢靱帯

◎ 6.1.2 精巣と陰嚢

図6.3に精巣と陰嚢を図示する．精巣は長さ4〜5 cm，幅2.5〜3 cm，厚さ2 cmほどの楕円形の形状で，平面は平滑で白色，弾性のある器官である．チンパンジーの体重における精巣重量比は0.27%と霊長類の中では突出して重い（精子数は6億/ml）．ヒト（コーカソイド）では0.08%（精子数1〜2億/ml），オラウータンは0.04%，ゴリラは0.02%以下（精子数0.5億/ml），ゾウは0.01%である[5]．これは，オスとしての性戦略と関係する．乱交の婚姻形態をとる種は造精能が高く，ハーレム型の婚姻形態をとりメスを独占できるオスは造精能力に乏しい傾向がある[i]．

図6.4に精路を図示する．精子は精巣で作られる．精巣内の精細管は約80 cm，輸出小管（約10 cm），精巣上体（約5〜6 m），精管（約50 cm），射精管（約2 cm），尿道（約25 cm）とおよそ7〜8 mを体内で通過する．射精時に放出される精子の大部分は精管膨大部と精巣上体尾部に蓄えられているものである．射精現象は，まず，内尿道口の閉鎖（閉鎖圧は500 cmH$_2$O）から始まり，前立腺液の分泌，精阜の射精口から精液排出，球部尿道の収縮による射精の補助にて完結する[7]．

精子濃度，精液量ともに減少していると報告もある．1940年に比較し1990年には平均精子濃度は113×10^6/mlから66×10^6/mlへ，精液量は3.40から2.75 mlへと減少を示した[8]．その後検証されてい

---

i) 違う男性から放出された精子同士は女性の中で格闘する．精子にはブロッカー，キラー，エッグハンターという3種の役割が担われる．文字通りブロッカーは主に子宮頸管に留まり，後から来る精子の侵入を食い止める役割を担う．尻尾や体部がコイル状に曲がりいびつに変形しているもの，頭部が大きいないし，複数存在するなどの奇形精子がその任務を負うことが多い．比率としては射精される精子の6分の1程度はブロッカーであり，ほとんどが男性の中で長期間貯蔵されていて精管膨大部に蓄えられているものと考えられる．キラーは最も数が多く，6分の5を占める．エッグハンターを守り，違う男性の精子を攻撃し，エッグハンターが受精しやすい環境を整える．頭部に化学反応の受容器をもちそれを用いて自他を判別している．また，頭部には化学物質が内蔵されておりそれで前に貯蔵されていた他の男性の精子を殺す．エッグハンターは最もよく動き回る精子である．頭部はキラーに比べて若干大きく，全体は滑らかである．1回の射精で約100万個しか放出されない[3]．

るが，条件の差など問題があり結論は出ていない．

6.2 勃起・射精のメカニズム

男性性機能障害とは，「性欲，勃起，射精，性交，オーガズムのいずれか一つ以上欠けるかもしくは不十分なもの」と定義される．中でも機能的な面で勃起と射精は解明が進んでいる．ここではこの2つに絞り正常機能の解説を加える．

◎ 6.2.1 勃起のメカニズム

a. 勃起の神経支配

勃起は視覚，聴覚，嗅覚，触覚，記憶や期待による性的想像などの性的欲望により生じる．その中枢は視床下部であるが，ヒトの場合，記憶で性欲を呼び起こすことができるというように，大脳皮質も関与する（心因性勃起）．

陰茎の神経支配では，体性神経である知覚系の神経として，末梢からの感覚刺激は陰部神経の枝

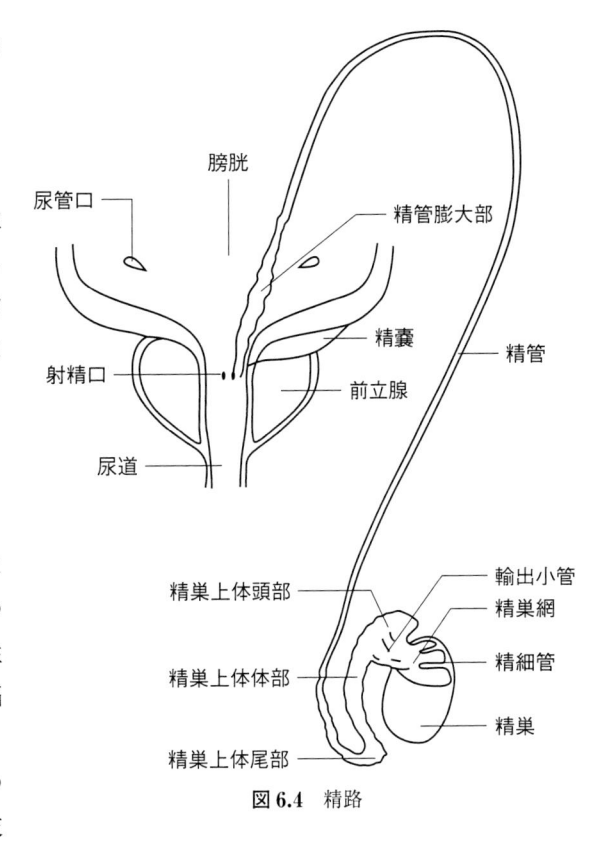

図 6.4 精路

である陰部背神経が最も敏感な亀頭部周辺の刺激を仙髄に入力する．自律神経である副交感神経系においては，骨盤神経は骨盤神経叢でシナプスを介し，海綿体神経となり勃起を促す情報を伝達する．一方，交感神経系は非勃起状態を保つためにはたらくが，胸椎の10番目〜腰椎の2番目から発し，上下腹神経叢を経由して下腹神経となり，骨盤神経叢に入り，勃起抑制系の海綿体神経となる[9]（図6.5）．

b. 勃起の脈管系

血管系疾患の初発症状として勃起不全が生じる．つまり，勃起不全は総死亡率や心血管イベントの予測因子となる[11]．

陰茎に血液を供給するのは内腸骨動脈から分枝した内陰部動脈で，陰茎に入る直前で4つに分枝する（球部動脈，尿道動脈，海綿体動脈，陰茎背動脈）．静脈には大きく2つあり，浅陰茎背静脈は大伏在静脈へ流入し，深陰茎背静脈には回旋静脈，脚静脈海綿体静脈，球静脈からの流入を得て，内陰部静脈となり，内腸骨静脈へと注ぐ．

非勃起時は海綿体動脈とそれに次ぐラセン動脈は収縮しており海綿体組織の栄養を保てるだけの血液供給しかしていない．いったん，勃起の指令を得ると，この海綿体動脈とラセン動脈は弛緩し，血流量が増加する．それに伴い，大量の動脈血が海綿体洞へ流入し，同時に，海綿体小柱も弛緩するため，海綿体のコンプライアンスは上昇する．図示するように（図6.6），強固な構造を持つ白膜と膨張した海綿体によって海綿体洞からの静脈系である白膜下静脈は圧迫，延長され，また，白膜下静脈に次ぐ白膜貫通静脈は白膜により圧迫される．これにより，動脈流は増加するものの，静脈流は抵抗性を増すため，勃起が惹起，保持されることとなる．

c. 勃起に関与する NANC 神経と神経伝達物質

陰茎海綿体平滑筋は上述した交感神経と副交感神経以外では，nonadrenergic noncholinergic（NANC）神経に支配されている．この神経伝達物質にはNO（一酸化窒素）が利用されている[12]．NO

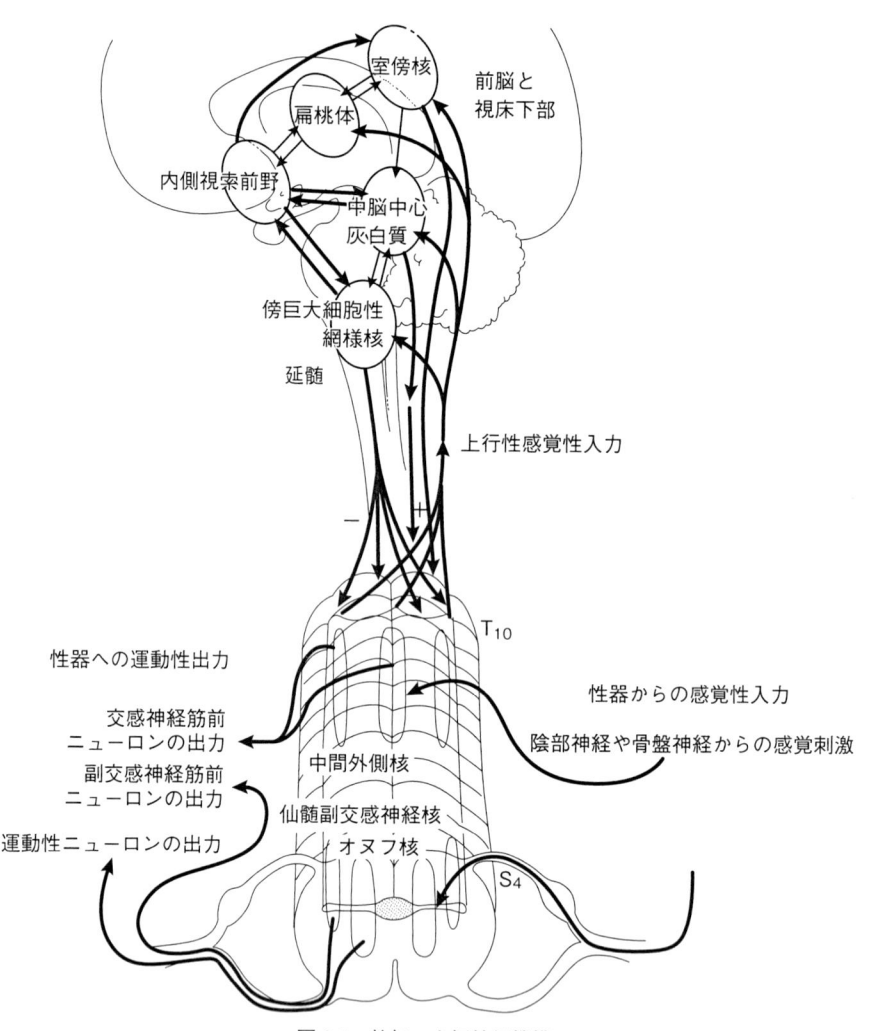

図 6.5 勃起の中枢神経機構
主として外性器からの感覚刺激による勃起反応に関与する神経回路を示す．内側視索前野は性的刺激を統合するはたらきがある．視覚による性的刺激も扁桃体を介してここに入力される．室傍核ニューロンは下垂体後葉に投射する．ここからはオキシトシンやバソプレッシンが放出されるが，オキシトシンは催勃起作用があり，バソプレッシンは父性行動を促すとされる．

は細胞膜を通過しグアニル酸シクラーゼを活性化して GTP から cGMP を産生し，海綿体平滑筋の弛緩を生じさせる．ED 治療薬として初めて開発された sildenafil は NO 依存性弛緩反応を高める効果を有する．同薬の開発により，勃起障害の治療法と，その効果は劇的に変化した．

その他，勃起に関わる陰茎血管作動物質や，平滑筋収縮弛緩に関与する物質としてはアセチルコリン，血管作動性腸管ポリペプチド，プロスタグランジン，エンドセリン，カテコールアミン，ニューロペプチド Y，ATP などが知られる．

近年，視床下部の室傍核が男性の性機能に関わることが判明した．室傍核は軸索を下垂体後葉に伸ばしている．ここは仙髄レベルの勃起に関与する副交感神経核にも投射しているが，オキシトシンやバソプレッシンの分泌を放出させる指令を下す．詳細は別記するが，オキシトシンは男性には強力な催勃起効果を有し，バソプレッシンは育児の場を確保する，子どもを外敵から守るといった父性愛の発現ともいえるような行動を司ると考えられる．

勃起抑制系の主役を担う傍巨大細胞性網様核を破壊すると勃起の頻度が上昇し硬度も増した[13]．この

a：非勃起時

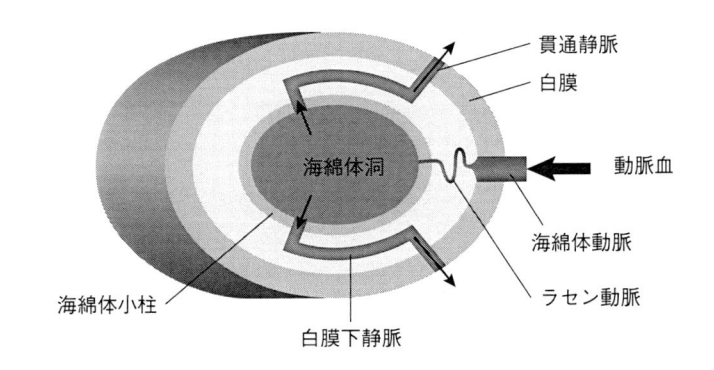

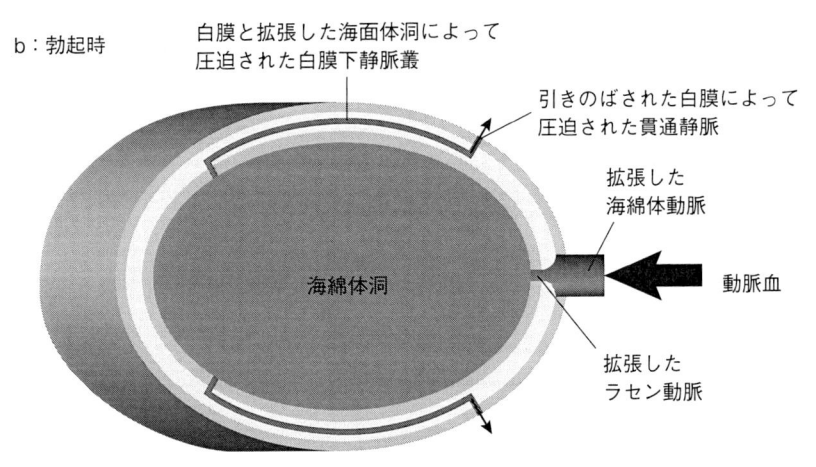

b：勃起時

図 6.6 勃起の血流動態
非勃起時（flaccid）には，組織を栄養するだけの血流を認める．勃起時には，まず，海綿体動脈とラセン動脈が弛緩し血流が上昇する．次いで海綿体小柱の平滑筋も弛緩し，海綿体洞に動脈血が大量に流入する．貫通静脈が圧迫延長され流出抵抗が高まり勃起が完成する．

神経核は直接脊髄下部の勃起誘発ニューロン群に投射しており，その大部分はセロトニンニューロンであるため，これらセロトニンニューロン延髄レベルで持続的に勃起阻害にはたらくとされる[14]．

◎ 6.2.2 性的刺激

a. 視覚と勃起（図 6.7）

視覚による勃起刺激はヒトでは重要な位置を占める．その経路を図示する．外側膝状体から視覚野を経ずに直接扁桃体に投射される経路が情動感覚経路である．一方，視覚野から下側頭回次いで扁桃体に投射される経路は感覚・認知経路であり，先の情動経路より遅れて扁桃体に入力される．つまり，性的な意味づけを認知する前に，性的な予感はすでに性の中枢である内側視索前野・視床下部へと送られている．その後，自発性に関与する前頭葉へと送られ，意識と結びついた動機が生じる．さらに，扁桃体から直接前帯状回へと投射された「性の予感」の情動は，運動野に橋渡しされ，抑制系との綱引きのもと，行動が決定される．前頭前野には多くの情報が入力される．つまり，ここは性行動の抑制も司る部位でもある．ただし，前述したように，外界からの情報がなくとも性欲を駆り立てることができるヒトは，内側視索前野・視床下部系と前頭前野および大脳新皮質のつながりを複雑化してきた．

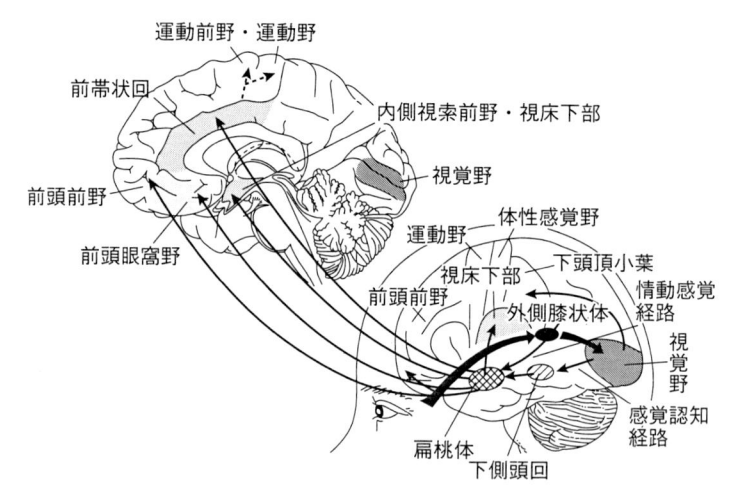

図 6.7　脳内の性的視覚情報の流れ
性的な視覚情報は外側膝状体から直接扁桃体に入るルートと，いったん視覚情報として視覚野に入力後，下側頭回から扁桃体に入るルートがある．扁桃体から内側視索前野，視床下部，前帯状回，前頭前野へ情報が流れる．前帯状回は情動機能だけでなく動機づけから実行系への橋渡しをすると考えられ，運動前野や運動野へ情報がその行動を導く．

b.　嗅覚と勃起

嗅刺激による雄ラットの性行動促進は，嗅球や副嗅球から扁桃体へ入力され，内側視索前野に行動を促すよう情報が入力される．ここから，中脳の腹側被蓋野を介し側坐核，さらに尾状核へ投射される．この経路はドーパミンニューロンによる報酬系に相当する．嗅覚は，11.3 節「感覚と性行動」で詳細を別記する．

c.　直接刺激

上記した，陰茎皮膚刺激によって陰茎背神経神経から中枢への神経伝達路で直接刺激が伝導される．直接刺激による勃起を反射性勃起という．

d.　夜間勃起・早朝勃起

睡眠パターン，蓄尿指令系の神経も合わせ，早朝勃起を生じる．ただし，この現象は早朝のみの限られた現象ではなく，正常ならばレム睡眠の後半に生じている（夜間勃起，睡眠関連勃起）．メカニズムは不明だが，交感神経と副交感神経のバランスが関与する．脳幹の青斑核に交感神経性ニューロンの活動停止により，催勃起性神経伝導が有意となるためと考えられる．

◎ 6.2.3　射精のメカニズム

a.　精路の解剖学的解説

射精時の快感は精液と精子が尿道に分泌が起こる時期に一致している[15]．前立腺は重量約 15 〜 20 g の栗の実状の腺組織で，精液の一部となる前立腺液を分泌している．精嚢は前立腺の背側上方に位置し，精液の大部分を分泌し，精巣から精管を通ってきた精子と合わせ貯蔵している．

b.　射精の神経支配

陰茎皮膚からの求心性シグナルが陰茎背神経および陰部神経を介し仙髄を経て，脊髄内を胸腰髄にまで伝達される．一部はさらに中枢へ伝達され，以下に示すように腰内臓神経から遠心性に下降する．

射精システムは多少の神経損傷では機能不全に至らないように巧妙なシステムが構築されている．多数の腰内臓神経が交差性を保ち代償機能を持つ．主に機能する遠心性交感神経シグナルは，腰内臓神経

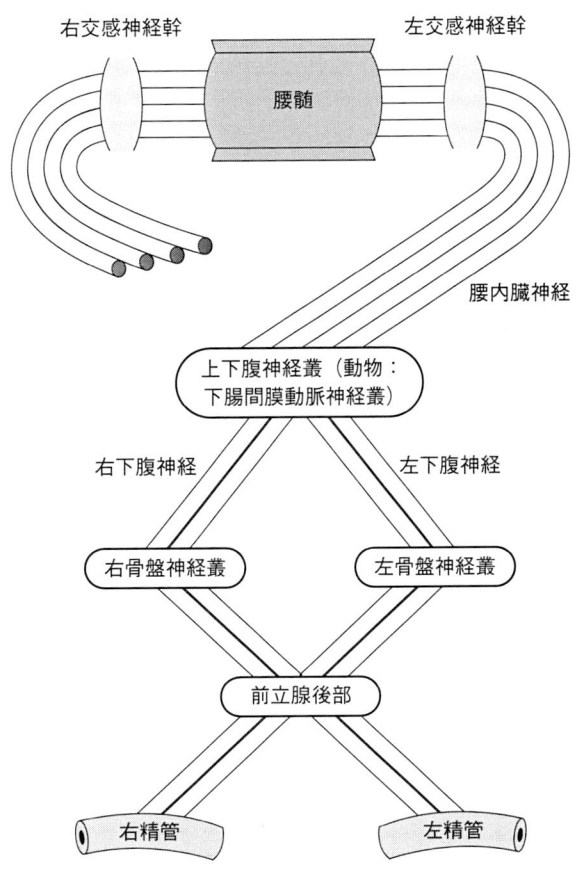

図 6.8 射精に関わる神経系
腰内臓神経から下降する射精を司る神経は上下腹神経叢以下では図のように2ヵ所で交差している．どの部位を損傷されても脊髄からのシグナルが到達できるように工夫されている．

—上下腹神経叢—下腹神経—骨盤神経叢を経て，それぞれ内尿道口，前立腺，精管，精囊に到達し，前記した内尿道口の閉鎖，前立腺液の分泌，精阜の射精口から精液排出に関わる[16]（図 6.8）．神経伝達物質は主にノルアドレナリンである．

c. 中枢性射精制御

前述した勃起のメカニズム同様，射精も内側視索前野が中枢とされる．その他，背内側核，室傍核などが関わる．抑制系としてセロトニンが関わる．抗うつ剤である選択的セロトニン再取り込み阻害剤は，シナプス間隙のセロトニン濃度を向上させるが，この薬剤は射精の抑制系としても作用する．よって，早漏の治療薬としても利用でき，ヨーロッパでは精神作用が少ない薬剤が開発され臨床応用されている．射精促進としては報酬系であるドーパミンが作用する．

6.3 生殖機能に影響を与えるもの

◎ 6.3.1 乏精子症・無精子症

不妊症の男性側の因子を述べる．

a. 非閉塞性乏精子症・無精子症[ii]

精子形成障害はY染色体長腕上に存在するAZF（azoospermic factor）の欠損が関与することが明ら

かにされた[17]．治療に関しては性腺刺激ホルモン治療が有効で，非治療群では4.4％にとどまった成績は治療にて13.4％と向上した[18]．両側停留精巣の放置例や成人発症の流行性耳下腺炎性精巣炎で造精障害を来す率も高い．従来の非閉塞性無精子症の多くは，精巣機能障害による精子形成障害で，精子は形成されていないと考えられていたが，多くの症例で精巣内ではわずかながらも形成されていることがわかった．精巣内精子採取と顕微鏡受精の技術を用いた妊娠成功例が多数報告されている．クラインフェルター症候群の患者（47 XXY）についてもこの方法で挙児成功例の報告がある．かつては，精索静脈瘤も乏精子・無精子症として妊孕率を下げる要因とみなされていた．精巣温度の上昇，男性ホルモン分泌の低下などが原因である．多くの泌尿器科医は静脈瘤結紮術により妊孕率は向上すると信じていたが，2003年のLancet誌のメタアナリシスによって疑問が提示された[19]．集計に問題もあり結論はさらなる情報の集積を待つ．

b．閉塞性無精子症

閉塞性無精子症では正常の精子が形成されており，閉塞状態を解除できれば，妊孕率の上昇は見込まれる．松田らの報告では精路再吻合術症例の閉塞原因別に，精管切断術後（42％），小児時の鼠径ヘルニア術後合併症（25％），結核や性感染症といった炎症（9％）とされる．本疾患での妊孕率は顕微鏡手術など技術の進歩に伴い，35％から40％以上となった[20]．治療困難例として，先天性奇形の両側精索欠損症が約1.4％と（東邦大学リプロダクションセンターより）報告されている．

◎ 6.3.2 性交障害

a．勃起への影響

勃起障害（electile dysfunction：ED）は「性交に有効な勃起ができないか維持できない状態」と定義されている[21]．機能性（心因性，体質性，精神病性，その他），器質性（陰茎性，神経性，血管性，内分泌性），混合型（糖尿病性，腎不全性，泌尿器科的疾患，加齢，外傷および手術，その他），およびその他（薬剤性，脳機能障害，その他）に大別される．Massachusetts Male Aging Studyでは[22]，完全なEDを訴える男性は40歳で5％，70歳で15％と報告された．原因の中でも加齢による影響では，遊離テストステロン濃度の低下，白膜の構造変化，動脈硬化などの血管病変などがあげられる．その他，神経系に影響する外傷や中枢神経疾患，糖尿病，尿毒症，下垂体疾患，甲状腺疾患，副腎疾患などの内分泌疾患，精神病などがEDの原因となる．

b．神経伝達物質・ホルモン・薬物

脳内伝達物質であるドーパミンや，アドレナリン，ノルアドレナリン，そして男性ホルモンであるテストステロンなどは，直接生殖機能を亢進させるよう影響を及ぼす．プロラクチンやプロゲステロンは性衝動を減退させる．薬物では，血圧降下剤，抗ウイルス薬，強心薬，抗不整脈剤，利尿剤，消化性潰瘍治療剤，高脂血症薬，内分泌治療薬，向精神薬など多数あげられる．また，タバコは代表的なEDの原因となる．コンドラらはEDを訴えて受診した患者の58.4％が喫煙者で過去に喫煙歴があった者を含めると81％であったと報告した[23]．また，飲酒も影響が指摘される．

c．中枢性勃起・射精制御

中枢性の勃起抑制系としてセロトニンが伝達物質として関わる．抗うつ剤である選択的セロトニン再取り込み阻害剤は，シナプス間隙のセロトニン濃度を向上させるが，この薬剤は射精の抑制系としても作用する．早漏の治療薬としても利用でき欧米では臨床応用されている．

---

ii) 通常の性交は可能であるにもかかわらず精液に精子が認められない状態を無精子症と診断する．非閉塞性無精子症と閉塞性無精子症に2分される．

6.4 快楽

◎ 6.4.1 脳の中の欲求と快楽

三大欲求といわれる食欲，睡眠欲，性欲は視床下部で作り出される．性欲は視床下部の内側視索前野から発せられる（図6.9）．

欲求は視床下部で生じると考えられている．生じた欲求は側坐核を経て大脳基底核に伝えられる．大脳基底核から運動野に情報が伝えられて，行動が起きる．また一部のシグナルは大脳基底核から直接骨格筋に伝えられる．側坐核には海馬，扁桃体，A10細胞からも情報が入力される．そのため視床下部から生じた欲求は，記憶や情動などの影響を強く受ける．

一方自発的な欲求は前頭前野から生まれると考えられている．前頭前野は記憶（特にワーキングメモリー）や思考，あるいは高度な感情などに関連しているという証拠がいくつかあるからである．前頭前野からのシグナルは運動前野に送られ，運動のプログラミングがなされた後に運動野に送られ，そこから行動を起こす直接的な命令が出される．なお視床下部と前頭前野は神経線維が行き来しているので，高度な動機や自発性と生理的な欲求は影響しあっていると考えられる[24]．

生じた欲求は側坐核を経て大脳基底核へと入力され，一部の回路では大脳皮質での処理を受けずに全身の末梢神経へと情報が伝達される．側坐核へは海馬，扁桃体，腹側被蓋野からの入力がある．海馬は記憶の中心的役割を担う．この部位を切除すると術前の記憶にも知能にも影響はないが，術後に起きた出来事や出会った人の顔を覚えることができなくなる．扁桃体は感覚情報に喜怒哀楽や快・不快といった情動的な意味づけをする部位である．腹側被蓋野は中脳から即座核を経て前頭前野へ神経線維を延ばしており，中脳皮質辺縁ドーパミン系と呼ばれる．適応行動の重要性を評価し，強化させ，さらに快楽を求めるといった複雑な多くの機能が関わり，総じて報酬系とされる．よって，視床下部→側坐核→大脳基底核→末梢骨格筋という指令回路は，欲求から即座に行動を生じさせることとなる．

一方，大脳基底核は大脳皮質運動野とも欲求の情報を共有し骨格筋へと伝える回路も持つ．この運動野には前頭前野からの情報も入力されており，行動抑制としても作用する．自発的な欲求は前頭前野から生じるとされるが，前頭前野は記憶，思考，高度な感情に関連しており，ヒトとして生じて来た崇高さや倫理的動機などの高度な動機がもたらす行動の発信源となる．

オルガスムスに達した脳をPETで検索すると男女差はほとんどない．エクスタシー時には大量のノルアデナリン，ドーパミン，オキシトシンに満たされ，極度の快感を司るともいわれる報酬系の腹側被蓋野と，中脳水道周囲灰白質という苦痛抑制を司る領域が活動する．

◎ 6.4.2 男性の進化から見た性器の形状とオルガスムスのタイミング

ヒトのペニスが大きいのにも進化学的意義がある．長いペニスは精子を奥まで送り込むのに都合がいい．そして，大きなペニスは女性に快感を与えやすいという視覚的信号を発してい

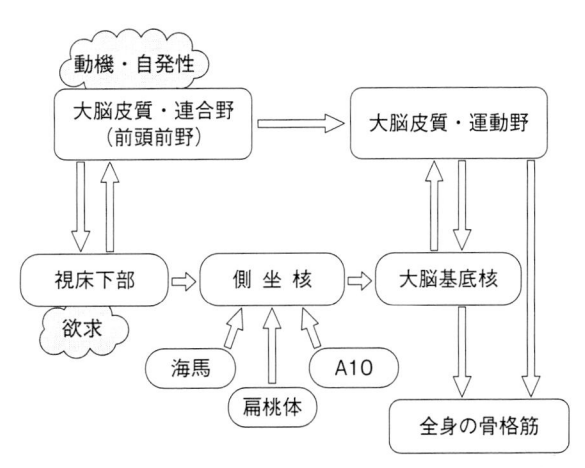

図6.9 欲求を満たす行動と自発的な行動を引き起こす神経回路モデル

る．これらの理由によって進化上ランナウェイしてきたとも考えられる．また，大きすぎるという考えに立てばハンディキャップ説に合致する．

　陰茎骨がないのもヒトのペニスの特徴の一つである．陰茎骨とは通常ペニスの硬さを保持し助ける役割を持つ，ほとんどの哺乳類に存在する骨である．これがないのは，原猿のメガネザルや，新世界サルのクモザルやウィーリーモンキーとヒトぐらいとされる．勃起の部位として，亀頭より中枢側の陰茎海綿体が主に硬くなり，先端の亀頭は硬度に劣る．これは挿入時に女性を傷つけないようにするためであろう．乱交傾向のあるサルの種類と異なり，ヒトではペニスに無駄な装飾がない．特徴的なのは，亀頭が大きく張り出し，冠状溝が深いことである．これは，前に射精された可能性のある他の男性の精子をかき出すためとも説明される[3]．このように異常に大きくなったペニスは，陰茎骨の助けを借りずに，神経も複雑な機能を持つ神経系も循環器系も正常にはたらかないと十分に勃起できないようになった．そして，射精も他種に比べて異常に遅くなった．これに関して榎本は「長時間にわたる濃密なやりとりをするのは，ヒトだけの特徴である．とりわけ，お互いが接触している時間が長い．（中略）もし，むつまじい性的なやりとりがオスとメスを結びつけ，その関係維持に役立つなら，ペニスが太いことは好都合である．わたしは，ヒトだけに見られる愛とペニスの巨大化が，進化の歩みをともにしたのではないかと考えているのである」[4]と述べている．榎本は「愛」と述べるが，"Lust（強い欲望）"としてとらえられるこの激しい感情の帰結としての快感は，ペニスの大きさや形状，射精までの時間とともに，報酬を得る目的として共進化してきたと考える．

　男性は性交時にほとんどオルガスムスを得られるのに対し，女性ではその頻度は低い（7.5節参照）．

［納富　貴］

文　献

1) 吉田　修，『ベットサイド泌尿器科学　診断　治療編　第2版』，南江堂，1995．
2) 星野一正，『臨床に役立つ生体の観察　第2版』，医歯薬出版，1984．
3) ベイカー，R. 著，秋川百合訳，『精子戦争』，河出書房新社，1997．
4) 榎本知郎，『人間の性はどこから来たのか』，平凡社，1994．
5) Kenagy, G.J. & Trombulak, S.C.: Size and function of mammalian testes in relation to body size, *Journal of Mammalogy*, **67**, 1986.
6) 吉田　修，『新図説泌尿器科学講座 4』，Medical View，1999．
7) Bohlen, D., et al.: Five meters of H20: the pressure at the urinary bladder neck during human ejaculation, *Prostate*, **44**, 2000.
8) Skakkebaek, N.E. & Keiding, N.: Changes in semen and the testis, *BMJ*, **309**, 1994.
9) McKenna KE: Some proposal regarding the organization of the central nervous system control of penile erection, *Neurosci Biobehav Rev*, **24**: 2000.
10) 新井康允，「概論：男性性機能調節系（性中枢と性行動）」，『日本臨床増刊号，男性性機能不全』，**60** suppl 6，2002．
11) Bohm, M., et al.: Erectile dysfunction predicts cardiovascular events in high-risk patients receiving telmisartan, ramipril, or both, *Circulation*, **121**, 2010.
12) Burnett, A.L., et al: Immunohistochemical localization of nitric oxide synthase in the autonomic innervation of the human penis, *J Urol.*, **150**, 1993.
13) Marson, L., & McKenna, KE.: The identification of a brainstem site controlling spinal reflexes in male rats, *Brain Res.*, **515**, 1990.
14) Marson L, & McKenna KE.: A role for 5-hydroxytryptoamine in descending inhibition of spinal sexual reflexes, *Exp Brain Res.*, **88**, 1992.
15) Gil-Vernet, J.M. Jr., et al.: Ejaculation in men: a dynamic endorectal ultrasonographical study, *Br J Urol.*, **73**, 1994.

16) 木原和徳，「射精を支配する自律神経―射精機能温存手術の基礎」，『日本泌尿器科学会雑誌』，**88**，1997．
17) 高　栄哲他，「男性不妊症におけるY染色体の欠失診断―「微小欠失」からパリンドローム欠失へ―」，『Urology View』，**3**（6），2005．
18) Attia, A.M., *et al.*: Cochrane Database of systematic reviews 2006 Issue 4
19) Evers, J.L. & Collins, J.A.: Assessment of efficacy of varicocele repair for male subfertility: a systematic review, *Lancet*, **361**（9372），2003．
20) 松田公志他，「閉塞性無精子症に対する精路 再建術の成績：全国多施設での調査報告」，『日本不妊誌』，**45**（2），2000．
21) NIH Consensus Development Panel on Impotence, *JAMA*, **270**, 1993．
22) Feldman, H.A., *et al.*: Impotence and its medical and psychosocial correlates: Results of the Massachusetts male aging study, *J Urol.*, **151**, 1994．
23) Condra, M., *et al.*: Prevalence ond significance of tabacco smoking in impotence, *J. Urol.*, **27**, 1986．
24) 鈴木映二，『セロトニンと神経細胞・脳・薬物』，星和書店，2000．

7 女性の身体

II. 性を知る

7.1 解剖生理

女性の生殖器は内性器と外性器に分けられる．

◎ 7.1.1 内性器

内性器は体の内部にあって，卵子を成長させ排卵させる卵巣，卵子の通路である卵管，受精卵を着床させ胎児を発育させる子宮，胎児の通路であると同時に交接器である腟からなる．内性器は内分泌や妊娠分娩に関与する．卵巣と卵管を併せて子宮付属器と呼ぶ．

a. 卵巣

卵巣は母指頭大の大きさで，内部に多数の卵胞を貯蔵している．その数は妊娠8週で200万個，出生時7万個，思春期で2万個，生涯の排卵数は500個以下である．卵巣の役割は，卵子の成熟，排卵を通じて生殖に関わると同時に，卵胞周囲の細胞からステロイドホルモンを分泌することである．ステロイドホルモンにより，月経周期が発来し，また女性らしい心身の変化が起こる．その調節機序は51頁の図7.5に示した．

b. 卵管

排卵された卵子を卵管の先端の膨大部で捕捉し子宮へと輸送する．その途中で卵子が精子と出会い受精すると，受精卵は卵管を通過しつつ内部で分裂・分化する．

c. 子宮

図7.1のように膀胱と直腸の間にあって，膀胱の上に前屈していることが多いが，直腸側に後屈していることもある．成熟女性では約7 cm，LLサイズの鶏卵大で，ナスを扁平にした形である．

子宮を前額面で縦割りすると図7.2のようになる．内腔側から内膜，筋層，漿膜とに分けられる．受精卵はこの内膜に埋没して成長する．避妊時には内膜はホルモン周期に従って増殖や剥離・出血を繰り返す．内膜は月経時には内腔から外子宮口に向かって運動し，排卵時は外子宮口から内腔に向かって運動しており，月経の排出や精子の侵入を助ける合目的な活動がある．筋層は平滑筋よりなり，子宮を収縮させるはたらきを有する．子宮筋腫はこの細胞より発生する．

子宮は体部と頸部に分けられる．頸部はさらに腟上部と子宮腟部に分けられる．体部の内膜は月経を生じ，頸部の内膜は排卵時に透明な粘液を分泌する．

d. 腟

子宮と外性器をつなぐ筋肉性の管で，尿道と直腸の間にある．性交時や分娩時を除き前後に平たく閉

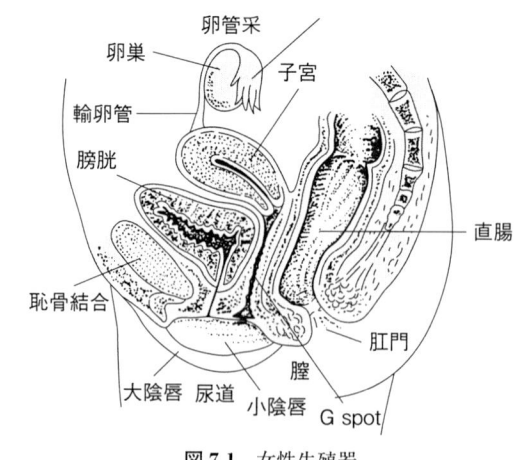

図7.1 女性生殖器

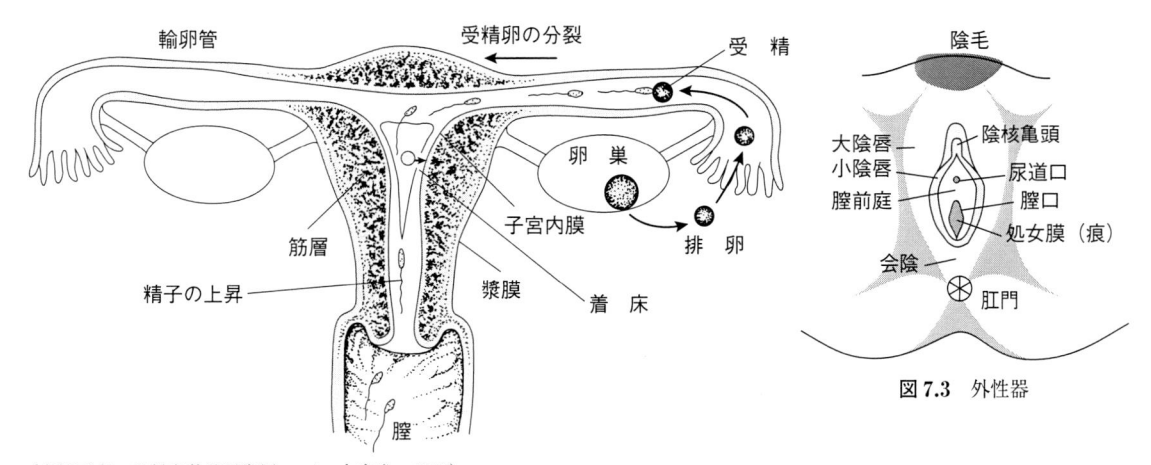

図 7.2 子宮と卵巣
(真柄正直：最新産科学正常編, p.1, 文光堂, 1984)

図 7.3 外性器

じている．膣壁は厚い襞状の重層扁平上皮よりなる．膣入口部より4 cm程内部の前壁に表面がザラザラしたG spotと呼ばれる部分がある．そこの刺激により性的快感を高めやすい（図7.1）．

◎ 7.1.2 外性器

外性器は膣口より外にあって，膣の入り口を形成する処女膜（痕）と膣前庭，常には閉じていて膣を保護する小陰唇，性的興奮時に敏感な陰核亀頭（クリトリス），最外部にあって陰毛の生える大陰唇などからなる．女性の股間にあるこれらの範囲を外陰部と呼ぶ（図7.3）．また肛門と膣入口までの間を会陰という．

◎ 7.1.3 生理（月経周期の調節）

月経とは，約1ヵ月周期で繰り返される子宮からの出血のことで，数日から1週間持続する．その機序は，まず脳の視床下部からGnRH（ゴナドトロピン放出ホルモン）が分泌され，これが下垂体に作用

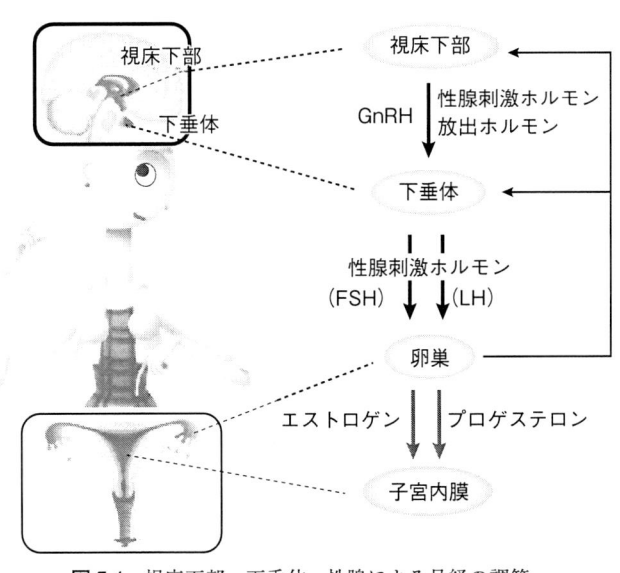

図 7.4 視床下部・下垂体・性腺による月経の調節

7.1 解剖生理

して2種類の性腺刺激ホルモン（FSHとLH）を放出させる．FSHは性腺（卵巣）に作用して卵胞を成熟させ，LHは排卵と黄体形成に関与する．卵巣からは，卵胞の成熟に従いエストロゲン（卵胞ホルモン）が，排卵後の黄体からプロゲステロン（黄体ホルモン）が分泌される．

2種類の卵巣ホルモンの作用で子宮内膜は増殖期，分泌期，月経期を繰り返す（図7.4）．

［荒堀憲二］

文　献
1) Netter, F.H.: "*the* CIBA *collection of Medical Illustrations*", Reproductive System, 1974.

7.2　月経周期

◎ 7.2.1　月経周期と性周期

月経開始の初日から次回月経開始の前日までの期間を月経周期という[1]．月経周期は卵巣周期とともに性周期を構成する．性周期は女性の特性であり思春期から閉経に至るまで1回の周期が約28日で繰り返して約40年間行われる排卵の機構である[2]．排卵は精神的ストレスや疲労，運動，食生活，生活リズムに影響されその周期を崩すことがある．こうした月経の異常に対して日本産婦人科学会では，以下のように定義している[2]．

・月経周期の正常範囲：周期日数が25～38日の間，その変動が6日以内
・頻発月経：月経周期が短縮し，24日以内で発来した月経
・希発月経：月経周期が延長し，39日以上で発来した月経

◎ 7.2.2　月経周期の構成とホルモン

月経周期（図7.5）にはホルモンが関わり，子宮内膜の変化から以下の3つの区分にて構成される．

月経期は月経開始の第1日目から5日前後までの期間で，プロゲステロン（黄体ホルモン）とエストロゲン（卵胞ホルモン）の分泌減少に伴い子宮粘膜の機能層が血管とともに剥離，脱落を起こす．これが生理における月経血となる．

増殖期は月経期終了から排卵日までの期間で，機能層の脱落により基底層のみとなった子宮粘膜が卵胞成熟に伴うエストロゲンの大量分泌に刺激されて再び増殖を開始する．粘膜細胞の増殖とともに分泌腺や血管が増成され，機能層は排卵に向けて徐々に肥厚する．エストロゲンの血中濃度の上昇は，視床下部から性腺刺激ホルモン放出ホルモン（GnRH）を分泌し，下垂体前葉にはたらき黄体形成ホルモン（LH）の分泌を促進する．同時に卵胞刺激ホルモン（FSH）の分泌も促進され，この大量分泌（サージ）が排卵を誘発する．

分泌期は，排卵後から黄体から分泌されるプロゲステロンの作用により，分泌腺と血管はさらに発達し，着床に向けた環境を整える．妊娠が成立すると分泌期はそのまま継続するが，成

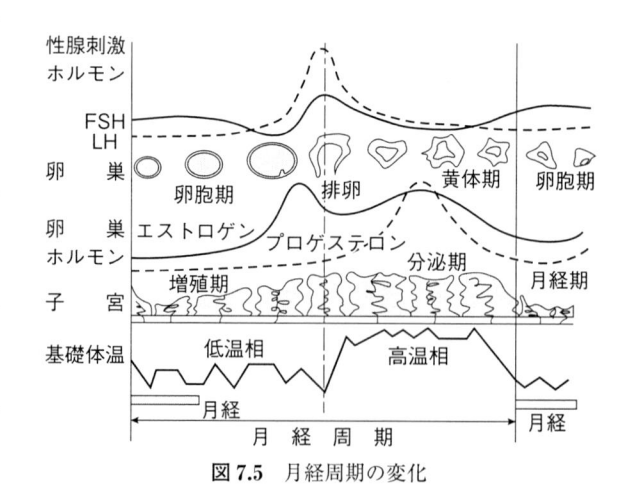

図7.5　月経周期の変化

立しないときはプロゲステロンの減少により機能層の維持が不可欠となり次の月経となる．

◎ 7.2.3　女性のライフサイクルと月経周期

思春期に初経が発来するとともに正常月経周期が繰り返されるわけではない．

松本[3]によると初経後1年以内では無排卵周期が80％以上を占め，その後，排卵性周期が確立されて月経周期が成熟するには初経後おおむね7年を要するとされている．

青年期は，月経周期が成熟してゆく時期であり，自分の身体の変化や月経について知識を深め随伴症状に対するセルフケアができることが必要となる．青年期から成人期には妊娠，出産，不妊，女性生殖器の疾患などが起こりえることから，自らの月経周期を把握することが不安の軽減や問題の早期発見につながる．

更年期は加齢に伴い卵巣の機能が低下し，エストロゲンの産出が低下する．エストロゲンの減少は更年期障害の症状を引き起こすこともあるが，排卵が少なくなることから頻発月経や機能性出血が起こり，卵胞数が減少するとやがて稀発月経となり閉経を迎える[4]．

◎ 7.2.4　月経周期に関する健康問題

月経周期に伴ってあらわれる症状には，特に原因となる疾患はないが月経の開始から数日にみられる機能性月経困難症や月経前にさまざまな症状を現す月経前症候群（PMS）と子宮内膜症などの疾患による器質性月経困難症などがある[5]．これらは個人差が大きくセルフケアできるものから服薬が必要なものまであるが，日常生活を不快にしたり，行動を制限したり，困難にすることもある．

[丸岡里香]

文　献

1) 伊藤正男他，『医学書院医学大辞典　第2版』，医学書院，2009.
2) 久米美代子・飯島治之，『ウーマンズヘルス』，医歯薬出版，2007.
3) 松本清一，『月経らくらく講座』，文光堂，2005.
4) 日本母性衛生学会，『Women's Health』，南山堂，1998.
5) 松本清一，『思春期婦人科外来　第2版』，文光堂，2004.

7.3　ボディイメージ

ゴーマン[1]によれば，ボディイメージは，「自分自身の身体についての概念であり，心の目の中の身体の画像である．」と定義している．それは知覚的プールと経験的プールとの相互作用によって形成される．知覚的プールは，私たちの現在および過去のすべての感覚的体験から構成され，経験的プールは私たちのすべての経験や情動および記憶から形成される．したがって，ボディイメージは，可塑的で力動的な総体であり，新しい知覚や新しい経験によって絶えず改変されているのである．つまり，自分の身体に関してどのような経験をしたり，教育を受けたりするのかが，ボディイメージの形成に影響を及ぼすのである．

シルダー[2]は，「人体のイメージは，私たちが心の中に形作る自分自身の画像，つまり，身体が私たちにどう見えるかということを意味する．」と述べている．その見え方であるボディイメージの評価は，文章完成法，言語選択法，自己像描画法，シルエット選択法，シルエット描画法などさまざまな手法で表現される．それらのうちのどれかが優れているのではなく，それぞれがボディイメージを異なった次元から捉えているのであり，お互いに補完関係にある．

また，ボディイメージという用語は，心理学，精神医学，神経学，その他多くの研究領域で使用されている．感覚の現象からパーソナリティ，さらには対人関係の面まで広範囲に用いられてきたために，それを意味する，もしくは関連する用語はさまざまである．ボディイメージ，身体図式，身体知覚，身体認知，身体空間，ボディ・カセクシスなどその類語は多数存在する．

ボディイメージが自分自身の身体についての概念であり，新たな体験をすることで改変されることから，思春期の身体の変化や妊娠による身体の変化は女性のボディイメージに大きな影響を及ぼす．思春期の身体の急成長，体重の変動，性成熟の開始とその基盤にあるホルモンの急激な変化は，若年女性のボディイメージを揺るがすことになる．また，妊娠，出産により急激に変化する自己の身体を認知し，どのようなボディイメージを持つかは，母性同一性の獲得や妊娠や出産のあり方にも影響を及ぼす[3]．

現代において，女性の健全なボディイメージの形成に最も影響が心配されることの一つが，やせ志向の社会的風潮である．馬場[4]はそのやせ志向の原因として次の3点をあげている．第一に，非労働者階級へのあこがれが痩身を要求するようになったこと，第二に，肥満は欲望に対する敗北を意味し，女性に知的活動と自立を求める社会風潮と不可分であること，第三に，やせた身体を美しいとする偏った美の基準をマスコミが一般化したことを要因としている．このやせ志向によるボディイメージの歪みと関連する摂食障害は，現代社会においてその発症件数の増加や低年齢化が問題となっている．

女性のボディイメージにおいて，なかでも乳房は男性と比較して特徴的な意味を持つ．フィッシャー[5]やゴーマ[6]は，女性は女らしさを小さいことに同一視するが，乳房は例外で唯一の大きくしたい身体部位であると述べている．また，乳がん患者はがんと乳房喪失の不安から，ボディイメージの変容とともに女性としてのアイデンティティの喪失感を抱きやすいことも報告されている[7]． ［森　慶恵］

文　献

1) W. ゴーマン，『ボディ・イメージ 第3版』，誠信書房，1981.
2) P. シルダー，『身体図式』，金剛出版，1983.
3) P. シルダー著，秋本辰雄・秋山俊夫編訳，『身体の心理学』，星和書店，1987.
4) 馬場謙一，『摂食障害』，日本評論社，1998.
5) S. H. フィッシャー，『からだの意識』，誠信書房，1979.
6) 伊藤正男他編，『医学書院医学大辞典 第1版』，医学書院，2003.
7) 野島良子，「乳がん患者の不安について」，『看護学雑誌』，38 (5)，1974.

7.4 栄養と生殖機能

◎ 7.4.1 生活習慣が月経に与える影響

思春期の時期から将来的に生殖機能によい影響をもたらすには，一番の成長期にしっかりと身体を育てておくことが大切である．成長期の無理なダイエットは体重のみならず身長の伸びが抑制される．一般的には，身長が高い人よりも低い人の方が骨盤が小さく狭いので，身長の低い女性は難産になる可能性が高い．低身長の場合（150 cm以下）は難産の可能性が出てくるので，145 cm以下の場合は特に注意が必要である．ただし，難産になるかどうかは体格や骨盤の大きさだけで決まるものではなく，胎児と骨盤の相対的な大きさを評価して児頭骨盤不均衡でないかをみる必要がある[1]．

思春期は部活動でスポーツが活発に行われる時期でもある．例えば，陸上など一部の競技においては競技成績を上げるため体重を軽くすることが求められることがあるが，一般に体重が標準体重の85～90%を下回ると月経が停止する．また新体操などでは標準的な体重であっても体脂肪率がひと桁台になる女性選手も多く，一定量の体脂肪がないと女性ホルモン作用が不足する場合がある[2]．

神経性食欲不振症によるやせの場合も90%の例で無月経を起こすため[3]，体の発達と同時に心の発達にも気を配り，学童期からの食教育による予防が重要である．

逆に肥満の場合は希発月経や不規則な月経周期の傾向がある[4]．妊娠中の肥満は妊娠高血圧症候群になりやすく常位胎盤早期剥離が起こりやすくなる[5]．流産のリスクはやせと同様に肥満でも高くなる．肥満はまた，妊娠糖尿病の増悪因子ともなり巨大児の原因となるほか，妊娠初期の高血糖状態で流産の原因となる．また，『妊産婦のための食生活指針』（2006年）を参考に，基本的な体格を維持することにより，低出生体重児のリスクを回避することが望まれる．そのため，より若い世代に対する食育が推進されている[6]．

妊娠しにくくなる原因には，排卵障害，免疫的な問題など妊娠の各プロセスにまつわるさまざまなものがあるが，月経異常などの不快な症状を早めに解決することにより生殖機能の改善とともにQOLの向上するものも少なくない．

- 過多月経：経血量が多い場合は子宮筋腫や至急内膜症などの疾患がひそんでいることがあり，鉄欠乏性貧血を伴うことが多く，妊娠してからも胎児の発育に影響する．
- 子宮内膜症：腹痛があり，炎症や癒着を引き起こし不妊症の原因にもなる．
- 子宮筋腫：筋腫の位置や大きさによっては受精卵が着床しにくくなる．
- 黄体機能不全：子宮内膜を着床しやすくするプロゲステロンのはたらきが悪く，受精卵が着床しにくくなる．
- STD：クラミジア感染症は自覚症状がなくても子宮頸管炎を起こし，淋菌感染症とともに卵管のつまりの原因となる．

◎ 7.4.2　妊娠の可能性の高い時期に注意が必要なこと

妊娠初期の臨界期には胎児は化学物質，薬剤，感染症などの影響を受けやすい．ビタミンAの過剰摂取は胎児の催奇形性が心配されているものの，主にサプリメントの取りすぎが問題となる．商品のラベルなどから情報を得て自ら選択するライフスキルを得ておくことが望ましい．葉酸は細胞の分化に不可欠なビタミンで，受胎後28日で閉鎖する神経管の形成異常のリスクを低減し，二分脊椎症や無脳症などの神経管閉鎖障害が予防できる．しかし，妊娠に気づかない時期であるため，妊娠を計画している女性のみならず，妊娠の可能性がある女性は日本人の食事摂取基準2010年版では通常の推奨量240 μg/日に対して更に付加的に400 μgの摂取が望まれている[7]．むしろ結婚する以前の学生時代から意識して野菜を摂取する習慣をつけておくとよい．

厚生労働省の薬事・食品衛生審議会乳肉水産食品部会はメカジキやキンメダイなど16種類の魚やクジラ類について「人の健康，特に胎児に影響を及ぼす恐れがある高いレベルの水銀を含んでいる．」として，妊婦が食べる際は一定量以下に抑えることが望ましいとする注意事項をまとめ，2008年にリーフレット『これからママになるあなたへ』を発行した[8]．その中では自然界で生物濃縮されている大型の魚類は一定量にとどめ，それ以外の魚はむしろ食べることを勧めている．有害な物質に関するリスク・コミュニケーションは日本においてはまだ十分に行われているといえず，誤解が生じやすいが，魚を一切控えてしまうことは栄養上望ましくない．

食事由来の感染症としてリステリア菌についても注意喚起がされている．妊娠中はリステリア菌に感染しやすく，流産，早産，新生児疾患の原因となる．健康な成人が感染した場合の症状は倦怠感や弱い発熱もしくは無症状のまま経過することが多く，他の細菌性食中毒にみられる腹痛，下痢などの消化器症状は示さないためナチュラルチーズ，パテ，生ハム，スモークサーモンなど十分に加熱されていない

加工の肉類などが汚染されていても気づかれにくく，食生活の欧米化傾向に伴って感染例が増えている．

喫煙は胎盤の血液循環を悪くし，早産・低出生体重児の可能性が高まる．過度のアルコール摂取も流産のリスクを上げる．

ストレスは生体リズムの狂いをもたらすことがあり，強いストレスは無月経を引き起こすこともある[9]．自分に合ったストレス・コーピングを身につけ，リラックスして交感神経の緊張を解いて末梢循環不全を改善し，卵胞の発育を促すことができる．

近年妊娠を期待しても流産を繰り返す不育症についても注目され，自助グループによる支援も行われるようになってきている．日本産科婦人科学会では「生殖年齢の男女が妊娠を希望し，妊娠は成立するが流産や早産を繰り返して生児が得られない場合」を不育症と定義している．背景には黄体機能不全，高プロラクチン血症，甲状腺機能異常などの内分泌因子，子宮形態，血液凝固因子，免疫異常などの関連が指摘されている[10]．

また，もともと妊娠の15%程度は流産になるといわれており，母体年齢が40歳以上になると流産の頻度は40〜50%程度に増加する．これらの要因をふまえ，ワークライフバランスを意識した日常生活とライフコースをデザインするとよい．

［細井陽子］

文　献

1) 岡井　崇，『標準産科婦人科学 第4版』，医学書院，2011.
2) 吉野　聡，「運動性無月経の原因と対策」，『産科と婦人科』，**77**，2010.
3) 厚生労働科学研究班，『思春期やせ症の診断と治療ガイド』，文光堂，2006.
4) 髙田恵子，清野　学，倉智博久，「特集無月経II．続発性無月経8．肥満」，『産科と婦人科』，**77**，2010.
5) 日本妊娠高血圧学会，『妊娠高血圧症候群（PIH）管理ガイドライン』，メジカルビュー社，2009.
6) 鈴木孝太，山縣然太朗，「少子化の現状と政府の施策「健やか親子21」からの展開とつながり」，『臨床栄養』，**109**，2006.
7) 福岡秀興，「特集妊娠前からはじめる妊婦の栄養ケア」，『臨床栄養』，**119**，2011
8) 小島三奈，江島裕一郎，「妊娠中の食の安全―リステリア菌・水銀を中心に―」，『食生活』，**103**，2009.
9) 岩佐　武，松崎利也，苛原　稔，「摂食とストレスによる生殖機能調節への影響」，『産科と婦人科』，**77**，2010.
10) 花田征治，『図説産婦人科 VIEW20 不育症』，メジカルビュー社，1996.

7.5　快

◎ 7.5.1　男性と女性のオルガスムスの違い

ヒトのオルガスムスの機序は不明だが，恐怖や警戒心を司る扁桃体と，自意識や不安感に関わる前帯状回の神経を抑制することから始まる．前頭前野から直接神経線維をやりとりする前帯状回が活発に活動している間は，性の快感は抑制される傾向にある．強すぎる自意識や必要以上の不安があっては，性の開放感と快感は得られにくい．男性は女性に比べ，進化の過程ですぐ射精までたどり着くことができるよう適応してきた．オルガスムスはその報酬であり目的となる．

女性では基本的に定期的に排卵がコントロールされている．一見すると，男性と違い妊娠という目的のために，オルガスムスまでの興奮や快楽は生物学的観点からみれば必要ない．実際，男性では90%以上で一度の性交でオルガスムスを得られるが，女性では30%から50%といわれる．その性差が研究の対象になることはまれだった．

◎ 7.5.2 感染症予防

　膣内は酸性に保たれ，細菌感染から守られている．酸性を保つ一つの要因はデーデルライン桿菌であり，他方は子宮頸管粘液である．オルガスムス時には大量に頸管粘液が産生され，病原微生物が身体へ侵入するのを防ぐ役割を担う．

◎ 7.5.3 パートナー選びおよび妊娠とオルガスムスの関係性

　フィッシャーは少なくとも西洋社会においては，幸福度，収入，パートナーの社会的地位が女性のオルガスムスを感じる頻度と関与すると報告した[1]．社会心理学的に，女性のオルガスムスは子供を持つべきか否かといった，パートナー選びに関連すると考えられた．

　生物学的に，サイモンズは妊娠忌避説を唱える[2]．彼はオルガスムスによって子宮や血管が収縮し妊娠しにくい状態がもたらされるためと仮説を立てた．

　ソーンヒルは吸い上げ説を唱える[3]．つまり，オルガスムスによって子宮は下降するとともに急激に収縮するため子宮頸管付近にプールされた精液を一気に吸い上げ，卵まで自力で泳ぐ精子を助けると仮説を述べた．また彼は，女性の性的関心やオルガスムスは相手の男性が女性との付き合いに投資する能力や意思が高いほど高まり，男性の遺伝子の質が高いほど強まると論じた[4]．

◎ 7.5.4 優良遺伝子の仕分け

　左右対称な個体は優良遺伝子を持つ指標となるとソーンヒルは指摘する．ヒトの場合でも非対称性の個体は易感染性，発達遅延，感情心理身体面での健康不良と関係する[5]．男性の左右対称性が女性のオルガスムスにも関与する．

　ソーンヒルは，オルガスムスをよく得られる女性の男性パートナーは左右対称が多かったと報告した[3]．タイミングは調整されている．男女のオルガスムスがほぼ同時期に来た場合妊娠しやすいが，妊娠を避けるためには射精のタイミングとずらせばいいとも解釈できる．男性より早くオルガスムスを得られ，それが繰り返されるならば，子宮頸管は収縮したままとなり頸管粘液の産生とも合わせフィルター機能が強まるので，精子はますます子宮頸管を通過しづらくなる．また，男性が射精後も女性がオルガスムスを得られない場合，子宮収縮による精子吸い上げや泳ぎを補助する女性側の協力がないため，それがあった場合に比べて受精は成立しづらい．つまり，補助的ではあるが女性は性交渉に際し無意識に妊娠を制御する能力を備えている[6]．ただし，これらの説には多くの異論もあり，事実認定には至っていない．

◎ 7.5.5 絆とオルガスムス

　オルガスムスによって分泌量が増すオキシトシンによってパートナーとの信頼感や絆が高まり母性行動が増強される[7,8]．絆は家族形成の理由となった．すなわち，子供ができた後，育児時期の食料や寝床の安全の確保，次いで，父親の育児参加を促すことにつながり，子供の生命の危険度を下げることに寄与した．

　究極要因として女性は自分の身体を守り，男性との性の葛藤にひそかに打ち勝つようオルガスムスを活用したもと考えられるが，今後のヒトにおける研究の集積が待たれる．　　　　　　　　　　［納　富　　貴］

文　　献

1) Fisher, S.: "*The Female Organism: psychology, Fantasy*", Basic Books, 1973.

2) Symons, D.: "*The Female Orgasm: Adaptation or Artifact? The Evolution of Human Sexuality*", Oxford University Press, 1979.
3) Thornhill, R., Gangestad, S.W. & Comer, R.: Human female orgasm and mate fluctuating asymmetry, *Anim. Behav.*, **50**, 1995.
4) Thornhill, R. & Furlow, B.: Stress and human reproductive behavior: Attractiveness, women's sexual development, postpartum depression, and baby's cry, *Adv Stud Behav*, **27**, 1998.
5) Waynforth, D.: Fluctuating asymmetry and human male life history trains in rural Belize, *Proc. R. Soc. B*, **265**, 1998.
6) ベイカー, R. 著, 秋山百合訳『精子戦争』, 河出書房新社, 1997.
7) Lim, M.M. & Young, L.J.: Neuropeptidergic regulation of affiliative behaviour and social bonding in animals, *Horm. Behav*, **50**, 2006.
8) Lin, D. *et al*.: CD38 is critical for social behavior by regulating oxytocin secretion, *Nature*, **446**, 2007.

8 妊娠・出産と避妊

II. 性を知る

8.1 妊娠の機序

妊娠（pregnancy）とは受精卵の着床に始まり，胎芽または胎児および付属物の排出をもって終了するまでの状態をいう．

受精卵は，卵巣の成熟卵胞から排卵した卵子と，膣から侵入してきた精子が卵管内において融合（受精）したものであり，受精は卵管膨大部で行われることが多い．受精卵の卵管膨大部から子宮腔への輸送は，卵管粘膜の線毛運動と，卵管壁の蠕動運動との2つによって行われ，受精後4～5日で子宮腔内に到達する．受精卵は細胞分裂を開始し，2細胞，4細胞と細胞数を増加させ桑実胚から胞胚となり，着床を開始する．胞胚は栄養膜細胞と胚芽球からなり，この栄養膜細胞からたんぱく融解酵素を分泌することによって着床が進む．受精卵が子宮腔内に接着する現象を着床といい受精後6～7日目頃に開始される（図8.1）．

受精という現象は，通常，性交（sexual intercourse, coitus）によって媒介される．性交とは，一般に雄性性器を雌性性器の中に挿入し精子を放出することをいい，約2～6億の精子が膣内の子宮頸部付近に注入される．多くの精子は膣内の酸性環境によって殺されるが，約10万の精子が生き残り，子宮を通過し，卵子へ向かって卵管内に侵入する．性交後，約1～2時間で数千の精子が卵管内の卵子まで到達する．このように性交は妊娠の成立過程には欠かせない行為である．しかし，妊娠の成立過程には，以上述べてきたような自然妊娠に加え，さまざまな理由で自然性交では妊娠に至らない場合に行う生殖補助（医療）技術（assisted reproductive technology：ART）による妊娠がある．わが国における

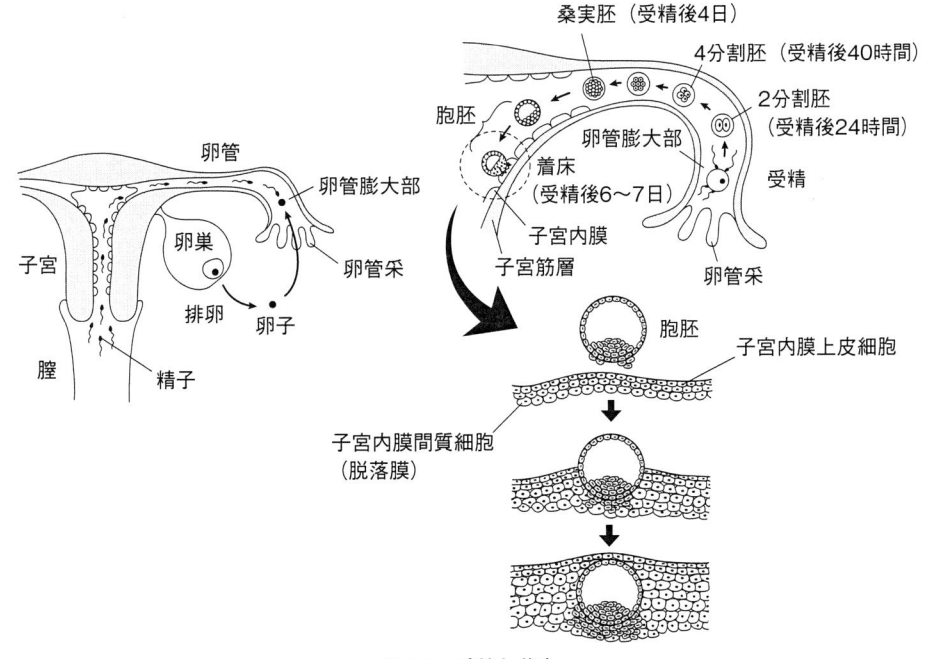

図8.1　受精と着床

期					← 早　　　期 →	← 正　期 →	← 過　期 →
かぞえ 月	第1月	第2月	第3月	……　第8月　…	第10月		
満 週		1 2 3	4 5 6 7	8 9 10 11	12 13 … 28 29 30 31 …	36 37 38 39	40 41 42 43 44
日	0 1 2 3 4 5 6	7 14 21 ～ 13 20 27	28 35 42 49 ～ 34 41 48 55	56 63 70 77 ～ 62 69 76 83	84 91 … 196 203 210 217 … ～ 90 97 … 202 209 216 223 …	252 259 266 273 ～ 258 265 272 279	280 287 294 301 308 … ～ 286 293 300 307 314 …
	最終月経第1日を0日とする（WHO）			妊娠22週が児体重500 gに相当（WHO）28週が1000 gに相当（WHO）		分娩予定日は満280日（40週0日）とする．	

図8.2　妊娠時期の呼び方[3]

年間総出生数約120万人のうち ART（人工授精を含まない）による出生は1%以上に達している[2]．いずれの妊娠においても，受精卵が子宮腔に着床したことで妊娠が成立したと考える．

妊娠期間は最終正常月経第1日より起算し，満の日数または満の週数で表す．分娩予定日は満280日（40週0日）とする（WHO）．表現方法はWHOの提案により妊娠満週数，または満日数の方式とするが，妊娠月数のみは従来の慣用により「かぞえ」がなお用いられることがある（図8.2）．

［仁木雪子］

文　献

1) 新道幸恵編，『母性看護学 ②』，メヂカルフレンド社，2010．
2) 荒木　勤，『最新産科学―正常編』，文光堂，2008．

8.2　出産の仕組み

◎ 8.2.1　出産とは

出産とは，分娩と同様に胎児およびその付属物が母体外に完全に排出される現象をいう．出産は児を中心とした場合に用いられ，分娩を意味する一般的な言葉である．出産は出生と死産の両方を含む．

a．出産の区分

流産：妊娠22週未満の妊娠中絶をいう．
早産：妊娠22週0日より妊娠37週未満までの分娩をいう．
正期産：妊娠37週0日より42週未満の分娩をいう．
過期産：妊娠42週0日以降の分娩をいう．

b．分娩の3要素

分娩は，① 産道，② 娩出力，③ 娩出物の3要素の相互関係により規定される．

産道：産道は骨盤骨からなる骨産道と，この内側をおおう軟産道からなる．女性の骨盤は分娩に適した形態的特徴を示している．分娩時には軟産道は伸展して拡張するので，分娩経過には骨産道が影響する．

娩出力：胎児および付属物を母体外に排出する力で陣痛と腹圧からなる．陣痛とは分娩時の反復する子宮収縮で子宮体筋の収縮をいう．陣痛には発作（収縮期），間欠（収縮していない時期）があり，発作と間欠を合わせて，陣痛周期という．腹圧とは，腹壁筋と横隔膜の収縮と緊張によって生じる腹腔内圧のことで，分娩が進行して胎児が軟産道を強く圧迫すると腹圧は陣痛発作時に反射的に起こり，胎児

の娩出を助ける．

娩出物：分娩の経過には，胎児の子宮内における位置や大きさが影響する．児頭が子宮の下方にある頭位が約95％であり，胎児の骨盤が下方にあるものを骨盤位という．胎児付属物は，羊水，胎盤，卵膜，臍帯をいう．

◎ 8.2.2　出産の分類

a. 自然分娩と正常分娩

自然の娩出で産道から娩出するものを自然分娩という．正常分娩は正期産で自然に陣痛が発来し，胎児が経腟的に前方後頭位にて娩出されるものをいう．

b. 人工分娩と異常分娩

薬剤や吸引，帝王切開などの人工的操作による分娩をいう．異常分娩は母子の生命の危険のため何らかの処置が必要であり，人工分娩となる．

◎ 8.2.3　出産の経過

a. 出産の前兆

出産の前兆として，胎児の下降感，前駆陣痛（軽度の不規則な陣痛様の収縮），産徴（おしるし，粘液のまじった少量の出血），子宮頸部の熟化（子宮頸部は分娩が近づくと展退・軟化し，子宮口は開大する）があげられる．

b. 分娩第1期

分娩開始から子宮口が全開大するまでをいう．これにより産道が形成される．初産婦では，約12～16時間かかり，経産婦では約6～8時間かかる．子宮口の開大が緩徐な潜伏期と3～4 cm開大した時点で急速に開大する活動期に分けられる．子宮口が全開大近くなると卵膜が破れ破水する．

c. 分娩第2期

子宮口全開大から胎児が産道を下降して娩出されるまでをいう．児頭の下降による下部軟産道の圧迫や増強する産痛のために陣痛発作に怒責が加わり，児の娩出を助ける．

なお，胎児は，分娩開始後，児頭が骨盤内に進入し産道の構造にそって児頭を回旋しながら下降してくる（図8.3）．

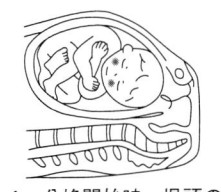

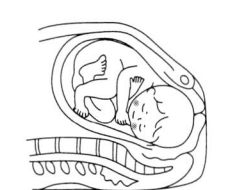

A. 分娩開始時．児頭の固定　B. 児頭の下降．屈曲（第1回旋）　C. 内回旋（第2回旋）　D. 内回旋（第2回旋完了）

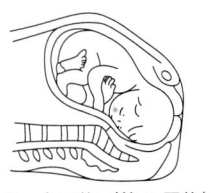

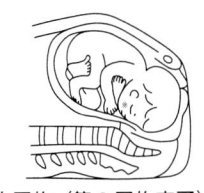

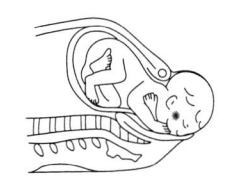

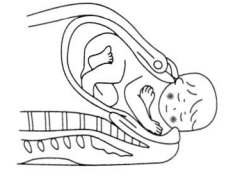

E. 伸展（第3回旋）　F. 外回旋（第4回旋）　G. 前左肩甲の娩出　H. 後左肩甲の娩出

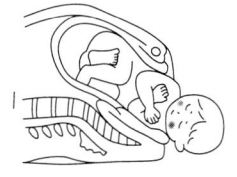

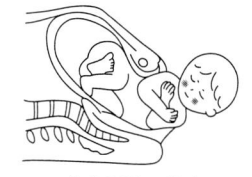

図8.3　分娩中の胎児の回旋

d. 分娩第 3 期

児娩出から胎盤ならびに卵膜の娩出が完了するまでをいう．

   e. 分娩第 4 期

胎盤娩出後の 2 時間をいい，産道の裂傷や子宮の弛緩による異常出血が見られることがあるので注意を要する時期である．

[服部律子]

文　　献
1) 森　恵美他編，『系統看護学講座　母性看護学各論』，医学書院，2011．

8.3　若年・高年妊娠

◎ 8.3.1　妊娠とリスク

　出産に適した年齢は，母体および胎児それぞれの危険因子の検討から，初産で 20 ～ 34 歳，経産では 39 歳までが許容範囲と考えられるといわれている[1]．しかし，妊婦の母体死亡は交通事故死と変わらない一定の率で発生し，胎児の死亡，後遺症の発生はその何十倍となる[2]との指摘があるように，妊娠分娩には本来リスクが内在している．

　母体の年齢別周産期死亡率[3]をみると，19 歳以下 5.9％　20 ～ 24 歳 4.1％　25 ～ 29 歳 3.8％　30 ～ 34 歳 4.0％　35 ～ 39 歳 5.0％　40 ～ 44 歳 8.4％　45 歳以上 11.2％と，特に 19 歳以下および 35 歳以上は 20 ～ 34 歳に比べリスクが高くなる傾向を示している．

　ハイリスク妊娠とは，母児のいずれかまたは両者の重大な予後が予測される妊娠のことをいい，すなわち妊産婦死亡，周産期死亡，周産期疾患の発生の可能性が高い妊娠を意味する．ハイリスク妊娠の代表的なものは，妊娠高血圧症候群（pregnancy induced hypertension：PIH），糖尿病や慢性腎炎などの合併症のある妊婦，多胎妊娠などがあげられる．加えて，高年妊娠，肥満妊娠，社会的な問題を抱えている妊婦もハイリスク妊娠と考えられており，若年・高年妊娠もその範疇にある．厚生労働科学研究班が作成した妊娠リスクスコアの 1，基本情報においても「年齢：15 歳以下，35 ～ 39 歳」が 1 点，「40 歳以上」が 5 点，「経産数：初産婦」「身長：150 cm 未満」が 1 点とされている．

　初妊娠年齢を第 1 子出産年齢でみると，高年齢層と低年齢層（特に 14 歳以下）の増加という特徴を示している．高年妊娠・若年妊娠は，近年の推移から今後その傾向はさらに増大することが予測されている．

◎ 8.3.2　若年妊娠

   a. 定　義

特に明確な定義はないが一般的に 19 歳以下の妊娠を指し，十代妊娠，思春期妊娠は同義語である．

   b. 特　徴

若年妊娠は増加傾向にあるといわれていたが，2001 年から出生数，人工妊娠中絶数とも減少傾向にある．その中で 14 歳以下の妊娠は増加傾向にある（表 8.1）．2005 ～ 2009 年 5 年間をみると 15 ～ 19 歳の年齢層で人工妊娠中絶の占める割合は 50 ～ 60％であるのに 14 歳以下では 90％前後を占め，約 10％が出産に至っている．

   c. 問題点

① 予期しない妊娠，不本意な妊娠が多く，妊娠判明時はほとんどが未婚である[4,5]．

表8.1 10代の妊娠の推移（出生数・人工妊娠中絶数．厚生労働省平成21年度人口動態統計より作成）

年	母の年齢（19歳以下）		母の年齢（14歳以下）	
	出生数	人工妊娠中絶数	出生数	人工妊娠中絶数
2005	16573	30119	42	308
2006	15974	27367	41	340
2007	15250	23985	39	345
2008	15465	22835	38	347
2009	14687	21043	67	390

② 妊娠しても人工妊娠中絶となるケースが多いが，産科初診の遅れが中期中絶や結果として出産に至る．

③ 精神心理的に未熟で，社会経験も乏しく母になる準備が不十分，学業中断，経済的困窮，社会的孤立などの問題がある．また，パートナー（妊娠の相手）も若年である場合が多く社会的未熟さにより，妊娠の継続や養育に問題を抱える場合も多い．

④ 周産期女性のDV被害調査[6]では10代妊婦が際立って高い頻度で存在する結果がある．心理社会的背景が乳幼児虐待のリスク環境と重複し，虐待の世代間連鎖につながる危険性がある．

d. 対 策

若年妊娠では親（親に代わる人）の支援が必要不可欠である．しかし，親に理解されない，協力が得られないなどの場合もあり，妊娠・出産・育児期を通して継続的な公的支援およびその充実が求められる．

イギリスでは10代の妊娠増加を健康および社会上の重大問題と危惧し，「こどものまま家庭を始めることは経済的・情動的に困難な状況が続き，母親と子どもに重大なリスクを負わせる可能性がある」「20歳になる前に精神的にも性的にも発達している10代の若者はきわめて少数．望まれない妊娠は何としても避ける必要がある」との警鐘が出されている[7]．わが国では数は少ないが増加傾向にある（特に14歳以下）若年妊娠の実態把握と若年者妊娠防止に向けた具体的な対策が求められている．

◎ **8.3.2 高年妊娠**

a. 定 義

世界産婦人科連合（FIGO）は初産婦では35歳以上，経産婦では40歳以上を高年妊娠と定義している．日本産科婦人科学会は35歳以上の初産婦を高年初産婦と定義した．初産と経産により産科的リスクの違いはあるが，加齢に伴って発生する合併症，産科異常などの問題は共通であることが多く，35歳以上の妊産婦を高年妊娠とするのが妥当という意見もある[8]．

b. 特 徴

厚生労働省平成21年人口動態統計では出生数，出生率は前年より減少，母の年齢別出生数も15〜34歳および50歳以上で減少しているが，35〜49歳の年齢層では引き続き増加傾向にあることを示している．

その背景には女性のライフスタイルや価値観の変化，高学歴化，就業率の増加に伴う晩婚化・晩産化傾向の進行，生殖補助医療の発達がある．高齢初産の背景には，① 晩婚，② 長期の不妊期間，③ 流産の経験などがあり，不妊治療歴のある妊産婦も多くいると考えられる．出産医療の改善により，現在は20代や30代前半の妊婦と比較し35歳以上の出産に伴うリスクは大きくないという意見もある．一方

で，35歳以上の妊娠は母児に対しリスクが高くなるということも，統計上指摘されている．35歳になると突然リスクが高くなるのではなく，個人差もあり，あくまで目安であるが，健康状態は個人のそれまでの生活状態に左右される部分も多く，リスクの高さには個人差があるが，加齢に伴う卵巣機能低下は卵子の質の低下（老化・劣化）をもたらし，40歳以上では卵子の30％，胚の70〜80％に染色体異常が認められ，胚の分割停止や着床不全，流産の原因となること[9]．また，妊孕性は30代半ばを過ぎてから大きく低下することは一般に知られている．近年，高度生殖補助技術の普及が女性の生殖活動の期間を延長する可能性がでてきた．女性の晩産化が進めば今後さらに生殖補助技術の需要が増すことが予測される．

c. 問　題

高年妊娠には，① 加齢が妊娠に与える影響，② 加齢により増加する疾患が妊娠に合併する，という2つの身体的な問題がある．

〈加齢が妊娠に与える影響〉

先天異常：母体年齢の高齢化により増加する染色体異常は，常染色体トリソミー（ダウン症，18トリソミー，13トリソミー）と性染色体トリソミーのうち47, XXX，47, XXY（クラインフェルター症候群）である．ダウン症は40歳を超えると一段と発生頻度が高くなる．

妊娠高血圧症候群（PHI）：加齢に伴い，PHIの発生率が増加することが知られている．その病態は完全に解明されていないが，血管内皮細胞の障害によって生じる血管の攣縮が認められることから，全身の血管の老化によるものと考えられている．

前置胎盤：発生原因はいまだ明確ではないが，その発生頻度は20〜25歳約300：1，35歳以上100：1，40歳以上50：1と，加齢に伴いその発生率は増加する．

〈加齢により増加する疾患が妊娠に合併〉

内科合併症：生活習慣病といわれる糖尿病，肥満，高血圧，動脈硬化．高年妊娠の場合は生活習慣病を合併しやすい．

子宮筋腫：子宮筋腫合併妊娠の増加．妊娠中子宮筋腫は増大し，腹痛の原因となることが多い．胎盤が子宮筋腫の直上にあるときは常位胎盤早期剝離を起こしやすいとされている．

子宮頸がん：子宮頸がん発症の若年化に伴い，高齢妊娠で妊娠中に発見されるケースが増えている．

そのほか高年妊娠では不妊治療・生殖補助医療（ART）によって妊娠に至った際生じる多胎妊娠，前置胎盤などの問題がある．

d. 対　策

高年妊娠においては，妊娠の成立状況は多様であり，社会的経済的環境や妊婦自身の健康状態も異なるという現状がある．また高年妊娠には母親自身の年齢の高いことが精神的な安定や成熟につながっている，生活にある程度の経済的余裕がある，ハイリスク妊娠である意識から食生活や体重管理など自己管理ができるなどのメリットがあるともいわれている．一方で，高年妊婦の母親も高齢であり支援を期待できない場合など支える家族の協力体制などの育児環境の問題もあり，高年妊産婦が安心して対応できるように，妊娠・出産・育児を通し，個々に応じた継続的支援の必要性が指摘されている．

[阿部真理子]

文　献

1) 永石匡司・山本樹生・正岡直樹，「出産年齢の変遷」，『PERINATAL CARE』，**27**（7），2008.
2) 久保隆彦，「ハイリスク妊婦の評価はどうするか？」，『周産期医学』，**34**．2004.

3) 財団法人母子衛生研究会，『母子保健の主なる統計』，母子保健事業団，2010.
4) 宮崎リカ他，「中学・高校生の妊娠・分娩—事例検討と今後の課題—」，『日本助産学会誌』，**16**（3）2003.
5) 町浦美智子，「社会学的な視点からみた十代妊娠—十代妊婦への面接調査から—」，『母性衛生』，**41**（1）2000.
6) 中澤直子，「十代の妊産婦とドメスティック・バイオレンス」，『心の科学』，**141**，2008.
7) 川野雅資監訳，『性の心理』，日本放射線技師出版会，2007.
8) 中林正雄，「高齢化と出産のリスク」，『産科と婦人科』，診断と治療社，2007.
9) 片桐由起子他，「卵巣機能と加齢」，『産婦人科の実際』，**59**，(5)，2010.

8.4 避妊法とその効果

◎ 8.4.1 避妊法の選択

　避妊とは，人為的に妊娠しないようにすることである．避妊法の理想条件とは，① 避妊効果が確実，② 簡単に使える，③ セックスのムードを壊さず，さらに性感を損なわない，④ 費用が安い，⑤ 副作用がなく，妊娠しても胎児に悪影響を及ぼさない，⑥ 女性の意思だけで実行できる，などがあげられる[1]．

　避妊法は，カップルが避妊の特徴，避妊のメカニズム，長所と欠点，使用法を十分理解したうえで，避妊に対する意識，性交頻度，妊娠に対する受容度，生活習慣に応じて選択される必要がある[2]．

　各避妊法による効果は，パール指数で判断できる．パール指数とは，100人の女性が，1年間，ある避妊法を使用し続けた場合に発生する妊娠の数をいう．

◎ 8.4.2 避妊法の現状

　近年のわが国における避妊法は，毎日新聞社の『超少子化時代の家族意識—第1回人口・家族・世代世論調査報告書（2004）』[3]（表8.2）によると「男性用コンドーム」が最も多く，78％を占めている．表8.2からもわかるとおり，女性主導型の避妊法より男性主導型の避妊法が大半を占めている．

◎ 8.4.3 避妊法の種類

　避妊法は大きく分けると，① 禁欲法，② 精子の進入を阻止する方法，③ 着床を阻止する方法，④ 排卵を抑制する方法，⑤ 永久避妊法，⑥ 緊急避妊法があげられる．主な避妊法について，表8.3に示す．

［鈴木　茜］

表8.2 避妊経験者および現在避妊実行者の避妊方法別割合（単位：％，1950-2004年）

避妊方法	第1回(1950)	第5回(1959)	第9回(1967)	第11回(1971)	第14回(1977)	第17回(1984)	第20回(1990)	第22回(1994)	第25回(2000)	第1回(2004)
コンドーム（サック）	35.6	58.3	65.2	72.7	78.9	80.4	73.9	77.7	75.3	78
オギノ式定期禁欲法	27.4	40.4	37.4	32.9	27.0	11.8	7.3	7.1	6.5	3
IUD，ピル	…	…	6.1	9.6	12.4	8.5	5.7	4.3	4.2	2
不妊手術	…	6.3	3.6	3.9	5.3	10.5[2)]	9.8	7.0	6.4	4
洗浄法・性交中絶法[1)]	55.0	43.0	26.4	21.0	15.2	6.0	9.0	8.6	27.5	28
ゼリー，ペッサリー，スポンジ										
基礎体温法	…	6.1	…	…	8.4	8.0	6.8	9.8	5	
その他・無回答	15.0	5.3	4.2	4.3	3.2	5.4	2.5	3.1	2.4	1

毎日新聞社人口問題調査会『日本の人口—戦後50年の軌跡—：毎日新聞社全国家族計画世論調査・第1回～第25回調査結果』および『超少子化時代の家族意識—第1回人口・家族・世代世論調査報告書』による．第1回～第15回までは避妊経験者，第17回～第1回（2004年）は現在避妊実行者についての割合．多項目選択質問法によるので，合計が100％を超える場合がある．50歳未満の既婚女性を対象とする．1）錠剤を含む．2）「不妊手術を受けた」との設問による数値．

表8.3 主な避妊法とその特徴

	避妊法	主導型	特徴	メリット	デメリット	パール指数
禁欲法	周期的禁欲法（基礎体温法，オギノ式，頸管粘液法）	女性主導型	受胎期を予測して，その期間は性交を控える方法である．基礎体温の測定，外陰部や頸管粘液の観察等により，予測する．過去6ヵ月の月経発来期をもとに，受胎期を決定する．他の方法との併用により，避妊効果を高めることができる．	器具や薬品を必要とせず，安価である（費用なし）．身体への負担がない（副作用なし）．	避妊を失敗する確率が高い．月経不順の女性は，使用できない．生殖メカニズムの理解がないと，使用できない．	1～25
精子の侵入を阻止する方法	膣外射精法（性交中絶法）	男性主導型	精子の膣内侵入を阻止する方法である．射精直前に男性がペニスを膣外に抜去した後，射精する．	器具や薬品を必要とせず，安価である（費用なし）．身体への負担がない（副作用なし）．	避妊を失敗する確率が高い．男性の自制心を必要とし，男性の理解が得られないと，使用できない．射精前の精液漏出，射精後の粘液付着により妊娠する可能性がある．	4～19
	コンドーム	【男性用】男性主導型 【女性用】女性主導型	精子の膣内侵入を阻止する方法である．ラテックスゴム製とポリウレタン製がある．【男性用】勃起した男性のペニスに装着する．【女性用】女性の膣内に装着する．外陰部と膣内の双方をおおう構造である．	安価である．正しい使用方法を習得すれば，気軽に使用できる．女性用コンドームは，性感染症に感染する危険も減少する．	コンドームの破損や脱落による精液の漏出の危険がある．ゴムや潤滑剤へのアレルギー反応を示す場合がある．広く一般的に使用されている男性用コンドームは，男性の理解が必要となるため，女性主導で使用できない．	2～15

精子の侵入を阻止する方法	ペッサリー	女性主導型	鋼鉄製のスプリングの輪にゴム膜を張ったものであり，子宮頸管を塞ぐように膣内の挿入することで，精子の子宮内侵入を阻止する方法である．ペッサリー前後面に殺精子剤ゼリーを塗布し，挿入する．単独での使用は，避妊効果が確実ではないが，殺精子剤との併用により効果を高める．性交後8時間経過後に抜去する．受胎調整実施指導員に，サイズを測定してもらう．	使用後洗浄し，再利用が可能である．女性が主体的に使用できる．	長時間ペッサリーを抜去しなかった場合，膣炎や子宮内膜炎，膀胱炎などを併発することがある．ゴムへのアレルギー反応を示す場合がある．	6〜20
	殺精子剤	女性主導型	ゼリー，錠剤の2タイプがあり，性交前に膣内に挿入し，精子の受精能力を喪失させる方法である．ゼリーは付属のアプリケーターを使用して適量膣内に挿入する．錠剤は，指で高膣円蓋辺りまで深く挿入する．単独での使用は避妊効果が確実ではないが，コンドームとの併用によって避妊効果を高める．	医師からの処方の必要がない．使用方法が簡単である．女性が主体的に使用できる．	避妊を失敗する確率が高い．効果持続時間に限りがある．ゼリーは性交体位により，流出の危険がある．殺精子剤へのアレルギー反応を示す場合がある．	8〜29
着床を阻止する方法	子宮内避妊具（IUD）	女性主導型	作用機序は現在も詳細に解明されていないが，異物を子宮に挿入することにより，受精卵の着床を阻止する方法である．現在日本で使用されているものは，優生リング，FD-1，銅付加IUDがある．月経過多，子宮筋腫，頸管無力症，骨盤内感染症がある人は使用できない．必要な検査を受けた後，医師が子宮に挿入する	長時間の避妊効果が得られる．乳汁分泌に影響しないため，授乳期間中も使用可能である．女性が主体的に使用できる．	挿入時や除去時に，痛みや不快感を伴うことがある．不正性器出血，月経量増加が時にある．月経困難症の悪化，骨盤内感染症の増加がみられることがある．性感染症の予防効果がない．出産経験のない女性には不適当．医師に挿入・除去してもらう必要がある．気づかないうちに外れてしまうことがある（自然脱出）	0.6〜0.8
排卵を抑制する方法	経口避妊薬（ピル）	女性主導型	視床下部・下垂体・卵巣系に作用して排卵を抑制，子宮頸管粘液の性状を変えて精子の子宮内侵入を阻止，子宮内膜を非分泌期状態にして着床を困難，精子の卵管内輸送を抑制する方法であり，エストロゲンとプロゲストーゲンの配合剤である．医師の処方を受けて，服用し続ける．服用禁忌，慎重投与のケースがある．	避妊効果が高い．性感を損ねない．副効用を期待できる．（副効用：月経周期の安定化，月経血量の減少，貧血の改善，月経困難症の予防，子宮内膜がん・卵巣がん・機能性卵巣嚢腫・子宮筋腫・子宮内膜症・乳房の良性腫瘍の予防など）女性が主体的に使用できる．	服用開始後に，悪心，嘔吐，性器出血，体重増加をきたすことがある．正確に服用しなければならない．医師の診察後に，処方してもらう必要がある．副作用を引き起こすことがある（副作用：静脈血栓塞栓症，心筋梗塞などの虚血性心疾患，脳血管疾患，高血圧，肝機能障害など）	0.3〜8

永久避妊法	男性不妊手術	男性主導型	精管結紮術が一般的である．精管を結紮することにより，精子の存在しない精液が射精される．麻酔科で医師が行うが，開腹手術は必要ない．	避妊効果が高い．性感を損ねない．	SID病変が陰嚢にあると，手術できない．術後に，陰嚢の感染，血腫，腫脹，疼痛を起こすことがある．	0.1～0.15
	女性不妊手術	女性主導型	卵管結紮術が一般的である．卵管を結紮することにより，卵子の卵管内移動を不可能にする．麻酔科で医師が行うが，開腹手術は必要ない．	避妊効果が高い．性感を損ねない．	術後に子どもを望んでも，不可能なことが多い．術後に，感染症，発熱，疼痛，出血を起こすことがある．	0.5
緊急避妊法	緊急避妊薬	女性主導型	性交72時間以内と，その12時間後に，緊急避妊ピルを服用する方法である．無防備な性交や，避妊に失敗したときに使用される．排卵の抑制や遅延，授精卵の着床を阻害する作用がある．	妊娠の可能性を75％程度減少させる．	緊急避妊に頼ると，通常の避妊に無関心になる恐れがある．	

文　献

1) 北村邦夫，「避妊総論」，『リプロダクティブ・ヘルツ・ライツ，プリネイタルケア』，夏季増刊，1998．
2) 村本淳子他，『ウイメンズヘルスナーシング概論―女性の健康と看護』，2005．
3) 毎日新聞社人口問題調査会，『超少子化時代の家族意識―第1回人口・家族・世代世論調査報告書』，2005．

8.5 人工妊娠中絶

◎ 8.5.1 人工妊娠中絶とは

　人工妊娠中絶とは，胎児が，母体外において，生命を保続することのできない時期に，人工的に，胎児およびその付属物を母体外に排出することをいう．なお，胎児付属物とは胎盤，卵膜，暖帯，羊水のことである[1]．「胎児が，母体外において，生命を保続することのできない時期」とは通常，妊娠満22週未満とされる．

　人工妊娠中絶は刑法では堕胎といい，刑法第212条に「堕胎の罪」の条文がある．わが国においては刑法上，人工妊娠中絶は禁止されている．しかし実際には母体保護法に妊娠中絶を行うことができる条件が定められており，母体保護法のもとに人工妊娠中絶が行われている．母体保護法第2条第2項による人工妊娠中絶を行うことができる条件は以下の2つである．

　① 妊娠の継続又は分娩が身体的又は経済的理由により母体の健康を著しく害するおそれのあるもの
　② 暴行若しくは強迫によって又は抵抗もしくは拒絶することができない間に姦淫されて妊娠したもの

◎ 8.5.2 人工妊娠中絶の方法

　人工妊娠中絶の方法は妊娠の時期により異なる．

a．妊娠初期（妊娠11週頃まで）

　子宮頸管を器具などで拡張させたのち，子宮内容物を掻爬や吸引で除去する．麻酔は静脈麻酔で行われることが多く，手術時間は10～15分程度である．手術後に1週間程度は出血があるが，手術翌日から通常の生活を送ることができる．

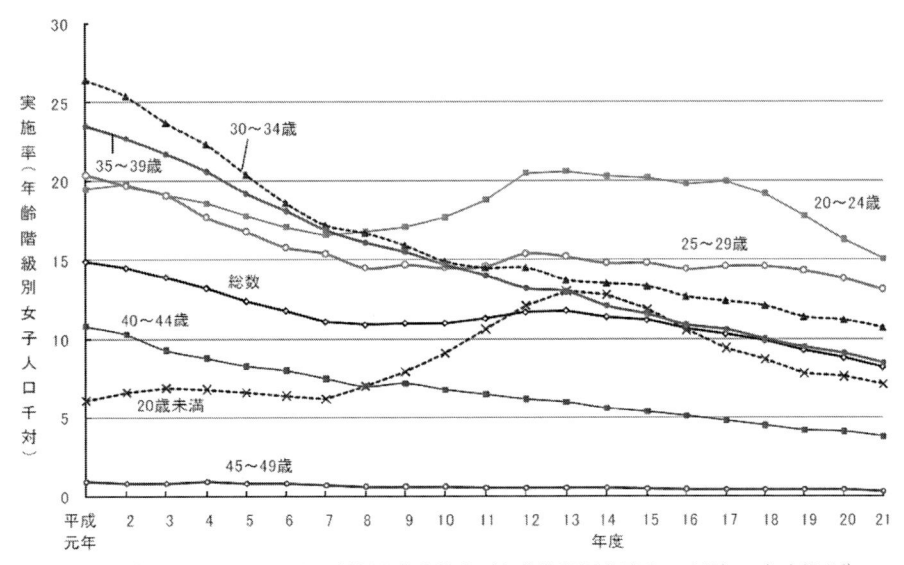

図 8.4 年齢階級別にみた人工妊娠中絶実施率（年齢階級別女子人口千対）の年次推移[2]
注 1）平成 13 年までは「母体保護統計」による暦年の数値であり，平成 14 年度以降は「衛生行政報告例」による年度の数値である．

b. 妊娠中期（妊娠 12〜22 週まで）

　妊娠がこの時期まで経過すると胎児がある程度の大きさに発育しているため，中絶であっても分娩の形で胎児を娩出することになる．まずある程度，子宮頸管を拡張させ，その後，内服もしくは点滴の陣痛誘発剤を使用して陣痛を起こさせ，分娩する．胎児娩出に至るまでの所要時間は妊娠週数，胎児の大きさ，分娩経験の有無などにより異なるが，通常の分娩と同様に数時間以上かかる．数日の入院が必要となり，子宮や乳房など（中絶であっても母乳が分泌する）全身状態が妊娠前の状態に戻るまでの期間は 2〜4 週間程度である．なお妊娠 12 週以後の中絶では死産届けを提出する．

◎ 8.5.3　わが国における人工妊娠中絶の数

　平成 21 年度の人工妊娠中絶件数は 22 万 3405 件であった．平成元年からの推移をみると減少傾向が続いている（図 8.4，表 8.4）．同じく平成 21 年度の 10 代の人工妊娠中絶率は 7.1（女子人口千対）であった．1990 年代には 10 代の人工妊娠中絶の増加は社会問題となっていたが，平成 18 年と比べ 8.7 と減少している．

[三國和美]

文　献

1) 『南山堂医学大辞典』，1986.
2) 厚生労働省，『平成 21 年度衛生行政報告例結果の概況』，厚生労働省ウェブサイトによる，2008. http://www.mhlw.go.jp/toukei/saikin/hw/eisei/09/（2012 年 3 月閲覧）.

表 8.4 人工妊娠中絶件数および実施率の年次推移[2]

	平成 17 (2005)	18 (2006)	19 (2007)	20 (2008)	21 (2009)	対前年度 増減数	対前年度 増減率 (%)
総　　数	289127	276352	256672	242326	223405	△18921	△7.8
20 歳未満	30119	27367	23985	22837	21192	△1645	△7.2
15 歳未満	308	340	345	347	390	43	12.4
15 歳	1056	995	974	976	930	△46	△4.7
16 歳	3277	3071	2811	2771	2504	△267	△9.6
17 歳	5607	4911	4392	4247	3957	△290	△6.8
18 歳	8236	7191	6245	6071	5587	△484	△8.0
19 歳	11635	10859	9218	8425	7824	△601	△7.1
20～24 歳	72217	68563	62523	56419	50627	△5792	△10.3
25～29 歳	59911	57698	54653	51726	47952	△3774	△7.3
30～34 歳	59748	57516	52718	49473	45152	△4321	△8.7
35～39 歳	46038	45856	44161	43392	40917	△2475	△5.7
40～44 歳	19319	17725	17145	17066	16247	△819	△4.8
45～49 歳	1663	1572	1447	1379	1274	△105	△7.6
50 歳以上	28	26	24	22	27	5	22.7
不　　詳	84	29	16	12	17	5	41.7
実施率（年齢階級別女子人口千対）							
総　　数	10.3	9.9	9.3	8.8	8.2		
20 歳未満	9.4	8.7	7.8	7.6	7.1		
15 歳	1.7	1.7	1.6	1.7	1.6		
16 歳	5.3	5.1	4.8	4.7	4.3		
17 歳	8.8	7.9	7.3	7.2	6.7		
18 歳	12.4	11.2	10.0	10.0	9.4		
19 歳	17.2	16.3	14.2	13.3	12.7		
20～24 歳	20.0	19.2	17.8	16.3	15.1		
25～29 歳	14.6	14.6	14.3	13.8	13.1		
30～34 歳	12.4	12.1	11.4	11.2	10.7		
35～39 歳	10.6	10.0	9.5	9.1	8.5		
40～44 歳	4.8	4.5	4.2	4.1	3.8		
45～49 歳	0.4	0.4	0.4	0.4	0.3		

注 1) 実施率の「総数」には，15 歳未満・負傷の人工妊娠中絶件数を含むが，50 歳以上の人工妊娠中絶件数は除く．
注 2) 実施率の「20 歳未満」には，15 歳未満の人工妊娠中絶件数を含む．
注 3) △はマイナスを示す．

⑨ STD/STI

II. 性を知る

9.1 性感染症

　最近のわが国の性感染症の問題点を総括すると，まず，性風俗の変化があげられる．ファッションヘルスなどのオーラルセックスを提供する産業の増加で，感染形態にも変化が生じている．また，若年者の性行動の無関心化も問題視されるが，性の自由化，性の敷居の低下も問題としてあげられる．生体としての危機感の喪失とも言い換えられよう．Human immunodeficiency virus（HIV）性感染症に注目してみてみると，先進国で感染者が増加しているのは日本だけである．ただし，HIV は一般家庭に侵淫しているわけでなく，ある特定のコミュニティで媒介されていることが示唆される．しかし，特別な人が罹る病気ではなく，HIV 感染者との無防備な性交渉によって，一般の人も感染しうる．

　近年，性感染症が爆発的に蔓延しているという主張には慎重に対応すべきである．一つの理由として，検査キットの性能の向上により，無症候性の性感染者が増加したことの反映であるとも考えられる．

　わが国における性感染症の今後とその対応として，松本哲郎が指摘する項目を表 9.1 に示す．

表 9.1　わが国における性感染症の今後とその対応

1. 性感染症の低年齢化；
    - 若者に対する性感染症教育（特に予防法）の充実
    - 教育現場や行政，その他における偏見の排除
2. 無症候性の性感染の増加；
    - スクリーニング法の確立
3. 性風俗の変化による感染部位の変化；
    - 各種診療科への啓発（眼科，耳鼻科など）
4. 予防法の確立；
    - ワクチンなど
5. セックスパートナーの治療
6. 特殊なコミュニティへの啓発や援助

9.2 性感染症各論

　STI（sexually transmitted infection）とは性行為によって媒介される感染性疾患である．表 9.2 にあげた原因微生物をはじめとして，約 30 種の病原微生物が性行為で感染する．ここでは代表的な原因微生物について解説する．

◎ 9.2.1 クラミジア・トラコマティス感染症

a. 概説

　クラミジア・トラコマティス（*Chlamydia tracomatis*, C. t）は代表的な性感染症の起因菌である．眼の病気も引き起こすが，この記載は古く，中国では B.C.27 世紀に，エジプトでは B.C.19 世紀に遡る．眼瞼結膜炎患者の尿道から菌体が分離されたのが 1964 年，最終的に目の病原体が性器のそれと同種であることが確定するのは 1970 年（Wang ら）だが，紀元前から STI としてヒトを宿主に猛威を振るっ

表 9.2 主な STI の原因微生物

	病原体	疾患
細菌	*Treponema pallidum* *Neisseria gonorrhoeae* *Hemophilus ducreyi* *Calymmantobacterium granulomatis*	梅毒 淋菌感染症 軟性下疳 鼠径肉芽腫
マイコプラズマ	*Mycoplasma genitalium* *Mycoplasma hominis*	尿道炎, 子宮頸管炎 尿道炎, 子宮頸管炎
クラミジア	*Chlamydia trachomatis*	尿道炎, 子宮頸管炎 性病性リンパ肉芽腫
ウイルス	Herpes simplex virus Human papilloma virus Human immunodeficiency virus Hepatitis A virus Hepatitis B virus Hepatitis C virus	性器ヘルペス（HSV） 尖圭コンジローマ（HPV） 後天性免疫不全症候群, AIDS（HIV） A 型肝炎（HAV） B 型肝炎（HBV） C 型肝炎（HCV）
真菌	*Candida albicans* *Candida glabrata*	外陰腟カンジダ症
原虫	*Trichomonas vaginalis* *Entamoeba histolytica*	腟トリコモナス症 赤痢アメーバ症
昆虫	*Phthirus pubis*	ケジラミ症

ていたと推察できる.

C.t は一般細菌より小さく, 外膜構造も脆弱で外的要因に非常に弱い細菌であるため, 性行動のような濃密な接触によってでしか感染できない. エネルギーはウイルスのように宿主に依存する. 遷延感染もできる特殊な増殖環を持つ. 薬剤耐性になりにくい.

b. 疫　学

日本において性器 C.t 感染症の罹患率は全 STI 中最も高い. 男性では 27.0%, 女性では 42.2% をも占める. 若年者に多いのも特徴. 症状なく感染している症例を含め換算すると, 女性では 15～19 歳で 4.8%, 20～24 歳で 5.9% が保菌者（17 人に 1 人）となる.

性器クラミジアの感染率は若年未婚妊婦で最も高い.（妊娠している 16～19 歳未婚女性の罹患率は 27.6%）. 某県の高校生の女子の感染率が 13.91%. 男子は 7.27%. アフリカンアメリカン女性 18～26 歳で 13.95% であり, わが国の若年女性の感染は目を見張るものがある.

セックスパートナーが複数あるようなティーンエイジャーの感染率は 25% である. ただし, わが国の定点あたりの報告では, 2002 年をピークに減少傾向である.

c. 病態（STI としての生物型トラコーマ感染症の各疾患）

〈尿道炎〉

症状が出るまでの期間は 1～3 週間. 症状は軽く, 排尿痛, 尿道の違和感, 透明な分泌物などで, 症状を自覚しない場合も多い. 分泌物や尿に白血球を認め, かつ淋菌が存在しなければ非淋菌性尿道炎（NGU）と診断される. NGU の中で 30～50% が C.t である. 淋菌性尿道炎感染の 20～30% に C.t が混合感染している.

〈前立腺炎〉

慢性前立腺炎との関係は, 組織から C.t の菌体や DNA の検出を試みた報告や, 前立腺分泌液中の抗体を調べた研究で関係ありとの報告が多い.

〈精巣上体炎〉

若年者の精巣上体炎ではC.tは最も高頻度に検出される．35歳以下の患者では約50％とされる．尿道炎の約5％に精巣上体炎が合併する．他菌種と比較すれば軽症であることが多い．通常片側性．急性期には一過性に精子過少症となることもある．

〈男性不妊症〉

上行したC.tは副性器炎症を惹起し，ひいては男性不妊症[i]の原因となる可能性もあるが，血清学的，ないし精液中の抗体を調べた報告でも疑問を残す分野である．

〈その他領域疾患〉

C.tによる疾病は多岐にわたる．男女性活動年齢層の感染症としてだけでなく，胎児，新生児への影響など，世代を超え静かに人類を侵食する．泌尿器，産婦人科疾患（不妊，骨盤内炎など）以外に，小児領域では母子感染に始まり，青少年のSTIの心配も話題になってきた．眼科領域では，全世界で約1億5000人の活動性のトラコーマ症例があり，590万例が毎年失明に至っている．整形外科領域でも関与が示されてきた．さらに，耳鼻咽喉科疾患として注目されるのは，オーラルセックスによる咽頭感染（定着）である．女性性器クラミジア感染者の10～20％に咽頭感染（定着）が検出された．つい最近までは浸透していなかった概念であり，隠れた感染源となっていた．

d．検　査

診断法は免疫学的検査，遺伝子検査など優れた検査が確立している．ただし，ある検査キットでは検出されない菌種の報告もなされている．

e．治　療

治療はマクロライド系，テトラサイクリン系，ニューキノロン系の3系統の薬剤中，感受性がより高いものを選択すべきである．マクロライド系のアジスロマイシンが日本性感染症学会ガイドラインでは推奨される．

◎ 9.2.2　淋菌感染症

a．概　説

淋菌（*Neisseria gonorrhoeae*）は，クラミジア感染症に次ぎ，わが国で罹患率が高い起因菌である．温度の変化に弱く，炭酸ガス要求性の菌なので，濃厚な接触以外感染しにくい．形態の特徴はグラム陰性双球菌であり，尿道分泌液，尿道スワブ，尿沈査検体の染色で診断がつく．感染伝達力は強く，1回の性行為で約30％程度といわれている．男子の場合，尿道炎，急性前立腺炎，精巣上体炎を呈する．女子の場合，子宮頸管炎から上行し，クラミジア感染症と同様に骨盤内炎症疾患をきたすことがある．この頻度は，他種と比べ高いとされる．いずれも，クラミジア感染症に比べ，症状は強いことが多い．女性の半数近くが不顕性感染するとされており，相手の男性が何らかのSTIとされた場合に女性に淋菌が見つかる頻度は高い（そうでない場合の8倍）．罹患率はクラミジア感染症と同様，2002年をピークに減少傾向を示す．

---

i）男性不妊症：夫婦として不妊である割合は約15％で，その半数は男性に原因がある．女性に比べその治療は限られている．男性側の要因としては，乏精子症（精索静脈瘤，特発性造精障害），精子無力症（副性器炎症），無精子症，無精液症，性交障害があげられる．

b．病　態

〈男子尿道炎・精巣上体炎〉

尿道炎から上行し，精巣上体炎と波及することがある．尿道口から黄白色膿性の分泌液を認め，排尿時痛も強く訴える．尿度炎の場合，感染機会から潜伏期間は約2〜7日程度．

精巣上体炎まできたした場合，局所炎症の程度は強く，疼痛，腫脹，発熱などの症状を呈する．治療後も精管通過障害のため無精子症となる場合もある．

〈女子子宮頸管炎・骨盤内炎症性疾患〉

子宮頸管炎では症状は軽微である．少量の腟分泌液の増加程度が多いとされる．感染がバルトリン腺，直腸へ及ぶこともある．子宮付属器から，腹腔内まで菌が上行すると骨盤内炎症性疾患となる．若い女性で原因不明の急性腹症の症例では鑑別診断の一つとして考慮すべきである．

〈咽頭感染（定着）〉

オーラルセックスによって，咽頭に定着，感染する例が増加している．淋菌性性器感染症患者の約30％は咽頭からも同菌が検出される．

母子感染：新生児結膜炎，肺炎．

全身性：播種性淋菌感染症，各関節炎，全身感染などの原因になりえる．

c．診　断

グラム染色・培養が最も確実であるが，核酸増幅法も利用され検出感度は高まった．

d．治　療

現在，耐性化が問題となっている．以前は効力がみられたペニシリン系やニューキノロン系は日本性感染症学会の推奨する治療ガイドラインでは推奨されていない．第3世代セフェム系の注射剤を中心とした治療が有効である．淋菌の治療は経口剤では困難であり，推奨処方としては，①セフトリアキソン1g単回投与，②スペクチノマイシン2g単回投与，③セフォジジム1g単回投与といいように注射剤の単回投与が推奨される．

◎ 9.2.3 非淋菌性非クラミジア性尿道炎

a．概　説

男子尿道炎は上述した淋菌性尿道炎と非淋菌性尿道炎に本来分類されている．非淋菌性尿道炎の30〜40％がクラミジア感染症であり，残る症例は保険診療上では起炎菌が同定できないことが多い．かかる病態をまとめて非淋菌性非クラミジア性尿道炎と総称する．起炎菌の頻度が高いものとして，*Ureaplasma urealyticum*, *Mycoplasma genitalium* などが注目を浴びている．*Staphylococcus saprophyticus*, *Bacteroides ureolyticus* といった細菌，原虫である *Trichomonas vaginalis*, ウイルスの *herpes simplex virus* も起炎微生物として見られる．

b．病　態

臨床像はクラミジア性尿道炎に酷似する．すなわち，潜伏期が長く（1〜5週間）尿道分泌物の排出，軽度の尿道痛，搔痒感を自覚する．

c．診　断

U. urealyticum や *M. genitalium* はPCR法は確立されているが，特定の研究施設以外では同定することは困難である．その他細菌類は一般的に検鏡，グラム染色，培養で診断される．*T. vaginalis* の検出でも，諸外国では酵素抗体法やPCR法が確立されているが，わが国では一般的でなく旧来の検鏡検査が実施されている．検出には熟練を要され，診断率は10％程度とされる．*herpes simplex virus* の確定診

断は血清学的検査によってなされるのが一般的であるが，あくまで補助的診断である．

d. 治　療

細菌感染の場合の治療はクラミジア性尿道炎に準じる．*M. genitalium* のアジスロマイシン耐性株も報告された．*T. vaginalis* の場合は，腟トリコモナス症の治療に準じメトロニダゾールの10日間投与が選択される．ただし，欧米では大量1回投与が第一選択として推奨されている．

◎ 9.2.4　梅毒

a. 概　説

わが国における梅毒（*Treponema pallidum*, T. p）の年間発生報告数は1000例程度である．2003年までは減少傾向にあったが，徐々に増加に転じている．先天性梅毒患者は2006年が10例で過去最多であった．無症候性梅毒とは，症状は認められないが梅毒血清反応陽性例をいう．治癒しているにもかかわらず抗体検査陽性の症例を陳旧性梅毒という．HIVに関連した梅毒患者が増加している．かかる症例は病期の進行が早く，早期から神経梅毒を発症する．また，病識に欠け，感染予防や蔓延防止の意識が薄いことも特徴である．

b. 病　態

皮膚や粘膜の小さな傷から菌体が侵入し感染が血行性に波及する慢性感染症である．胎盤を通しての感染もあり先天性梅毒という．

① 第1期では感染後約3週間でT. pの侵入部位に軟骨様の硬結を認める．次いで周囲へ浸潤をきたし，中心に潰瘍形成し軟性下疳となる．好発部位は男性では冠状溝，包皮，亀頭部，女性では大小陰唇，子宮頸部である．その後両側鼠径部のリンパ節腫脹がみられる．1期は2〜3週間で症状が消失する．

② 感染後3ヵ月で第2期に入る．血行性に散布され皮膚・粘膜，各種臓器に症状が出現する．丘疹性梅毒疹，梅毒性乾癬，梅毒性バラ疹，扁平コンジローマ，梅毒性アンギーナ，脱毛を生じる．

③ 3年以上経過し結節性梅毒疹や皮下組織にゴム腫を生じる．これが第3期である．

④ 次いで，大動脈炎，大動脈瘤，脊髄癆，進行性麻痺といった症状を呈する第4期となる．

c. 診　断

① パーカーインク法：感染部位の硬結や軟性下疳の表面を削って得られた漿液をスライドグラスにとりパーカー社製インクで染色し病原体を確認する．

② 血清反応：STS法とTPHA法，FTA-ABS法のいずれを実施し，定量法も併せて実施する．偽陰性，偽陽性の問題に注意を要する．感染直後や，第1期から2期への移行期，第2期後の症状消失期が含まれる．

d. 治　療

ペニシリン系抗生物質が第一選択．ペニシリンアレルギーの患者にはテトラサイクリン系で対応する．

◎ 9.2.5　HIV/AIDS

a. 概　説

〈世界のHIV感染症〉

2007年，世界では，3300万人が感染者として認められ，270万人が新規感染した．200万人がAIDS（acquired immune deficiency syndrome，後天性免疫不全症候群）で死亡．うちアフリカ大陸の感染者

が大部分を占める．

〈わが国の HIV 感染症〉

感染者，AIDS 発症者ともに近年急増．特に，2004 年以降，日本国籍男性の感染が増加しているが，感染経路の内訳の約 70％は同性間の性的接触である．

HIV 感染者は，その他 STI 保有率が高いことも問題である．特にわが国全体としての梅毒の感染報告の増加の原因はこれらのコミュニティが媒介してると考えられる．

b．症状・疾患

病期は，急性期，無症候期，後天性免疫不全症（AIDS）発症期に分類される．

急性期：発熱，咽頭炎，筋肉痛，発疹など風邪または伝染性単球症に似た症状が約 3 割に出現する．症状は数週間で消失する．潜伏期は約 2～6 週間．

無症候期：血中のウイルス量と CD4＋リンパ球数との間は平衡状態にあり，徐々に CD4＋リンパ球数が減小する．無治療ではこの期間が 5～10 数年間継続する．

AIDS 発症期：CD4＋T リンパ球数が減るとさまざまな微生物による日和見感染の成立や悪性腫瘍の発生が起こり治療無効例は死亡する．AIDS 発症は指標疾患が一つ以上出現した時点で AIDS と診断される．

c．診　断

1. HIV 抗体のスクリーニング検査法：酵素抗体法（ELISA），粒子凝集法（PA），免疫クロマトグラフィー法（IC）．
2. 確定検査：スクリーニング陽性者に施行．
   ① 抗体確認検査：Western blot 法，蛍光抗体法（IFA）など．
   ② HIV 抗原検査，ウイルス分離，核酸増幅診断法などの病原体に関する検査．

d．治　療

CD4＋T リンパ球数が 200/ml 以下，血中ウイルス量が 5～10 万コピー/ml になった時点で開始する．特殊な場合を除き，多剤併用療法（抗 HIV 療法，HAART）を行う．（「抗 HIV 治療ガイドライン」，「HIV 感染症治療の手引き」を参照のこと）

◎ 9.2.6 性器ヘルペス

a．疫　学

HSV は初感染の後，主に腰仙髄神経節に潜伏感染する．

感染者のパートナーの 6 割以上が無症候性の伝播者であり，不顕性感染が多い．初めて発症した場合にも，真の初感染と潜伏感染後の再活性化とがある．

再発を繰り返す場合，神経症にかかる例もある．パートナーとの不和が起こることもある．

抗ウイルス薬は，ウイルスの複製を抑制するのみでウイルスを排除できない．投薬による根治は不可能で，症状緩和，再発防止のみ可能である．

b．症状，疾患

・性器：HSV-2 主体，たまに HSV-1 もある．
・男性：亀頭，陰茎体部，女性：陰唇，膣前庭部
　1～2 mm の複数の水疱を形成，後に自潰して浅い潰瘍となる．
・初感染では激しい痛みを伴い，鼠径リンパ節腫脹，発熱（風邪と誤ることもある）．
・母子感染：妊娠初期には新生児異常，分娩直前では新生児ヘルペス（重篤）．

- 再発
    - HSV-2：0.22/月，9割が1年以内に再発する．
    - HSV-1：0.02/月，25％が1年以内に再発する．
    - 免疫不全，過労，消耗性疾患合併時に再発しやすい．

c. 診　断

主に症状所見，蛍光抗体法（感度が低い）HSV分離培養法．

血清抗体検査：初感染では，IgM抗体は7〜10病日に陽転，回復期にIgGが陽性となる．

核酸増幅法：現在PCR法，LAMP法が開発されつつある．

d. 治　療

〈初　発〉

アシクロビル錠，200 mg 1回1錠，1日5回，5〜10日間投与．

バラシクロビル錠，500 mg 1回1錠，1日2回，5〜10日間投与．

重症例：点滴静注用アシクロビル，5 mg/kg/回，1日3回，点滴静注，5日間（症状に応じて，10日間まで延長）．

〈再　発〉

アシクロビル錠，200 mg 1回1錠，1日5回．

バラシクロビル錠，500 mg 1回1錠，1日2回，5日間投与．

軽症例：3％ビダラビン軟膏，5％アシクロビル軟膏，5〜10日間塗布．

免疫不全を伴う重症例：点滴静注用アシクロビル，5 mg/kg/回，1日3回，点滴静注，7〜14日間．

〈再発抑制療法〉

バラシクロビル 500 mg 1回1錠，1日1回の長期（1年間）投与．

◎ 9.2.7　尖圭コンジローマ

a. 病変と症状

男性：亀頭，冠状溝，包皮内外板，陰囊，尿道，肛門

女性：外陰部陰唇，膣前庭，会陰，尿道，肛門，子宮頸部

① 尖圭コンジローマ：痒みや痛み，無症状の鶏冠状の疣，通常は皮膚と同色，肛門周囲ではやや色素沈着する．主としてHPV6，11型の感染病変．

② ボーエン様丘疹症：痒みや痛み，無症状の色素沈着した丘疹，一部癒合する．主としてHPV16，31，33，39，52，58型など高リスク型HPVあるいはリスク不明型HPVによる感染病変．組織学的には，低グレードの外陰部上皮内新生物（Vulvar intreepithelail neoplasia grade 1：VIN1）に相当する．

③ ボーエン病：上皮内癌，外陰部上皮内新生物グレード3（Vulvar intreepithelail neoplasia grade 3：VIN3）に相当，主としてHPV16型が検出されることが多い．

④ 子宮頸癌：外陰部の尖圭コンジローマ患者の40％に子宮頸部に病変を合併する．HPV16型や18型がハイリスクとされ，子宮頸癌の70％にこの2型が関わる．ワクチンもすでに開発され，子宮頸癌の発生および死亡率の低下に70％程度寄与するとされる．

潜伏期：4〜12週．（平均3〜4ヵ月）

b. 診　断

拡大鏡（コルポスコピー）検査，病理組織診断，DNA検査．

〈治療（尖圭コンジローマ，その他の性器ヒト乳頭腫ウイルス感染症を含む）〉
1. ファーストライン
 ・凍結療法
 ・イミキモド5％クリーム（ベセルナクリーム5％）の外用：隔日に週3回，就寝前に塗布，6～10時間後起床時に石鹸で洗い流す．16週まで継続．
 ・80～90％の三塩化酢酸または二塩化酢酸などの外用．（試薬）
 ・電気焼灼法．
2. セカンドライン
 ・レーザー蒸散術．
 ・インターフェロンの局所注射．（保険非適応）　　　　　　　　　　　　　　　　　　　　［納富　貴］

文　献

1) 「性感染症診断・治療ガイドライン2008」，『日本性感染症学会誌』，**19**（1）．2008．
2) Holmes, K.K., *et al*.: "*Sexually Transmitted Diseases*, 3rd ed."，McGraw-Hill, 1999.
3) Brumfitt, W., *et al*.: "*Urinary Tract Infections*"，Chapman & Hall Medical, 1998.
4) 『厚生労働省平成21年エイズ発生動向年報』，2009．
5) 吉田　修監修，『尿路結石症，尿路性器感染—炎症疾患』，メジカルビュー社，1999．
6) 飯塚　一他，『NEW皮膚科学』，南江堂，1997．
7) Tanaka, M., *et al*.: Diagnosis and management of urethritis, *Curr Opin Urol*, **3**, 1993.
8) 納富　貴・田中正利・許斐一郎・永山在明，「*Chlamydia trachomatis*感染症小総論」，『西日本泌尿器科』，**67**（8），2005．
9) 田中正利，「淋菌」，『日本性感染症学会誌』，**13**（1）．2002．

9.3　女性の性感染症

性行為によりヒトからヒトへ感染する疾患をSTD（sexual transimitted desiease）という．主なものは表9.3のとおりである．

表9.3　STDの種類

	疾患	病原体
細菌	1) 淋菌感染症 梅毒 軟性下疳	*Neisseria gonorrhoeae* T. p デュクレイ菌
クラミジア	2) 性器クラミジア感染症 伝染性リンパ肉芽腫症	C. t　L1-L3 C. t　D-K
ウイルス	3) 性器ヘルペス 4) 尖形コンジローマ B型肝炎 サイトメガロウイルス感染症 伝染性単核症 AIDS（後天性免疫不全症候群）	Herpes simplex virus Human papilloma virus Hepatitis B virus サイトメガロウィルス エプスタインバールウイルス HIV virus
マイコプラズマ 真菌 原虫 寄生虫	尿道炎・子宮頸管炎 5) 腟トリコモナス症 6) 外陰・腟カンジダ症 アメーバ赤痢（腸管感染） 疥癬 毛じらみ症	*Trichomonas vagiralis* *Candida albicars, Candida glabrata*

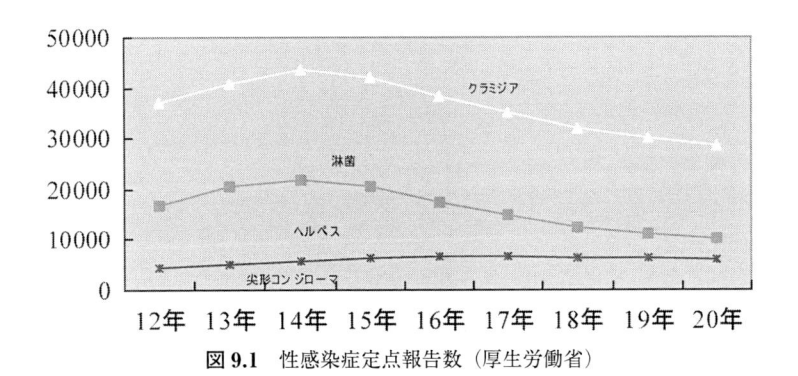

図 9.1 性感染症定点報告数（厚生労働省）

　表中 1) から 4) の定点報告数は図 9.1 のとおりで，淋菌感染症，クラミジア感染症は平成 14 年をピークに減少しているが，まだ高率に発症している．ヘルペスや尖形コンジローマは不変または微増の状況にある．STD はピンポン感染を防ぐため，パートナーの治療も必要である（カンジダはこの限りでない）．

◎ 9.3.1　主な STD の症状と治療
a.　淋菌感染症
〈症　状〉

　疼痛の強い男性の尿道炎と異なり，女性では子宮頸管炎や尿道炎のとき，80％は症状が軽く症状を自覚しない．このため発見が遅れ，感染が子宮から卵管，さらに腹腔へと上行性に広がりやすい．子宮付属器炎，骨盤腹膜炎を起こすと，発熱と下腹部痛などの症状をあらわし，治療が遅れると腹膜炎として上腹部にも広がり，さらには肝周囲炎などの強い腹痛を呈することもある．付属器に感染を起こせば，不妊症や子宮外妊娠が起きる可能性が高まる．妊婦に感染すれば，産道感染により新生児結膜炎を発症する．ただし今日新生児への予防的点眼で，現実には新生児結膜炎はほとんどみられない．

　その他の淋菌感染の特徴として，一回の性行為による感染伝達率は 30％と高く，頻度もクラミジアに次いで高い（図 9.1）．淋菌感染の 20 ～ 30％はクラミジア感染を合併している．オーラルセックスの増加により，咽頭感染が増えているがこれも無症状であることが多い．

〈診　断〉

　分泌物の培養や子宮頸管の細胞・尿の沈渣の遺伝子診断で確定する．

〈治　療〉

　注射用抗菌薬が基本．セフトリアキノン（ロセフィン）1.0 g などの単回投与で終了する．しかし不妊症や下腹部痛は抗菌剤では治らない．

b.　性器クラミジア感染症

　淋菌感染症よりもさらに症状が少ないため，無治療のまま増え続けることになり図 9.1 のように性感染症では最も罹患率が高い．

　オーラルセックスにより咽頭からクラミジアが検出されることも多く，16 ～ 25 歳の女性で感染者は約 85 万人，男女併せると感染者は 100 万人を超す．

〈症　状〉

　子宮頸管炎による頸管からの分泌物の増加だが，気づくことはほとんどない．感染は上行性に広

り，骨盤内炎症性疾患として卵管の癒着や卵管水腫を起こし，不妊症や子宮外妊娠の原因となり得る．さらに上行して劇症の肝周囲炎（フィッツ-ヒュー-カーテイス症候群）を起こすと救急外来へ搬送されることになる．

妊婦が感染していると産道感染により新生児肺炎や新生児封入体結膜炎をきたす．

〈診　断〉

頸管粘液や頸管細胞採取による PCR 法が精度が高い．

〈治　療〉

クラミジアに対する治療はアジスロマイシン錠 1000 mg の単回服用でよい．しかし癒着による不妊症や下腹部痛は薬剤投与だけでは治らない．

c. 性器ヘルペス（図 9.1）

単純ヘルペス（HSV）には 1 型と 2 型があり，従来 1 型は口，目などに，2 型は陰部に感染していたが，近年オーラルセックスなど性行動の変化につれてその区別は明瞭でなくなってきた．

〈症　状〉

初感染では性交後 3〜7 日より，外陰部に疼痛を伴う水泡が出現する．外陰部は小水疱，または水泡が破れた潰瘍性病変がみられる．熱発も認められるが，何より患部の激しい疼痛のため排尿困難，歩行困難をきたし，膀胱カテーテルの留置が必要な場合もある．2〜4 週間で治癒するが，一度感染すると知覚神経の神経節に潜伏するため，免疫力が低下するとしばしば再発する．再発時の症状は軽度で水泡や潰瘍，外陰部の不快感などが出現する．

産道感染による重篤な新生児ヘルペスを防ぐため，感染時期によっては帝王切開や抗ウイルス薬の予防的投与を行う．

〈診　断〉

潰瘍，水泡から HSV 抗原を確認する．

〈治　療〉

初感染ではパラシクロビル（バルトレックス）錠 500 mg 1 日 2 回を 5〜10 日服用する．再発では症状に応じて減量する．繰り返し再発例では，長期少量投与も行われる．

d. 尖圭コンジローマ：（図 9.1）

ヒトパピローマウイルス（Human papilloma virus, HPV）の 6 型と 11 型の感染により性器，肛門周囲に発生する．近年増加傾向にある．なお，HPV の 16, 18, 31, 58 型はハイリスク型と呼ばれ，子宮頸癌発生に関与する．

〈症　状〉

感染後 1〜6 ヵ月の潜伏期間がある．米粒の先端のような尖ったイボ状のツブツブが，肛門周囲，外陰部，および膣壁，子宮膣部に 1 個ないし多数出現する．痛みはないが軽度の痒みをきたすことがある．

産道感染では乳幼児に喉頭乳頭腫をきたす．

〈診　断〉

病理組織診断，DNA 診断

〈治　療〉

切除，電気焼灼，凍結，レーザー療法などを行うが，再発する場合は抗ウイルスクリームを使用する．多くは自然消失するが，治療し見た目に治癒しても，25% は再発する．

e. 膣トリコモナス症

膣トリコモナス（*Trichomonas vaginalis*）という原虫により発症する膣，外陰の炎症性疾患である．

〈症　状〉

性交後5日〜1ヵ月に外陰部にかゆみが生じ，悪臭のある黄色から淡い灰色の，泡沫状の帯下が増量する．膣粘膜は発赤する．

〈診　断〉

膣分泌物の鏡検．

〈治　療〉

尿路や直腸内にも生息するためメトロニダゾールの経口投与が原則．ただし妊婦への経口投与は避け膣錠を使用する．

なお，トリコモナスは性行為以外にも，便器，入浴などでも感染しうる．

f. 性器カンジダ症

カンジダアルビカンスは常在菌であるがこれが多数繁殖した場合に発症する．原因として性行為による場合と，免疫力の低下による場合がある．パートナーの治療は，無症状であれば必ずしも必要ない．

〈誘　引〉

カンジダ症との性交，免疫力低下（糖尿病，ステロイド服用，免疫抑制薬），膣内乳酸桿菌減少（抗菌薬服用），妊娠（膣グリコーゲンが増加し繁殖しやすくなる）．

〈症　状〉

陰部の強い痒み，白色で酒かす状あるいはヨーグルト状の帯下，膣粘膜の発赤，悪臭がある．

〈診　断〉

培養または分泌物の鏡検．

〈治　療〉

誘引の除去とイミダゾールなどの抗真菌薬（膣錠，経口，クリーム）投与．単に検査でカンジダが見つかっても症状がなければカンジダ症ではなく治療の必要もない．　　　　　　　　　　　［荒堀憲二］

文　献

1) 「性感染症診断・治療ガイドライン2008」,『日本性感染症学会誌』, 19 (1), 2008.

9.4　予防法

最近の性感染症（STD/STI）の動向において，感染症サーベイランス対象の性感染症6疾病すべてで10代前半の報告が認められていること，性器クラミジアの無症候感染者が高校生女子の13％程度存在するとの報告から，中学生の段階からの性感染症予防教育および若年者が性感染症状出現時に適切な受診行動を選択できるような相談，検査体制整備の必要性が指摘されている．

性感染症は性行動という人々の日常生活での交流における密着した行為と関連するため，感染経路が明白にもかかわらず予防が非常に難しい．性感染症予防においては行動パターン，性行為相手との関係，性感染症からの自己防衛手段，性に関する姿勢や心情や知識などを理解し，性感染のリスクを少なくするために何が効果的なのかを考えるというような，性感染症に関する知識と態度が求められる．

平成18年11月厚生労働省告示「性感染症に関する特定疾患予防指針」が出され，性感染症予防に対する国の方針が示された．性感染症予防対策の基本は検診率の向上，コンドームの適正使用，学校教育における性教育の充実，適切な検査，診断および治療となっている．

HIV/AIDSの問題が発生する以前は性感染症の管理，治療が可能であり，性感染症の予防は病気を怖がることで行動が変化するという個人的な行動に視点を置く，二次的予防（発見と治療）を重要視する傾向にあったが，最近は行動の変化につなげる一次的予防が注目されている（表9.4）．

表9.4 性感染症の一次予防と二次予防

一次的予防：「感染しないようにする」という健康についての教育とその促進．性感染症への理解を深める性感染症リスクの高い性行為による感染機会の回避．コンドーム適正使用の奨励早期発見（検査）．

二次的予防：感染者や感染リスクの高い対象者への適切な検査，徹底した治療．多くの疾患で無症候性である（特に女性）ことの理解の促進．

「感染予防＝コンドーム」と捉えられることが多い現在は，公衆衛生的観点からはセーファーセックスにはコンドームの使用率の増加に焦点があてられがちとなり，広い意味でのセーファーセックスについて触れられることが少ない．安全面・衛生面についての十分な知識を持たないオーラルセックスやアナルセックスなどの行為の危険性及び現実に即した情報の提供も必要である．

◎ 9.4.1 予防法各論

a. 性器ヘルペス（HPV）

コンドームの使用は病変が陰茎に限局している場合は予防効果があるが，通常は病変が広範囲であるので，実際の効果は不明である．パートナーの検査も推奨される．

b. セーファーセックスの啓発

患者とそのパートナーが性行為においてコンドームを常用する（HSV-2型の伝播が有意に減少する）．

再発病変は肛門・臀部・大腿部などにも起こりうるのでコンドームの使用だけでは完全には防止できないこと，感染リスクを上昇させる要因（性行為のパートナー数が多い・慢性皮膚疾患による表皮のバリア機能低下・外陰部に微小な外傷をきたすような性行為など）を回避することを理解させる．

c. 尖圭コンジローマ

性行為および類似行為による接触感染を防ぐ意味でコンドームを使用することは重要．

陰茎周囲にHPVが潜伏し，下腹部，陰嚢，鼠径部に尖圭コンジローマがみられる場合は，コンドームでの予防は不完全なものになる．

現在のところHPVの抗ウイルス剤は存在しないため，ワクチンが子宮頸癌予防だけでなく感染症予防の面でも期待されている．

d. 性器クラミジア感染症

感染初期にはほとんど無症状であり，感染自覚もないため，性行為時には確実にコンドームを使用する．性教育において無防備な性行動は回避することへ理解を深める．

e. HIV/AIDS

コンドームを適正に使用する．早期発見のための検査を奨励する．

◎ 9.4.2 感染症とオーラルセックスについて

性感染症はいまや誰もが罹患しうる疾患といえる．オーラルセックスによって口腔咽頭にも性感染症が生じること，口腔粘膜からパートナーへ性感染症をうつすことに対する認識は低い．無防備な性行動の広がりからオーラルセックスを介した性感染症の拡大が危惧されており，オーラルセックス時にもコンドームを装着することが感染症予防になる．

オーラルセックスによって感染する主なものは梅毒・単純ヘルペスウィルス，淋菌，クラミジアであ

り，性器や皮膚に症状や病変がなく，口腔内病変を契機に性感染症が判明する例は少なくないといわれている．

[阿部真理子]

文　献

1) 岡部信彦・多田有希，『発生動向調査から見た性感染症の最近の動向』．
2) 「性感染症診断・治療ガイドライン 2008」，『日本性感染症学会誌』，**19**（1），2008．
3) 岡部信彦，『性感染症の疫学―1冊でわかる性感染症』，光文堂，2009．
4) 本田まりこ・宮地良樹・清水　宏編，『1冊でわかる性感染症』，光文堂　2009．
5) 中村美亜，『クイア・セクソロジー』，インパクト出版会，2008．
6) 川野雅資監訳，『性の心理』，日本放射線技師出版会，2007．

9.5　性行動・性感染

◎ 9.5.1　性行動

　生物学的にみれば人間以外の動物の性行動の多くは，種族保存の為の行動で，周期性があり，ライフサイクルの中でも限られた時期に行われる．一方人間の成熟後の個体はいつでも性行動を起こすことができ，健康である限り生涯にわたっての性行動が可能である．

　進化により脳が大きくなった人間にとって性は，生殖という種の保存，群れの維持のほかに，個体の快楽，コミュニケーションなど多様な目的や意義を含み，男と女，男と男，女と女をつなぐ「文化」として存在する．必ずしも性器の結合ばかりが人間の性行為ではなく，性は心の問題であり，人格の問題であり，性と心は深く結びついている．

　文化人類学的に人間の性行動をみると，その社会を支配する文化によって無限に多様であり，ある社会では禁じられていることが，他ではごく当たり前のことであり，推奨されていたりすることもある．性についての標準はないといえる．一方，実施されている性行動はそれぞれの社会においてさまざまであっても，人間の性は基本的には世界中どこでも同じであり，種々の性的刺激に対して示される反応も，心理的反応も本質的には似通っている．

◎ 9.5.2　性感染

　性感染は性行動による病原体の授受により成立する．感染症の成立と機序は同じだが，感染経路が性行動であるという点に違いがある．

a.　感染と感染症

　感染の定義は研究者による多少の違いはみられるが，病原微生物が宿主の体内（病原微生物によっては粘膜表面の場合もある）で増殖して，組織に多少でも傷害を与え，これに対して人体が防衛反応（炎症や免疫応答）を示した状態」というのが一般的とされている．感染が成立した結果，宿主の局所または全身に自覚的・多角的変化が起こり，明らかな臨床的な病態状態が生じた場合を発症したといい，この状態を感染症という．

　感染と感染症は同義語ではなく，感染症はその前提に感染が必ずあるが，感染があっても必ずしも感染症を引き起こすとは限らない．

b.　感染症の機序

　感染の成立には図9.2の3要素（感染源・感受性宿主・感染経路）のすべてが必要となる．また感染の成立には病原体の毒力（病原性）と宿主の抵抗力の力関係も左右する．

図9.3の経過にあるように感染が成立した結果，病原体が増殖し何らかの臨床症状がでたときに発症となり感染症と呼ぶが，発症しない場合もある．その場合を不顕性感染という．不顕性感染（保菌者），感染症を発症しても治療しないまたは治療中断などで治癒していない場合（未治癒患者）は感染源（二次感染）となる．

c. 性感染と性感染症

性感染は，性交または類似の性行為によって人から人へ直接伝搬し，図9.3の経過に示すような感染の機序をたどる．類似の性行為とは口と性器の接触，外陰部や腋窩などの相互接触，口と肛門の接触，肛門性交などを指し，それら性行為の多様化による性感染症の増加，病変部が性器などの局所に限らず全身感染症の様子をあらわす疾患や自覚症状に乏しい疾患，難治性の疾患の増加などによる感染拡大が懸念されている．

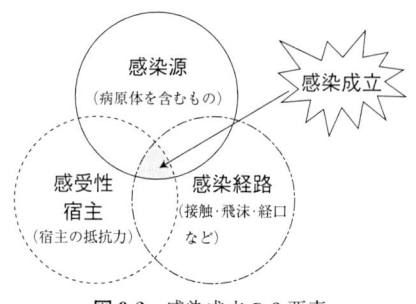

図9.2 感染成立の3要素

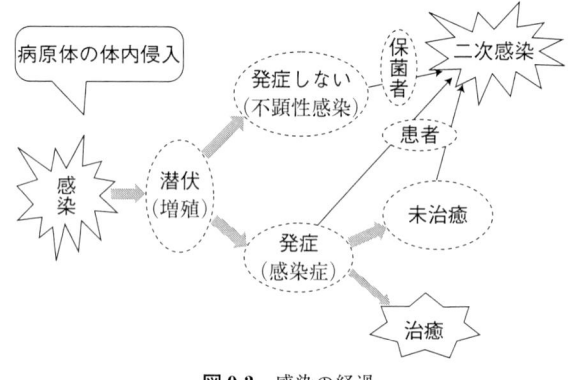

図9.3 感染の経過

◎ 9.5.3 性行動と性感染

性感染は性行動に伴うリスクの一つであるが，感染の可能性のある性行為を避けることによって，予防することができる．

a. リスクのある性行動を避ける方法

リスクのある性行動を避ける方法の一つとして ① セーファーセックス（safer sex），② ステディセ

表9.5 性行動（性行為）と感染リスク[12]

危険性	行　為（例）
危険性の非常に高い行為	高い　1（挿入される側にとって）コンドームを使用しない肛門性交 　　　2（男性にとって）月経中のコンドームを使用しない膣性交 　　　3（挿入する側にとって）コンドームを使用しない肛門性交 　　　4（女性にとって）コンドームを使用しない膣性交 　　　5（男性にとって）コンドームを使用しない膣性交 低い　6（女性にとって）コンドームを使用しない膣性交で射精直前に男性がペニスを抜いた場合
危険性の比較的高い行為	性具を一緒に使う コンドームやデンタルダムを使わない口腔性交
危険性の比較的低い行為	ペッティング，手と性器の接触 コンドームを使用した膣性交 コンドームを使用した肛門性交 コンドームやデンタルダムを使用した膣やペニスへの口腔性交
危険性のない行為	性的なファンタジー（白日夢） マスタベーション 電話やインターネットでの性的会話 抱き合う　触れ合う　マッサージ

ックス（steady sex），③ ノーセックス（no sex）という考え方がある．

〈セーファーセックス〉

より安全な性行為を意味し，性行為の内容を変えることによって，性感染のリスクを低減させるというものであり，性行為自体は否定しない．表9.5にあるように性行為には感染リスクの高いものからないものまでさまざまであり，性行為を選んだ者が互いに，より安全な性行為を選択することにより，リスクを回避または低減させることができる．コンドーム正しく確実に使用することはセーファーセックスを実行することになるが，池上[6]は「性行為はプロセスであり挿入といった単一の行為に押し込められるような狭いものではなく，多様なバージョンがある．」と指摘している．

〈ステディセックス〉

決まった相手との性行為を意味する．この場合はお互いに検査などによりの性感染の有無を確認していない場合は，感染リスクの回避，低減にはつながらない．自覚症状のない場合や無症候期間の長いHIV感染症など本人が感染を自覚していない場合，過去の危険行為で感染していた場合などあり，現在の「決まった相手だけ」に対する保証はない．愛情で結ばれている間柄であっても感染は起こりうることを認識する必要がある．

〈ノーセックス〉

性行為をしないことは感染リスクをゼロにする確実な方法であるが，誰にとっても有効な方法とはいえない．青少年に関しては，初交年齢の低い人ほど性感染や予期しない妊娠などはじめさまざまな問題を生じやすいという調査報告もある．「コンドーム使用自信感」の育成など，安全な性行動についてのあり方の情報を提供するとともに，性について自分自身に問いかけ考えさせることが性交を遅らせることにつながるといわれている．

飲酒や薬物の使用時もアルコールや薬物の作用により理性的な判断ができなくなり，安全な性行動が阻害され性感染症などのリスクは大きくなる．　　　　　　　　　　　　　　　　　　　　［阿部真理子］

文　献

1) 河原直人，「脳と性行動との関係についての一考察—人間の性行動の特異性を考える—」，http://www.bioethics.jp/naox_sexology-j.html，2012年2月閲覧．
2) 間宮　武・松本清一監修，『性教育マニュアル理論編　—人間と性—』，大成出版社，1991．
3) 榎本　稔，『性とこころの光と影　現代のエスプリ』，至文堂，2010．
4) 光山正雄，『微生物感染学—新しい感染の科学—』，南山堂，2005．
5) 奥野克己・椎野若菜・竹ノ下祐二共編，『セックスの人類学』，春風社，2009．
6) 池上千寿子，「若者の性と保健行動および予防介入についての考察」，『The Journal of AIDS Research』，**5** (1)，2003．
7) 中山宏明・多田　功・南嶋洋一編，『現代感染症事情　上』，医歯薬出版，2003．
8) 坂元正一総監修，八神喜昭・広井正彦監修，「図説産婦人科 VIEW5 婦人科治療」，『性感染症　今日的課題と最新の診断・治療』，廣済堂，1994．
9) 池上千寿子他，「若者の性の保健行動を促進し有効な予防介入を図るための研究」，『厚生労働科学研究費補助金（エイズ対策研究事業）総合研究報告書』，2000-2002．
10) 岩室紳也，「ティーンエイジャーを対象としたコンドームキャンペーン」，『日本化学療法学会誌』，**55** (2)，2007．
11) 徐　淑子，「安全な性行動とはなにか」，『厚生労働科学研究費補助金　エイズ対策研究事業　エイズに関する普及啓発における非政府組織（NGO）の活用に関する研究平成12～14年度』，2000-2002．
12) ワイキキ・ヘルスセンター，『STD／エイズ　ジャパニーズ・アウトリーチ・プログラム』，1994．

10 性行動と身体

III. 性を表現する

10.1 共感・思いやり

◎ 10.1.1 痛みや嫌悪の共有から始まる共感

本章では共感を広義に解釈し，「身体知覚（痛覚）や嫌悪感の経験を礎に感覚・情動・感情・認知が相互に仮想体験された状態」と定義する．

共感能力は，ヒトにおける共恵戦略を円滑に営むための社会監視システムとして，感覚神経の一つである慢性疼痛の神経を利用し進化してきたと筆者らは仮説を提起した[1]．痛覚は最も重要な身体的生命監視機構である．そのうちでも慢性疼痛の中枢は前帯状回であり（図10.1），ここは痛みの情動認知領域である．社会生活を重んじるヒトは，孤立すると心に鈍い痛みを感じる．

この心の痛みもまた，前帯状回で感知されるようになった．ヒトは共同生活を円滑に営むため，欲求を抑え，倫理にかなう行動を選択することにより心の痛みを避けている．つまり，ヒトではもともと痛みに始まる身体的生命監視として確立されていた機構が，嫌悪感という情動・感情を活用し，より緊密になった社会生活でも生命監視機構として機能するようになった．（図10.2）

◎ 10.1.2 共感と思いやりの関係

二者間で共感が成立している状態では情動レベルで共通する脳内の神経反応が起こっており，この二人の間の脳に与える影響は双方向にベクトルを持つ．しかし，思いやりのベクトルは基本的には一方通行である．少なくとも脳内で反応している部位が共通していない部分を有するはずである．共感と思い

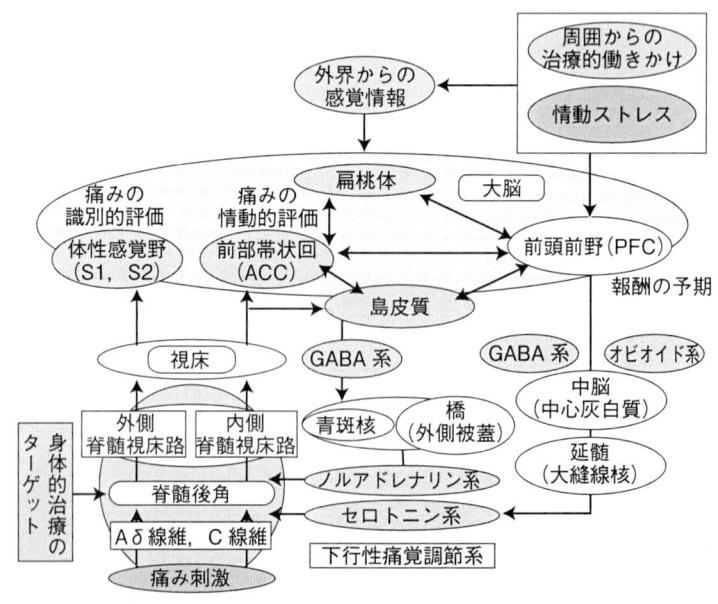

図10.1 痛覚形と情動ストレス系に関する仮説（九州大学心療内科，細井昌子，第37回慢性疼痛学会の発表による（2008年））

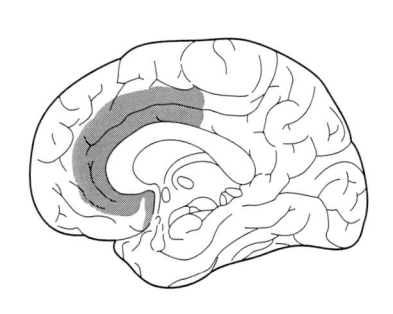

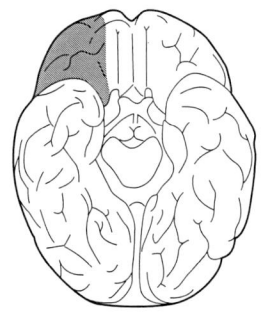

図10.2 精神的痛みと肉体的痛みの共通性
疼痛の情動的判断を司る前帯状回が社会的疎外感をもたらし，痛みの
回復に関わる腹側前頭前野が社会的愛着と倫理観を育む．

やりではこの方向性が大きな差異と考える．

進化学的に，共感は思いやりに先立つ．共感は生命監視機構から応用されたが，その後，思いやりが社会システムの複雑化に伴い——上下関係が日常生活でも重要性をおびてきて——構築されてきた．文化や言語により影響を受ける所以である．そして，わが日本文化は，「思いやり」を関係性の中心におき，その存在さえ忘れさせるほど，つまり意識化されないほどまでになった．

共感能力は女性が優位である．また，女性の場合，男性に比べれば，社会的階層を形成しない傾向にある．よって，上下の勾配もはっきりしないことも多く，思いやりも状況に応じて変化し，持ちつ持たれつの関係となりやすい．

共感能力にも方向性のバランス感覚にも劣る男性は，共同生活や教育によってそれらを培わなければならない．礼儀作法を男児には特に叩き込まなければならない理由はここにある[i,ii]．

女性に比べ男性では直接行動で階層を作りたがることは実証されている．男性は，競争に価値を見出し，支配階層を築こうとする[3]．あえて，階層を明確にしておかないと，社会生活が円滑に回らないような社会機構を男性はつくってきたともいえる．

狩猟生活においては，体力，経験，道具をつくる知恵，方角を見定める能力などで，地位が確定されたであろう．農耕時代にはいれば，土地の所有者に勝る権力者はないであろう．現代では，一概にはいえないものの，類似の定規で社会階層は測られていることは間違いない．

◎ **10.1.3　共感を育み，順列を確かめることにより思いやりが育まれる**

まず，共感能力を育み，次いで関係性が明確になされている社会を作り，時空間の余裕ができて，初めて，思いやりをもてる土壌が醸成されたことになる．ないし，個々人に高度な関係認識能力をつけることにより，あえて，社会的階級を明確化しないという手法でもかまわない．当然，後者は個人にかか

---

i) 『葉隠れ武士道の思いやり』：三島由起夫は葉隠武士道をデリカシーという．山本常朝は「人に意見をして疵を直すというは大切なる事にして，然も大慈悲にして，御奉公の第一にて候．意見の仕様，大いに骨を折ることなり…」と人に忠告をする際の細やかな注意を説く．このデリカシーを三島は「男の世界は思いやりの世界である．男の社会的な能力とは思いやりの能力である．武士道の世界は，一見荒々しい世界のように見えながら，現代よりももっと緻密な人間同士の思いやりのうえに，精密に運営されていた」と紹介した．

ii) 『新渡戸稲造の武士道』：新渡戸稲造はその世界的に著名な著書である『武士道』において，武士道の基本精神を「義，勇，仁，礼，誠」の順に説明している．「正しい道（義）を判断する（智）慧を持ち，行動に移す（勇）気を重視する．そして，人のことを心配し深く思いやる心（仁）を持ち，それを（誠）心誠意表現するのが（礼）である」と解説される．仁は心に秘めるだけでは完結するものではなく，誠をもって表現され礼儀となるのである．この流れが「道」であり，これらすべては，ひとつも欠けてはいけない構成要素である．

る高い能力が要求される．近頃，空気を読むことを過度と思えるほど要求されはじめたのは，階層が不明確になってきた現代で，それでも，社会生活を円滑に営むには，状況を瞬時に把握する高度な能力が要求されてきたからである．共感能力を養う手法は数多く存在する．痛みや嫌悪感を身体レベルで知ること，他人の真似をすること，食を共にすること，などで共感能力は向上する．

　思いやりのある子供を育てるためには，基準を定め関係性を決定できる環境を設置する必要がある．順列を明確にするためだ．一定期間変化の生じにくい上下関係を形成し，状況に応じた立ち振る舞い，身なり，服装，言葉遣いを徹底させることが，最も簡単な方法であると思われる．家系を重視する，伝統を重んじる，体力差を明確にする，学業成績を明確にする，芸術的センスを評価するなど多因子が社会生活に関わることを経験することにより，それぞれの事象にはそれぞれの方向性を持つことが認識される．一方で勝れていても，他の因子に関しては容易にベクトルの矢印が逆転可能であるといった日本人に特徴的と思われる「思いやり」の心が醸成される．その意味で，比較基準の多様性が保たれるべきであることはいうまでもない．

◎ 10.1.4　時間の余裕

　「時間」は「思いやり」の鍵となる．時間的余裕が「思いやり」行動を決定する因子となったことを証明する実験として，プリンストン神学校の学生を対象とした実験がある[3) iii]．この研究は時間の余裕も「思いやり」の心には必須事項であることを示した．しかし，現代社会では，この余裕は剥奪される運命にある．

◎ 10.1.5　数と思いやり

　ダンバーが伝統社会と呼ばれる中で，人間はどのくらいの大きさの集団を形成しているかの調査を実施した[4)]．はじめに集団の母数は3つに分類された．まず，30～50人の集団．これをダンバーは生態学的集団と定義した．狩猟民の夜間キャンプのようなものが典型例である．次に100～200人，平均150人の集団は氏族（クラン）といわれる．これは，婚姻や通過儀礼などを遂行する単位となる集団の平均的な人数である．この数の集団は「恥」に礎を持ち「思いやり」と「慣習」で集団管理がなされる．これを超える数千から数万という規模の集団は，「思いやり」では管理できず，「法」に頼らざるを得なくなる．日本人にはさらに仲間，公，外という内と外の3重構造が強固にある．仲間＋公＝世間であり，世間の人数は葬式で呼ぶ人数に一致するといわれる．日本人ではこの世間を超えた外の世界では，恥はなくなると土居は指摘している[5)]．

　この社会における数の制限は空間的余裕とも言い換えられるかもしれない．ある特定集団の密度の問題と置換できよう．

　「思いやり」は，共感能力に基礎を持ち，利他的行動とは違い，文化レベルで花が咲いたものである．方向性はあるものの，状況に応じてただちにその方向性は逆転しうるという特徴をもって，ある意味では日本人に固有のものであると結論づけた．特に男性においては，順位づけの必然性，それに基づく礼

---

iii）　プリンストン神学校の学生を対象に，次のような社会心理学的実験が施行された．学生ひとりひとりに試験として短い説教の実技をさせるという設定だ．半数は「よきサマリア人」について，残りの半分の生徒は聖書から無作為にテーマを与えられた．
　神学生が試験にむかう道すがら，通路に面した戸口に苦しい声を出している男が仕込まれた．「よきサマリア人」をテーマに与えられていたうちで，時間に余裕のある10人中6人は何らかの形でその苦しむ男性を助けようとした．しかし，試験時間に余裕がないように設定された学生10人では，一人しか助けようとしなかった．これは「よきサマリア人」以外を説教するように課題として与えられた学生と変わりない数だった．時間的余裕が「思いやり」行動を決定する因子となった[5)]．

節，威厳，時空間の余裕などが，基礎的背景として必須であった． 　　　　　　　　　　　　　　　[納富　貴]

文献

1) 納富　貴他，「痛みと共感」，『思春期学』，**27**（1），2009.
2) Brains, V.: Scientists find connections in the brain between physical and emotional pain, *JAMA*, **290**, 2003.
3) Darley, J.M. & Batson, C.D.: From Jerusalem to Jericho, *J Pers Soc Psychol*, **27**, 1973.
4) ダンバー, R. 著，松浦俊輔・服部清美訳，『言葉の起源―猿の毛づくろい，人のゴシップ』，青土社，1998.
5) 土居健郎，『甘えの構造』，弘文堂，2007.

10.2　性行動とペア・ボンド

◎ 10.2.1　「恋愛感情」は人類普遍的な特徴として存在するか[i]

　一夫一妻，一夫多妻，一妻多夫など国や宗教によって認められる婚姻形態にはさまざまなものがある．多くの伝統社会では，婚姻は当事者の親や親族によって設定される出来事であった．そうした社会では，当事者の個人的な感情に基づく性的関係は厳しく罰せられる．特定の個人に対して強く性的な魅力を感じること―いわゆる恋愛感情（romantic love）―は，歴史学者の見方によれば，12世紀にヨーロッパの吟遊詩人により発明されて印刷技術によって流布し，社会の工業化に伴う個人主義の興隆によって一般に受け入れられるようになったものだとされる[1, 2]．性行動のパターンや価値づけが文化的な構築物だとすると，「恋愛感情」は特定の社会における流行のようなもので，必然性や実体の存在しない幻に過ぎないのだろうか．

　ヒトの「本来の」特徴がどのようなものであるか知るには，文化的関連性の少ない多くの社会の実態を集めて比較を行うことが有効である．民族学資料データベースを用いた調査では，配偶行動に関して記述のある166の社会のうち，147で相手の理想化，性的な文脈，関心が将来的にしばらく続く見込み，などの条件を満たす恋愛感情が存在する明らかな証拠が見つかった[3]．カラハリ砂漠の狩猟採集民であるクン族（古くはブッシュマンと呼ばれた）の女性に対する聞き取り調査でも，夫や愛人との関係性の描写は工業化社会に生きる私たちの知るものと驚くほどよく似ている[4]．フィッシャーはアメリカと日本の男女を対象に，恋愛感情を構成すると考えられるさまざまな心的状態を経験したことがあるかたずねる質問紙調査を行った．その結果，年齢・性別・性的指向（異性愛か同性愛か）・宗教・民族にかかわらず，多くの質問において互いに似た回答が得られ，人に普遍的な恋愛感情のパターンの存在が支持された[5]．

　古来，さまざまな地域・文化で恋愛感情をテーマにした詩歌や文学が存在してきたことは，「恋愛感情を持ちうる」という人類普遍的もしくはそれに近い特質がヒトに備わっていることを示しているように思われる．すべての人が恋愛感情を持つとか，ほとんどの文化で恋愛感情がよいことであると認められているという意味ではない．適切な状況さえ与えられればそうした感情を持ちうる心的メカニズムの基盤が，ヒトの脳には一般的に備えられているだろうということだ．

◎ 10.2.2　ヒトはなぜ恋愛感情を持つのか

　動物の配偶システムには，一つの繁殖周期の間にオス・メスの両方が複数の異性と交尾をする，乱婚という形態がある．チンパンジー，ニホンザル，イヌ，ラット，ショウジョウバエなどが乱婚であることはよく知られている．こうした生物では「恋愛」に似た感情や行動の基盤の存在は考えにくい．乱婚

---

i)「恋愛感情」を感情と言えるか，「配偶行動への動機づけ」としたほうが適切ではないか，とフィッシャーは議論しているが，ここでは慣例に従い「恋愛感情」と記述している．

の生物にも配偶相手に関する好み・選択は存在し，いつでもどの異性個体とでも交尾をするというわけではない．しかしながら，特定の個体と長期にわたる性的な結びつきを持つことはないので，ヒトの「恋愛」に対応するものもないだろう．

乱婚の動物では「浮気」も定義できない．定義できるのは交尾相手が何らかの範囲で特定されている場合のみである．これまで知られてきたヒトの社会では婚姻形態は一夫一妻，一夫多妻，一妻多夫とさまざまなものがあるが，全く結婚制度がない乱婚社会の存在は知られていない．宗教的なセクトや社会活動として，複数の男女が互いに性的関係を持つ共同体をつくる「オープンマリッジ（open marriage）」がしばしば試みられてきたが，公的にその存続が知られているものはごく少ない．メンバー間での恋愛感情や嫉妬はグループ内乱婚の取り決めを乱すため，こうした感情をいかにしてコントロールするかが存続の鍵になっている．

実際の性的関係の取り方の分布や身体の解剖学的な特徴から，ヒトは一夫多妻と乱婚をある程度含む，ゆるやかな一夫一妻の配偶システムを持つ生物であると考えられる[6]．ヒトのこうした社会行動の基盤となる感情・動機づけ機構の存在が，特定の相手に対する恋愛感情を持ちうることや，乱婚型社会の試みが一般に広まらないこととしてあらわれていると考えられる．

◎ 10.2.3　ペア・ボンドの形成と変化

一夫一妻の配偶システムを成立させる神経メカニズムの存在が明らかになってきたのは，20世紀の末になってからのことである．北アメリカに広く分布する「ハタネズミ」と呼ばれる野ネズミの仲間には，互いに近縁の種でありながら配偶システムが互いに異なるものがある．一夫一妻のハタネズミはパートナーとなるべき異性と出会うと，2日ほどの間に集中的に繰り返し交尾をする．むろん，このときに受精を確実にして子をつくるためであるが，ほとんどの場合において生涯続くとされるオスとメスの間の絆をつくるための神経メカニズムの切り替えがこのときに起こっている．

メスにおいて一夫一妻的な絆（ペア・ボンド）を成立させるのに中心的な役割を果たすのはオキシトシンという脳内ペプチドである．オキシトシンは母子間の絆・愛着形成に関わることが以前から知られていた．末梢においては性行動や分娩・射乳反射と関わるホルモンである．オスでは，オキシトシンによく似たバソプレッシンがペア・ボンド形成に中心的な役割を果たす．バソプレッシンは縄張り保持のための攻撃行動を引き起こす脳内ペプチドとして知られてきた．末梢では水分の排出抑制に関わるホルモンである．さらに，異性個体との関係性の変化と関わっている要因に，快感情を司る物質としてよく知られているドーパミンという神経伝達物質がある．ハタネズミの個体が他個体を性的に受け入れる際も，その後に他の個体との接触を拒否する際もドーパミンが関わっているが，作用する受容体[ii]が異なることが知られている[7,8]．

ヒトのカップルでも同様に，関係が続くにつれ感情や関係性の変化が見られることが知られている．ペア・ボンド形成初期に見られる，相手に対する強い執着と理想化はのぼせ上がり（infatuation）あるいは夢うつつの状態（limerancy）といわれ[9]，平均して2年半から3年ほど続く．性行動の頻度も最初は非常に頻繁だが，1年ほどの間に急速に低下し，その後も徐々に低下していく．のぼせ上がりが薄れる頃にはふたりの関係性は共に子を養育するのに適した，落ち着いた信頼関係となっているか，もしくは新たな配偶相手を獲得することに意をかたむけるようになっているだろう．一部の一夫一妻の動物と

---

ii) 受容体とは特定の生体物質（鍵）が作用を表すために決められた鍵穴のようなものである．一つの生体物質に対応する受容体は1種類とは限らず，脳のどこの部位のどの種類の受容体に結合するかによって，同じ物質でも作用が大きく異なってくる．

は異なり，ヒトの形成するペア・ボンドは必ずしも永続的なものではないからである．

［坂口菊恵］

文　献

1) 伊藤公雄・樹村みのり・國信潤子，『女性学・男性学 改訂版―ジェンダー論入門』，有斐閣，2011.
2) Stone, L.: Passionate attachments in the west in historical perspective. In: W. Gaylin & E. Person（eds.）: "*Passionate Attachments: Thinking about Love*", Free Press, 1988.
3) Jankowiak, W.R. & Fischer, E.F.: A cross-cultural perspective on romantic love. *Ethnology*, **31**, 1992.
4) Shostak, M.: "*Nisa: the Life and Words of a! Kung Woman*", Earthscan Publising, 1990.
5) Fisher, H.E.: *Why We Love: the Nature and Chemistry of Romantic Love*, Henry Holt, 2004. 大野晶子訳，『人はなぜ恋に落ちるのか？―恋と愛情と性欲の脳科学』，ソニーマガジンズ，2005.
6) 長谷川寿一・長谷川眞理子，『進化と人間行動』，東京大学出版会，2000.
7) 近藤保彦・菊水健史・山田一夫・小川園子・富原一哉編，『脳とホルモンの行動学―行動神経内分泌学への招待』，西村書店，2010.
8) 坂口菊恵，『ナンパを科学する―ヒトのふたつの性戦略』，東京書籍，2009.
9) Tennov, D.: "*Love and Limerance: the Experience of Being in Love*", Stein and Day, 1979.

10.3　性　衝　動

◎ 10.3.1　性衝動の定義

性衝動は[i]，「性行動を引き起こす原因となる一種の推進力」である[1]．性衝動は，内的要因と外的要因が相互に作用することで生じると解釈される．性ホルモンの分泌が盛んになる第二次性徴の時期以降，身体的な変化に伴い性衝動も高まる．また，性衝動の高さやあらわれ方には個人差があり，男女の間にも有意に差がある[2,3]（図10.3，10.4）．人間の大脳新皮質は他の動物よりも大きいことから，内的要因よりも，外的要因に依存する度合いが大きいことが示唆されている[4,5]．

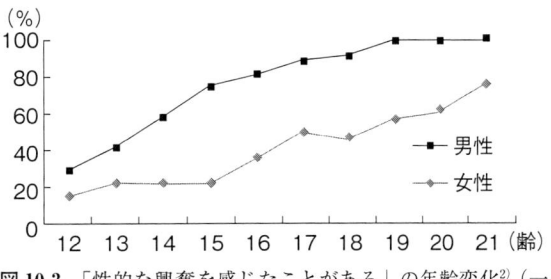

図10.3　「性的な興奮を感じたことがある」の年齢変化[2]（一部改変）

◎ 10.3.2　性衝動の内的要因

性衝動の内的要因には，性ホルモンと神経伝達物質が関与する．性ホルモンのうち性衝動に関わるものは，精巣や副腎皮質から分泌されるホルモンを男性ホルモン，卵巣や胎盤，副腎皮質から分泌されるホルモンを女性ホルモンである．一方，神経伝達物質は，神経細胞の興奮または抑制を他の神経細胞に伝達する化学物質を

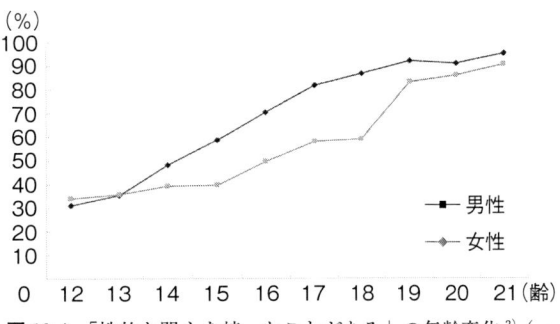

図10.4　「性的な関心を持ったことがある」の年齢変化[3]（一部改変）

---

i) 性衝動は，性的衝動と表記されることがある．また，性衝動は性欲や性的欲求，あるいは性動因と同義的に用いられることがある．性衝動の英語訳において，「sexual drive」「sexual urge」「sexual desire」が当てられている．

いう．神経伝達物質のうち，セロトニンとドーパミンについて説明する．

男性ホルモンは，アンドロゲンとも呼ばれ，代表的なホルモンにテストステロンがあげられる．テストステロンは，男性の第二次性徴の形成と維持に関与し，具体的には，陰茎や睾丸の発育，声変わり，体毛（陰毛や腋毛）の発毛，骨格や筋肉を発達させ，さらに性衝動の亢進に関与する．テストステロンの濃度上昇は，求愛行動である歌う頻度を高め，性的魅力を向上させる[6, 7]．また，去勢された雄のラットにテストステロンを投与すると，交尾行動が回復することが知られている[8]．

女性ホルモンには，卵胞ホルモン（エストロゲン）と黄体ホルモン（プロゲステロン）があり，これら2つのホルモンが周期的に増減することで月経が起こる．エストロゲンは，女性の第二次性徴の形成と維持に関与し，具体的には，体脂肪率の変化，子宮内膜と乳房，骨盤を発育させ，さらに性衝動の亢進に関与する．卵巣の摘出を受けたラットなどのげっ歯類にエストロゲンとプロゲステロンを投与すると，性活動が回復し，再び発情を示すようになる[9, 10]．

神経伝達物質であるセロトニンは，気分の調節，摂食や睡眠や覚醒の制御，痛みの調節などに関与しているが[11]，性行動の抑制に効果を果たす．したがって，セロトニンの分泌の不全状態や受容体の機能に異常を認める場合は，性行動の異常亢進が引き起こされる[12]．例えば，セロトニンの合成を阻害する薬剤を雄のラットの腹腔内に投与すると，性行動が活発になることが観察され[13]，ほかの哺乳類でも同様に性行動が活発になるのが観察されている[14]．

神経伝達物質であるドーパミンは，動作，注意，学習などに関与している[11]．また，ドーパミンは，報酬系として性行動の亢進に効果を果たすことが知られている．例えば，ドーパミンを生成する前の段階の物質（前駆物質）を雄のラットの腹腔内に投与すると性行動が促進される．この促進効果はドーパミンのはたらきを阻害する薬剤によって打ち消されることが観察されている[15]．また，ドーパミンの前駆物質は，パーキンソン病の治療に用いられているが，ドーパミンの前駆物質の投与によって男性のパーキンソン病患者の性衝動の増進を示すことが観察されている[16]．

これら，性ホルモンと神経伝達物質については，本章の他項目でも再論する．

◎ 10.3.3　性衝動の外的要因

ここでは，外的要因の中でも特に男性の性衝動を惹起する視覚情報について詳述し，近年の傾向とその問題点を指摘する．嗅覚やその他の外的因子については次項目で触れる．

これまでに，人間の性衝動にはたらきかける外的要因であるポルノ動画や画像が，実際の性衝動を亢進する要因となり得るのかが検討されている．Chivers *et al.*[17]は，1969年から2007年までに学術誌に掲載された132件のポルノ動画などの性的刺激と性的興奮に関する研究を対象にメタ分析を行った．その結果，ポルノ動画などを提示された場合，男女ともに，自分が性的に興奮していると認知していることと実際の生殖器の興奮（生殖器の血流量が増加）が一致していることが示された．つまり，ポルノ動画などのメディア媒体は，生理的な反応を伴うような性的興奮を喚起させ，性衝動を亢進させる外的要因であると解釈されている．

2005年にわが国で実施された青少年の性行動全国調査によれば，性交に関する知識や情報の入手先は，中学生から大学生において，どの学校段階においても「友人」が最も高い比率を占めている[18]（図10.5）．そして，学校段階があがるにつれて，「コミックス・雑誌」「ポルノ雑誌・動画」「インターネット」といったメディア媒体と，「恋人」からの割合が高まっている（図10.5）．

メディア媒体の内，アダルトビデオに関して，どのような特徴を持った人が利用しているのか明らかにされている．例えば，わが国の大学生を対象とした性交経験の有無と性衝動との関連性を検討した研

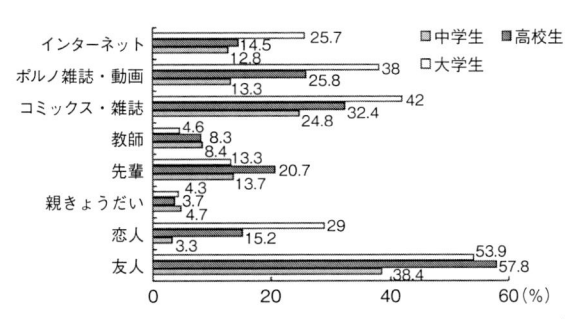

図 10.5 学校段階別の性に関する知識や情報の入手先[18]
（複数回答，一部改変）

究によれば，男女ともに性交経験のある者は，性交経験がない者と比較して，性衝動がある者が多く，アダルトビデオの視聴経験がある者が多かった[19]（表10.1）．また，わが国の男子高校生および男子大学生を対象とした研究によれば，アダルトビデオの視聴回数が多い者は，アダルトビデオの視聴回数が少ない者と比較して，性交欲求があり，また性交経験を有していた[20]（表10.2, 10.3）．つまり，性衝動と性交経験とアダルトビデオの視聴は関連しているといえる．

また，メディア媒体の内，インターネットの利用率の普及はめざましく，平成21年度の普及率は，78.0％であり，右肩上がりに利用者数を伸ばしている．また，18歳未満の子供がいる世帯におけるフィルタリングソフト・サービス[ii]の利用状況は，パソコンでは19.9％（対前年比0.4ポイント減），携帯電話では52.2％（対前年比2.4ポイント増）であった．

そのため，若年者でも，パソコンから自由にポルノ動画などにアクセスすることが可能な環境が整っている．

先の性行動全国調査で示されたメディア媒体のうち，雑誌に掲載されている性に関する内容の信憑性には，疑問が持たれている．齋藤他[21]は，高校生がよく購読する，2003年7月から12月に販売された雑誌のうち，性に関する記事が掲載されていた雑誌（男性誌

表 10.1 性交経験と性衝動の有無とアダルトビデオの視聴回[20]（一部改変）

			視聴経験あり	視聴経験なし
男性	性交経験あり	性衝動あり	97.1%	2.1%
		性衝動なし	78.6%	10.7%
	性交経験なし	性衝動あり	86.9%	11.6%
		性衝動なし	64.9%	32.2%
女子	性交経験あり	性衝動あり	67.5%	32.0%
		性衝動なし	47.4%	51.2%
	性交経験なし	性衝動あり	33.0%	66.5%
		性衝動なし	20.5%	78.8%

注：本研究では，性衝動を性交欲求と表記していた．

表 10.2 アダルトビデオ視聴回数と性衝動[20]（一部改変）

		性衝動あり	性衝動なし
大学	視聴回数1～9回	89.1%	10.1%
	視聴回数10～49回	97.1%	2.7%
	視聴回数50回以上	96.5%	3.0%
高校	視聴回数1～9回	71.7%	25.5%
	視聴回数10～39回	83.3%	16.7%
	視聴回数40回以上	85.2%	10.9%

注：本研究では，性衝動を性交欲求と表記していた

表 10.3 アダルトビデオ視聴回数と性交経験[20]（一部改変）

		性交経験あり	性交経験なし
大学	視聴回数1～9回	37.4%	62.0%
	視聴回数10～49回	52.9%	45.8%
	視聴回数50回以上	65.7%	33.3%
高校	視聴回数1～9回	8.2%	88.1%
	視聴回数10～39回	24.2%	69.7%
	視聴回数40回以上	36.0%	60.9%

---

ii) 特定のサイトへのアクセスをできないようにするソフトウェアまたはサービスのこと．

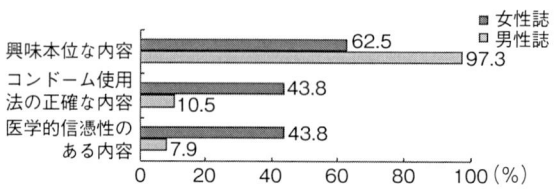

図 10.6 性に関する記事の掲載された割合[23]（一部改変）

19誌，女性誌8誌）を対象に性に関する記事の内容を検討した（図10.6）．

その結果，医学的信憑性のある内容が掲載されているのは，男性誌では7.9%，女性誌では43.8%であった．また，コンドームの使用の説明の正確性のある内容が掲載されているのは，男性誌では10.5%，女性誌では43.8%であった．さらに，露骨な性器図の描写や誇張した性表現のある興味本位な内容が記載されているのは，男性誌では97.3%，女性誌では62.5%であった．この結果を受けて，齋藤他[23]は，女性誌は，男性誌と比較して，医学的根拠に基づく性に関する情報を重要視しているのに対し，男性誌では，男性の性衝動を満たす視点での扇情的な性情報が多いと考察している．

［尼崎光洋］

文　献

1) 赤井誠生，「性動因」，『心理学辞典』（中島義明・安藤清志・子安増生他編），有斐閣，1999.
2) 日本性教育協会，『「若者の性」白書―第5回青少年の性行動全国調査報告―』，小学館，2001.
3) 日本性教育協会，『「若者の性」白書―第6回青少年の性行動全国調査報告―』，小学館，2007.
4) 麦島文夫，「性衝動について」，『青少年問題』，18 (8)，1971.
5) 山内兄人編，『女と男の人間科学』，コロナ社，2004.
6) Casto, J.M., Nolan, V. Jr. & Ketterson, E.D.: Steroid hormones and immune function: experimental studies in wild and captive dark-eyed juncis (junco hyemalis), *Am. Nat.*, **157** (4), 2001.
7) Ketterson, E.D. & Nolan, V. Jr.: Adaptation, exaptation, and constraint: a hormonal perspective, *Am. Nat.*, **154**, suppl., 1999.
8) Beach, F.A. & Holtz-Tucker, A.M.: Effects of different concentrations of androgen upon sexual behavior in castrated male rats, *J Comp Psychol.* **42**, 1949.
9) Beach, F.A.: "*Hormones and Behavior*", Hoeber, 1948.
10) Young, W.C. ed.: "*Sex and Internal Secretions*, 3rd ed.", Williams & Wilkin, 1961.
11) Carlson, N.R.: "*Physiology of Behavior*, 9th ed.", Allyn & Bacon, 2007. 泰羅雅登・中村克樹監訳，『カールソン神経科学テキスト―脳と行動― 第2版』，丸善，2008.）
12) Malmnas, C.O.: Monoaminergic influence on testosterone-activated copulatory behavior in the castrated male rat. *Acta Psychol Scand*, Supplementum, **359**, 1973.
13) Malmnas, C.O. & Meyerson, B.J.: p-Chlorophenylalanine and copulatory behavior in the male rat, *Nature*, **232**, 1971.
14) Hardy, D.F. & DeBold, J.F.: The relationship between levels of exogenous hormones and the disply of lordosis by the female rat, *Horm Behav*, **2** (4), 1971.
15) MacLusky, N.J. & McEwen, B.S.: Oestrogen modulates progestin receptor concentrations in some rat brain regions but not in others, *Nature*, **274**, 1978.
16) Goodwind, F.K.: Behavioral effects of L-dopa in man, *Sem Psych*, **3** (4), 1971.
17) Chivers, M.L., Seto, M.C., Lalumiere, M.L., *et al*.: Agreement of self-reported and genital measures of sexual arousal in men and women: a meta-analysis, *Arch Sex Behav*, **39** (1), 2010.
18) 日本性教育協会，『「若者の性」白書―第6回青少年の性行動全国調査報告―』，小学館，2007.
19) 木村龍雄・皆川興栄・園山和夫，「大学生の性交意識及び性行動に関する研究：性交経験の有無と性交意識・性交欲求及びアダルトビデオ」，『学校保健研究』，**38**，1996.

20) 木村龍雄・皆川興栄・園山和夫,「アダルトビデオ視聴回数と性交意識・性交欲求・性交経験との関連に関する研究（第2報）—男子高校生および大学生を対象として—」,『思春期学』, **14**（3）, 1996.
21) 齋藤益子・根子寿枝・木村好秀,「高校生の購買頻度が高い雑誌の性情報と彼らがそれに期待する内容」,『思春期学』, **24**（2）, 2006.

10.4 攻撃性

◎ 10.4.1 攻撃の定義・分類

攻撃性とは攻撃行動の起こしやすさを意味する[1] 多面的な行動様式である.

神経科学的に捕食攻撃と情動的攻撃は区別可能である. 捕食攻撃は食物の獲得を目的とした他種への攻撃である. 声を発することはほとんどない無声捕食攻撃で, 獲物の頭と首を狙う. また交感神経系の活性化は認めない. 情動的攻撃はおどし攻撃とも呼ばれ, 威嚇や防御姿勢を伴い声が発せられる. また交感神経系の高い活動性と連動する[2].

狩猟採集時代からヒトは捕食攻撃と情動的攻撃を用いてきた. 捕食攻撃は空腹により誘発される. 情動的攻撃は生物学的脅威や問題への対応の調整が動機となり, 恐れや嫌悪感など負の情動の調整系として個別に進化した可能性がある[3]. 調節系がうまく機能しないと, 表面化する攻撃は暴力の度合いが増す[4].

◎ 10.4.2 状況に応じた攻撃

生物には自己保存欲求がある[5]. 多くの種において, 繁殖率を上げるためオスは生殖可能なメスの獲得競争にさらされる[6] という性戦略を強いられた. その場合オスは繁殖相手を探し, 同種の同性と性をめぐり戦い, 勝者はつがい, 一部の種ではオスもできた子どもの面倒をみる. そういった各状況に応じてオスは攻撃性を調整する必要がある.

a. 性をめぐる攻撃性

男性は結婚し子どもを作るという目的を果たすと生産性が低下し, 攻撃性が減じる傾向がある. しかし, オスは縄張り意識, 所有欲も強い. メスも所有物の一つと認識され, 妻を奪われまいとの防衛衝動がはたらく. また, レイプは性的渇望を満たそうとする攻撃だとする見方がある[7] が, これに不足する社会的要因を考慮する必要性が説かれている. 一方, マウスでは交尾と攻撃に関わるニューロンは脳内で絡み合っている[8].

b. 子育てにおける攻撃性

〈子殺し〉

親は子に自分の遺伝子の繁殖価値を見いだすため, 血のつながった子や可愛く丈夫な子に優先的に投資する. 子育てへの投資と得られる利益がつりあわない場合, 虐待や子殺しがあらわれることがある[9].

〈オスとメスの差〉

卵子と精子の大きさの差が示すように, 子育ての労力はメスの方が大きい. この子どもに費やす資源量の違いが配偶者争いにおけるオスとメスの策の違いを生んだ[6].

集団内での子殺しは他のオスの子どもを排除し, メスの発情を早め, 自分の子を残すオスの策である[10]. メスは子を守ろうとオスが父性を抱くよう群れに引き入れ長期的絆を結ぶ[10]. 哺乳類のメスは出産後攻撃性が最も高まる[11].

◎ 10.4.3　脳と攻撃
a. 攻撃に関わる脳神経回路
攻撃行動には扁桃体，大脳皮質，視床下部の各部位とそれに連動した中脳の各部位が関わる．捕食攻撃と情動攻撃では異なるルートを持つ[i]．扁桃体からの入力に基づき視床下部など各部は部分的に影響する[2]．

b. 前頭前野の行動抑制の破綻による攻撃性
情動に関わる前頭前野の損傷例では攻撃的性格を有し，共感，当惑，罪悪感を示さず，仲間を言葉や身体で虐待し，計画性がなく，危険な性行動をし，わが子に無関心といった特徴がある[5]．

◎ 10.4.4　ホルモン，神経伝達物質と攻撃性
a. セロトニン
セロトニンの高値は，自他への攻撃性を抑制し穏やかな性質の表出を促す．選択的セロトニン取込み阻害剤はセロトニン値を高め気分を和らげる[7]．セロトニン分泌低下は性衝動を亢進させ，性的感覚を鋭敏にする[7]．

b. アドレナリン
アドレナリンは交感神経の刺激により副腎髄質から分泌される．脅威を克服しようと心拍数や骨格筋の血液量を増加させる[12]．

c. バゾプレッシン
ヒトの中枢で作用するバゾプレッシンは社会的攻撃性に関わる．不安や覚醒を増加させ，男性的な社会行動を促す．見知らぬ同性の顔に対し男性では敵対的な表情の表出を，女性では親近感を促す．男性ではバゾプレッシンが曖昧な表情に攻撃性を抱かせる可能性がある[13]．

d. オキシトシン
オキシトシンもヒトの社会的攻撃性に影響する．社会的価値のある課題に際し放出され，ヒトのストレスに対する内分泌反応と自律神経反応を減じ，防御行動を抑制する．また感情的刺激と社会的刺激に対する扁桃体の反応を低下させ，自律神経の覚醒に関わる脳幹の反応性を減じる．この抗不安作用は扁桃体で司られる[13]．

e. テストステロン
テストステロンに代表される男性ホルモンのレベルと攻撃性の相関関係はヒトでは明確でない[2]．

ヒトの攻撃性は遺伝子を残そうとする欲求に影響されてきた．配偶者の獲得，子どもの生存など，社会的課題をこなすよう男女特有の攻撃行動がとられる．関与するホルモンや脳神経回路も情動や社会的相互作用に関わるものが多い．

［オズジャン日香理・納富　貴］

文　献
1) http://www.mammo.tv/interview/archives/no244.html

---

i) 大脳辺縁系は情動表出と知覚に関わる．情動には多様な脳神経系が関わる．辺縁系は帯状回にある脳梁周辺の皮質と海馬を含む側頭葉内側面の皮質とから主に構成される．大脳辺縁系のうち，情動に最も深く関与するのは扁桃体である．扁桃体は恐怖の情動に関わり社会的地位を維持するための攻撃性を司る．視床下部は怒りの表出に関わり，扁桃体の制御を受ける．視床下部と中脳の攻撃性に関わる部位には捕食攻撃と情動的攻撃に対応した経路がある．捕食攻撃には視床下部外側野からの軸索が内側前脳束の一部を構成し，中脳の腹側被蓋野に投射する経路が関わる．情動攻撃には視床下部内側野からの軸索が背側縦束を経由して中脳の中心灰白質に送られる経路が関わる．

2) ベアー, M.F. 他著，加藤康司他訳，『ベアー コノーズ パラディーソ神経科学』，西村書店，2007.
3) ガザニガ, M.S. 著，柴田裕之訳，『人間らしさとは何か』，インターシフト，2010.
4) Natarajan, D. & Caramaschi, D.: Animal violence demystified, *Front. Behav. Neurosci.*, **4**, 2010.
5) ダマシオ A.R. 著，田中三彦訳，『感じる脳』，ダイヤモンド社，2005.
6) 中堀 豊，『Y 染色体からみた日本人』，岩波書店，2005.
7) クレンショー, T.L.，『愛は脳内物質が決める』，講談社，1998.
8) www.nature.com/news/2011/110209/full/news.2011.82.html
9) Simpson J.A.: Attachment theory in modern evolutionary perspective, In J. Cassidy & P.R. Shaver (eds)., *"Handbook of Attachment"*, The Guilford Press, 1999.
10) 山極寿一，『暴力はどこからきたか』，日本放送出版協会，2007.
11) Lee, H.J., *et al*.; Oxytocin: the great facilitator of life, *Prog Neurobiol*, **88**, 2009.
12) シェフラ, A.・シュミット, S. 著，三木明徳・井上貴央訳，『からだの構造と機能』，西村書店，1997.
13) Heinrichs, M., Domes, G., Neuropeptides and social behavior: effects of oxytocin and vasopressin in humans, In I.D Newman. & R.Landgraf (eds.), *"Advances in Vasopressin and Oxytocine: from Genes to Behavior to Disease"*, Elsevier, 2008.

10.5 性的魅力

◎ 10.5.1 性的魅力—魅力がないことと魅力の性差

a. 性交渉の対象として最も選択されない事象

性交渉の対象として避けられるべき相手としての代表は近親者である．

ヒトの社会構造の基本は家族である．レヴィ＝ストロースは人間家族の条件にインセストタブーをあげ，これを最も原始的な規範とみなした[1]．彼は，インセストタブーを集団間で女性の交換による互酬性を現実化する制度と捉え，共同生活を円滑にするために不可欠な習慣と唱えた．つまり，文化としてとらえている．京都大学霊長類研究所の研究において，霊長類の近親交配を防御する機構は社会構造によると報告された[2]．山極寿一は養育，被養育関係の確立でこのタブーが作られると述べている[3]．ここでも，その機構は文化として捉えられている．

イスラエルの農業共同体キブツで育った子どもたちは，成人した後，そのキブツ内の仲間との結婚をしない．3歳から6歳ぐらいまでをきわめて接近した関係で育てられた場合に恋愛感情が生じなくなるとシェーファーは述べている[4]．ヒトは「血縁指標」を算出するにあたり，相手が若い場合においては，その異性が自分の母親と過ごす時間を，年長の相手では，自らがその対象とどれだけの時間を共有したかを判断指標にすることをリーベルマンらは突き止めた[5]．つまり，文化論だけで「近親交配はどのような機構で避けられているか＝近親者を交配対象として認知しない理由はなにか」という問いに回答が得られるわけではない．その因子の一つとして時間空間的影響も存在したわけである．近親者を知識として認知しそれを交配相手として選択しないのではなく，ある臨界期に濃厚に接していた異性も交配相手に選ぶことが無意識にできなくなるという機構で近親者に限定された概念ではない．もちろん，遺伝的因子も関与する．

b. ヒトとしての性淘汰

性的魅力とは性交渉の相手を選択する動機となる身体的特性である．その魅力にあふれるものは適応度が向上し，魅力に劣る系統は淘汰される可能性が増す．

ヒトでの魅力とは，次のように示される．①優良遺伝子を持つであろうと思われる個体，②その個体自身が健康である事実，③主要組織適合性抗原複合体（major histocompatibility complex：MHC）を無意識に認識できる嗅覚，④周囲の同性に人気がある個体．このように，視覚や嗅覚といった情報か

ら異性の魅力を算定することが多い.

c. 選択権の男女差

ゴリラやクジャクの雄雌間の形態差を考えれば，ヒトの男女間の淘汰圧の差はそれほど大きくはなかったと考えられる．しかし，体格差から推定すれば，ヒトでも男性にかかる淘汰圧が高かったであろう．出会いの状況において，アプローチの開始や調整は女性が鍵を握る[7]．選択したことを伝えるサインとは「一瞬目が合う」「見つめる」「眉をさっと上げる」「足をなでる」「これ見よがしに歩く」「笑顔をみせる」などである．なかでも，女性の視線が男性の初動の動機となる[8].

実効性比とは生殖可能な性別比率であるが，低い側が選択権の主体となる．女性が閉経する年代以降でも男性は射精可能だ．そのうえ，ヒトでは女性が子供に対する投資が多いだけでなく，妊娠期や子育ての期間は繁殖できない．その時間的制約のため実効性比はますます低くなる[9]．このように，ヒトでは主に女性が性交渉の相手の選択決定権を持つようになってきた.

◎ 10.5.2 性的魅力―視覚・嗅覚以外の性的魅力

a. 聴覚（声の魅力）やリズム

ヒトは性的魅力を全身で表現し，そして全感覚を用いて相手からの性的魅力の情報を得る．特に，視覚と嗅覚はその任の主役であり次章で触れる．ここでは，それ以外の性的魅力に関与する因子のごく一部を紹介する．

一夫一婦制の鳥類のメスの多くでは，オスのさえずりと求愛の儀式に性的魅力を感じる．ヒトの性的魅力として声にまつわる研究は十分になされているとはいえないが，一つあげると，妊娠の可能性が高い排卵期の近くの女性では短期的な性関係を結ぶ相手という条件で，低い声の持ち主をより魅力的と評価した[10].

ヒトが言葉を用いるようになったのは数万年前だ．言語発生前には，リズムにのった声（歌）と身振り手振りでコミュニケーションを図った．ダンスは普遍的に配偶者を求める手段の一つだ．ダンスがうまいということは運動能力が高いことはもちろん，高度な踊りを会得するには模倣能力が要求される．対峙するヒト同士では単に目の前の人のまねをするだけで，相手とのコミュニケーションが円滑になり好感度が上がる[11]．カップルが身を寄せ合い対峙する形式でのダンスには模倣[12]と同調[13]が欠かせない．模倣と同調は二人の間には強い共感を生む．それは２人の生活の安定，子育ての成功につながるであろう.

b. 恋愛対象の選択に関与する可能性がある「刷り込み」

ローレンツによりハイイロガンの刷り込み行動は有名になった[ii]．性欲と刷り込みも関係する[iii]．若い女性としわのある女性の写真を幼児に見せた場合，母親が若い幼児は若い女性の写真を長くみるが，母親が高齢で出産された幼児はしわのある女性の方を長くみる傾向にあった[14]．母親が若い子どもは早く結婚し，高齢出産の子どもは自らの婚期も遅くなる傾向にある．義父に育てられた女性の夫は義父に似ている[15]．この３つの論文は，刷り込みがヒトでもパートナー選びに影響している根拠となりえる.

自閉症の患者は性欲に乏しい．これに注目し，自閉症の子どもは乳児期に刷り込みがうまくなされなかったのではないだろうか？　との論をカナーらは展開する[iv]．自閉症児ではオキシトシンレベルが低

---

ii) 鳥類などは，生後早期のある時期（臨界期）までに見てしまった動くものを瞬時に記憶し，その記憶を長きにわたって保つ．ヒトでの刷り込みは，ヒトがあまりに複雑になったため，研究するにあたり困難を伴うが，交配対象への関わり合いには関与する可能性もある．
iii) トリでは，成人すると刷り込まれてしまった「親」と勘違いしてしまった形状に欲情する．段ボールに刷り込みが成立したヒナは，段ボールに求愛するようになった．これを性的刷り込みという．

い[16]．また，オキシトシン遺伝子や受容体遺伝子を欠損したマウスでは社会行動の異常が見られる．オキシトシンは信頼を形成する伝達物質であるとされる．性的関係は信頼に基づき結ばれると仮定したなら，オキシトシンが不調の自閉症患者は性的年齢に達しても，関係性の構築が困難と考えられる．

c. 男性のネオテニー好みと女性の社会的視点

男性には弱いものを守りたいという抑えがたい感情もある．「可愛らしさ」に惹かれるのである．ネオテニーを進化の道筋としてきたヒトとしての方向性と考えられる．

一方，女性は自らを，そして子ども（たち）を守るために，男性に肉体的な強さに加え，社会的立場を求める傾向にある[17] v)．男性には自分より高い地位を望む．デヴィッド・バスは，男性は女性に若さ，身体的美しさ，純潔と貞節といった社会的視点に欠ける点を配偶者選択に求める一方，女性は，経済力，社会的地位，すこしだけ年上（平均3.5歳）であるという社会的視点を重要視すると指摘する．バスは次いで，野心や勤勉さ，頼りがいと安定性，知性，協調性といった生活に直結する性格を女性は男性に望み，さらに，体格と体力，健康といった身体能力，そして，愛情と献身といった女性自身や生まれてくる子どもに将来的に向けられると見込まれる資質についても望むと考察している[18]．

［納富　貴］

文　献

1) レヴィ＝ストロース，『親族の基本構造』，青弓社．
2) 高畑由起夫，「親しさと性行動の拮抗関係―ニホンザルの親和的なオス-メス関係について」，『季刊人類学』，**11**（4），1980．
3) 山極寿一，『家族の起源―父性の登場―』，東京大学出版会，1994．
4) Shepher, J.: Mate selection among second-generation kibbutz adolescents and adults: Incest avoidance and negative imprinting, *Arch Sex Behav*, **1**, 1971.
5) Lieberman, D., Tooby, J. & Cosmides, L.: The architecture of human kin detection, *Nature*, **445** 7129, 2007
6) ダーウィン，C.R. 著，長谷川眞理子訳，『人間の進化と性淘汰 1，2巻』，文一総合出版，1999（1巻），2000（2巻）．
7) Moore, M.M.: Nonverbal courtship patterns in women: context and consequences, *Ethol. Sociobiol.*, **6**, 1985. Moore, M.M.: Nonverbal courtship patterns in women: rejection signaling-an empirical investigation, *Semiotica* **118**, 1998.
8) Walsh, D.G. & Hewitt, J.: Giving men the cone-on: Effect of eye contact and smiling in a bare environment, *Percept Motor Skill*, **61**, 1985.
9) Schmitt, D.P.: Fundamentals of human mating strategies. In: Hoboken, N.J.: "*The Handbook of Evolutionary Psychology*". Wiley, 2005.
10) Feinberg, D.R., *et al*.: Menstrual cycle, trait estrogen level, and masculinity preferences in the human voice, *Horm Behav* **49**, 2006. Puts, D.a.: Mating context and menstrual phase affect women's preferences for male voice pitch. *Evol Hum Behav* **26**, 2005.
11) Chartrand, T.L. & Bargh, J.A.: The chameleon effect: the perception-behavior link and social interaction, *J Pers Soc Phychol*, **76**, 1999. Tickle-Degnan, L. & Rosenthal R.: The nature of Rapport and its nonverbal correlates, *Psychol Inq*, **1**, 1990.
12) Rizzolatti, G., *et al*.: Premotor cortex and the recognition of motor actions, *Brain Res. Cogn. Brain Res.*, **3**, 1996.

---

iv) 自閉症は母親との関係だけで発症するものではないと結論づけられた．第11番染色体上に自閉症遺伝子が特定された．（Nature Genetics 2007年2月18日）たとえ影響があるにしろ，刷り込みが成立する一瞬がいつなのかなど議論すべき点はあるが，出産後の母子の扱い方や，授乳形態と自閉症，ないし，思春期以後の「性欲」といった観点からの研究も何らかの突破口になる可能性がある．

v) ソーンヒルはガガンボモドキの交配戦略の研究で，食事摂取量の多いオスは適応力が最も高いことを突き止めた．メスに多くの餌をプレゼントできるからである．また，シリアゲムシを用いて，プレゼントを獲得する際，左右対称に近い方が有利で，しかもフェロモンの効力も強いと報告した．

13) Condon, W.S. & Ogston, W.D.: Sound film analysis of normal and pathological behavior patterns. *J Nerv Ment Dis,* **143**, 1966
14) Johnston, V.S.: Mate choice decisions: the role of facial beauty, *TiCS,* **10**. 2006.
15) Bereczkei, T, Gyuris, P. & Weisfeld, G.E.: Sexual imprinting in human mate choice, *Proc. R. Soc. B.,* **271**, 2004.
16) CD38 is critical for social behaviour by regulating oxytocin secretion Natuer 2007
17) Harrison, A., & Saeed, L.: Let's make a deal: An analysis of revelations and stipulations in lonely hearts advertisements, *J Pers Soc Psychol,* **35**, 1977.
18) Buss, D.M.: "The Evolution of Desire", Basic Books, 1994.

11 性行動と環境

III. 性を表現する

11.1 性行動を早める・遅くする環境

◎ 11.1.1 遺伝と環境

性交開始年齢に影響する遺伝と環境の割合は，海外のいくつかの双生児研究によって明らかにされている．男女ともに遺伝が50％強，環境が50％弱の影響を及ぼしている（13.2節「家庭における性の扱い」参照）．

環境はさらに，共有環境（家庭など）と非共有環境に分けて分析されているが，共有環境の影響は女性に大きく（約30％），男性に小さいことがわかっている（約0～10％）．すなわち，家庭環境の影響を受けるのは主に女だということである．

◎ 11.1.2 生物としての前提条件

生物では通常，厳しい環境に直面した場合，生殖サイクルを早める傾向にある．

また成熟の早い個体は，生殖に早く乗り出す傾向にある．ヒト（女）においても，月経初来年齢と性交開始年齢が関連することが知られている．海外では，初経を11歳未満で迎えたものにおける早期性交開始（15歳未満）のオッズ比が約3であることが報告されている．

さらには10代で母親になった場合，その子ども（女）の成熟は早く，性交開始年齢も低い傾向にあることが知られている．これは遺伝と環境のどちらにも関連することであり，世代間の連鎖といえる．

◎ 11.1.3 人としての前提条件

教育は性交開始年齢と関連する．高等教育を受けるものは，性交開始年齢が高いことが知られている．これは女性において明らかな傾向である．

社会階層（social class）も性交開始年齢と関連する．社会階層が高いものは，性交開始年齢が高いことが知られている．これも女性において明らかな傾向である．

宗教によって性交開始年齢が異なることが知られている．一般的に，ローマカトリック（キリスト教）を宗教とするものは，性交開始年齢が高い傾向にある．これは男において明らかな傾向である．

◎ 11.1.4 家庭環境

両親とともに居住していることと性交開始年齢は関連する．両親とともに居住している場合には性交開始年齢が高い傾向にある．

親との関係やつながりが良好なこと，親とのコミュニケーションが良好なこと，親が性に関して厳しいこと，親の監視が行われていることは，性交年齢が高いことと関連する．

親と性に関することをよく話すことは，海外（欧米）と国内では異なる傾向が出ている．海外（欧米）では，それが性交年齢が高いことと関連するが，国内では性交年齢が低いことと関連する（13.2節「家庭における性の扱い」参照）．性を社会でどのように扱うかによって結果が異なるといえる．わが国

のように性に関して「ゆるい」社会では，「厳しい」社会である欧米とは異なる傾向が出る．

わが国の社会における性の取り扱いは寛容である．言葉を換えれば，性に関しては決して厳格とはいえない文化を有している．国内のどこにでもあるコンビニエンス・ストアで，子どもの目の触れるところにポルノグラフィが必ず置かれているという状況は世界でも特異なものである．また，繁華街の電柱に貼られている売春ちらしや，電車内の性的な表現を伴う週刊誌広告も欧米ではあまり見られないものである．

◎ 11.1.5　コミュニティ環境

都市部居住と郊外居住における性交開始年齢の差は報告されていない．

一方，居住するコミュニティの規模と性交開始年齢は関連する．女性の場合，コミュニティの規模が大きいほど，性交開始年齢が低いことが観察されている．これは女性における傾向である．

気にかけてくれる大人の存在は，性交開始年齢が高いことと関連している．また，学校との関係・つながりが良好なことについても同様の関連がみられる．

コミュニティはカタカナで表現されているとおり，わが国には元来存在しないものである．コミュニティとは地域を表す表現ではなく，一つのまとまりを指す表現である．いわゆる「共有体」であり，基本は，宗教と政治の共有である．コミュニティは「外」に対してともすると敵対的な態度をとる．逆にコミュニティの「内」は紐帯が強い環境といえる．

◎ 11.1.6　ピア環境

性交開始に関するピアからの圧力はよく知られている．ピアからの圧力もしくはピアの目を気にして性交を開始するということである．思春期に，特に男性はリスクよりも報酬を目指すことが知られているが，この報酬の一つはまさに「ピアからの賞賛」ということである．

一方，性交開始を遅らせる方向に影響するピアとの関わりも報告されている．ピアと頻回に連絡をとることは遅い性交開始年齢と関連する．また顔を合わせる関係も同様である．

これらより，ピアの影響をコントロールすることが重要だといえる．

ピア（peer）は，日本語の「仲間」ではなく，「同類（同じ者）」という意味である．双子の子育てをする母親たちのピアは双子の子育てをする母親であって，その経験のない母親のことは含まない（たとえ双子の子育ての大変さがわかると表明したとしても）．同様に，薬物乱用ユーザのピアは，薬物乱用経験のあるものである．ピアが「仲間」という紐帯を指しているものではないことに注意が必要である．

◎ 11.1.7　その他の環境

繰り返される飲酒，日常的な喫煙，大麻の経験は，性交開始年齢が低いことと関連している．また，たびたびの深夜徘徊も同様である．これらが許容されている環境の多くは，親の監視がなされていない環境であり，場合によっては child abuse 下（ネグレクトなど）の環境であるといえる．

[松浦賢長]

文　献

1) Mladenovik B., *et al*.: The influence of peers over adolescents' sexual conduct in Macedonia, *Prilozi*, 31 (2), 2010.

2) Godeau, E., et al.: Factors associated with early sexual initiation in girls: French data from the international survey Health Behaviour in School-aged Children (HBSC)/WHO. *Gynecol Obstet Fertil*, **36** (2), 2008.
3) Gaudineau, A., et al.: Factors associated with early menarche: results from the French Health Behaviour in School-aged Children (HBSC) study, *BMC Public Health*, **10**, 2010.
4) Klavs, I., et al.: Factors associated with early sexual debut in Slovenia: results of a general population survey, *Sex Transm Infect*, **82** (6), 2006.
5) De Genna, N.M., et al.: Pubertal timing and early sexual intercourse in the offspring of teenage mothers, *J Youth Adolesc*, **40** (10).

11.2 レジリエンス

a. 定義

レジリエンス（resilience）は回復力，弾性力[1]，打たれ強さ[2]，元気などと訳される．困難な状況下で適応的機能を維持する能力や過程と，病気や不運，圧力による自己破壊的な影響から素早く立ち直る能力や過程という2つの意味を持つ[3]．もともとレジリエンスという言葉は19世紀に物理学領域で使われ[4]，ラテン語の跳ね返り，圧縮後の復元を意味する resilire（recoil）に由来する[5]．日本語で対応するところの自然治癒力という生気論用語を機械論的に言い換えたものである[4]．レジリエンスは打ち負かされない程度の保護環境で危険に身を投じた経験から生じる．後の困難な状況への抵抗性が強化され耐性が得られる．困難な状況の経験後，長期間を経て回復が起きた場合は，そのきっかけとなった状況の時点を「転換点」と呼ぶ[3]．生後初期の困難の影響は神経構造にまで及ぶ[6,7]．レジリエンシー（resiliency）は個人の特徴に結びつく語である．

b. 関連要因

レジリエンスの関連要因には，困難な状況を糧にし，適応を促す保護要因と脆弱性を高め病気などの不適応を招くリスク要因がある[8]．疾患，親の離婚や貧困[9]，厳しい養育環境[10]といったリスク要因の存在下で，たくましく育った人は自己への肯定的見方[11]，問題対処能力[5]，養育者との安定した愛着[9,12,13]，社会的支援[14]などを持つ．

母乳育児は乳児の知能指数を高めると報告された[15]が母乳育児と子の知能指数は無関係との主張もある[16]．

また乳児と異なり5，6歳以上の子どもは親との愛着より社会的行動様式を身につける同年代の仲間集団の安定性の方が大きく影響する[17]．

生理的適応や精神学的な慣れ，自己効力感，効果的対処方法の会得，経験の再定義を通じて困難に対処できた経験をすると困難を糧にできる[3]．

一方，遺伝的要因には攻撃性に関わるセロトニン運搬短対立遺伝子（5-HTTLPR s/l allele）[3,18]，反社会性に関わるモノアミン酸化酵素A（MAOA）の低活性[19]，大麻使用例で見られるカテコールOメチル基転移酵素（COMT）遺伝子対立多型[20]が見出されている．これらは状況により有用な場合もあり保護要因ともリスク要因ともいえない[3,17,19]．

c. 尺度の構成要素

レジリエンス尺度の構成要素を次に示す．Resilience Scale は Personal Competence と Acceptance of Self and Life の2要素から成る[21,22]．精神的回復力尺度は新奇性探求，感情調整，肯定的な未来志向の3因子から成る[23]．Resiliency Scale は Future Orientation, Active Skill Acquisition, Independence/Risk-Taking の4要素から成る[24]．その他個人の特徴を示した Ego-resiliency scale などがあり臨床応用されている[25]．

レジリエンスは個人・家族と環境の要因が相互に関わる生理的・精神的対処過程である．

性の悩みも含め葛藤の多い時期に生きる若者に対し，課題に対処し乗り越えたくましく成長するための環境を調整するための一つの指標として，レジリエンスがある．[オズジャン日香理・納富　貴]

文　献

1) 小花和 Wright 尚子，『幼児期のレジリエンス』，ナカニシヤ出版，2004．
2) 澤田和美，「"Resilience" の小児看護への適用」，『臨床看護研究の進歩 別刷』，医学書院，2000．
3) Rutter, M.: Implications of Resilience Concepts for Scientific Understanding. In B.M. Lester., A.S Masten, B McEwen（eds.）: "*Resilience in Children*", Blackwell Publishing, 2006.
4) 八木剛平他，「Resilience の視点からみたうつ病治療」，『臨床精神薬理』，**11**（12），2008．
5) Echterling L.: Stewart, A.: Resilience. In S.F Davis., W. Buskist,（eds.）: "*21st Century Psychology: a Reference Handbook vol.2*", SAGE Publications, 2008.
6) Kaufman, J. *et al*.: Social supports and serotonin transporter gene moderate depression in maltreated children. *PNAS*, **101**（49），2004.
7) Curtis, W.J. & Cicchettbi D..: Moving research on resilience into the 21st century: Theoretical and methodological considerations in examining the biological contributors to resilience, *Dev and Psychophathol*, **15**, 2003.
8) Garmezy, N.: Reflections and commentary on risk, resilience, and development. In R.J. Haggerty *et al*.（eds.）: "*Stress, Risk and Resilience in Children and Adolescent 2nd ed.*", Cambridge University Press, 1996.
9) Owens, E.B. & Shaw, D.S.: Poverty and early childhood adjustment. In S.S. Luthar,（ed.,）: "*Resilience and Vulnerability*", Cambridge University Press, 2003.
10) Rutter, M.: Understanding and testing mechanisms for mental disorders, *JCPP*, **50**（1-2），2009.
11) Wright, M.D. & Masten, A.S.: Resilience Process in Development. In S.A. Goldstein, R. Brooks B.（eds.）: "*Handbook of Resilience in Children*". Springer, 2005.
12) Werner, E.E.: The Children of Kauai: resiliency and recovery in adolescence and adulthood, *J Aadolesc Health*, **13**, 1992.
13) Harris, J.R.: "*No Two Alike*". W.W. Norton & Company, 2006.
14) Kubzansky, L.D., *et al*.: Protocol for an experimental investigation of the roles of oxytocin and social support in neuroendocrine, cardiovascular, and subjective responses to stress across age and gender, *BMC Public Health*, **9**, 2009.
15) Caspi, A., *et al*.: Moderation of breastfeeding effects on the IQ by genetic variation in fatty acid metabolism, *PNAS*, **104**（47），2007.
16) Der, G., Batty, G.D. & Deary, I.J.: Effect of breast feeding on intelligence in children: prospective study, sibling pairs analysis, and meta-analysis, *BMJ*, **333**（7575），2006.
17) ハリス，J.R. 著，石田理恵訳，『子育ての大誤解』，早川書房，2000．
18) Barr, C.S., *et al*.: Sexual dichotomy of an interaction between early adversity and the serotonin transporter gene promoter variant in rhesus macaques, *PNAS*, **101**（33），2004.
19) Caspi, A., *et al*.: Role of genotype in the cycle of violence in maltreated children. *Science*, **297**（5582），2002.
20) Caspi, A., *et al*.: Moderation of the effect of adolescent-onset cannabis use on adult psychosis by a functional polymorphism in the catechol-O-methyltransferase gene: longitudinal evidence of a gene X environment interaction, *Biol. Psych*, **57**（10），2005.
21) http://www.resiliencescale.com/index.html
22) Wagnild, & G.M. Young, H.M.: Development and Psychometric Evaluation of the Resilience Scale, *J Nurs Meas*, **1**（2），1993.
23) 小塩真司他，「ネガティブな出来事からの立ち直りを導く心理的特性」，『カウンセリング研究』，**35**（1）2002．
24) Jew, C.L., Green, K.E. & Kroger J.: Development and validation of a meausre of resiliency, *Meas. Eval. Counse. Dev.*, **32**（2），1999.
25) Block, J., Kremen, A.M.: IQ and Ego-Resiliency: Conceptual and empirical connections and separateness.

11.3 感覚と性行動

◎ 11.3.1 視　覚

　グラビア写真やポルノビデオは圧倒的に男性向けに流通しており，恋愛小説や恋愛映画は女性に人気があることから示唆されるように，男性は主に異性の裸体や性的行為を描写した視覚的刺激に反応し，女性は性行動にいたる文脈に多くの関心を寄せると考えられてきた．日常，どのような種類の性的刺激によって興奮を得ることが多いかを質問紙によって回答させた調査では，確かに男性は視覚刺激を筆頭にあげる一方，女性ではそうした傾向は弱い[1,2]．実験室状況下で性的刺激を呈示し男女の反応差を検討した研究では，男性の方が強い興奮度を報告する傾向があるものの性差の大きさはまちまちであるため，性的刺激に対する反応には文化的な影響が大きく本質的な性差は存在しないという主張もなされた[3]．しかし近年では調査法や測定機器の進展により詳しいメカニズムの違いが明らかになりつつある．

　まず，被験者に呈示する性的な視覚刺激の性質により性的興奮の主観的評価は異なる．男性被験者は男性が選定した性的ビデオにより強い興奮を，女性被験者は女性が選定した性的ビデオにより強い興奮を示す[4]．男性がビデオを見て興奮できるかどうかを左右する最も大きな要因は出演している女性が魅力的であるか否かである．また，男性は自分が画面上の男優であると想像して楽しむ場合と，性行為を外部から観察しているという状況に興奮する場合の両方がある．一方，女性がビデオを見て興奮できるかどうかを説明する，信頼できる唯一の要因は「自分を画面上の女優であると想像できるか」のみであった．

　性的刺激に対する性器の生理的興奮の仕方および，生理的興奮と心理指標との対応にも性差がある[5,6]．男性の性器の生理的興奮（ペニス径もしくは硬度の変化）は性的視覚刺激がどのようなカテゴリーのものであるかに依存する．すなわち，異性愛の男性は女性が性行為をしているビデオに生理的興奮を示すが男性同士の性行為にはあまり反応せず，動物（ボノボ）の交尾にはまったく生理的興奮を示さない．主観的評価もこうした生理的興奮の違いとほぼ相応している．女性被験者は，性行為の行為者が異性を含んでいようが女性同士であろうが関係なく性器の生理的興奮（膣のパルス振幅）を示し，動物同士の交尾にもいくぶんの反応を示す（図11.1）．

　しかし女性が主観的に回答した興奮度は生理的な反応とは対応しておらず，動物の交尾には興奮を報告せず，人の性行動ビデオに関しては，男女＞女性同士＞男性同士，の順で興奮度が高いと報告している[7]．女性における性器の反応と主観的認識との乖離は，男性向けに作成された女性に対する性的強要を描写したビデオに対する反応にもあらわれている．女性はこうしたビデオに不快感情を報告するが，一方で不快感情が高いと女性性器の生理的興奮も高いという関係性がある程度見られる．男性においては不快な刺激ほど生理的な興奮が高まるという傾向は見られない[8]．

　こうした違いはそもそもの認知プロセスの違いを反映しているのだろうか．性的ビデオを見ている際の脳活動パターンは男女で共通する部分が多いが，ホルモン分泌制御機能を持ち，また性行動の制御部位があることで知られる視床下部の活動は男性においてのみ見られ，また活動の強さは男性の主観的興奮度と有意に相関していた[9]．静止画を用いた実験でも同様の性差が見られている[10]．さらに，異性愛男性は画像中の人物が男性である場合は性的興奮に対応する脳活動をほとんど示さないのに対し，女性の脳活動の興奮度合いは画像中の人物が同性か異性かにそれほど影響を受けない．

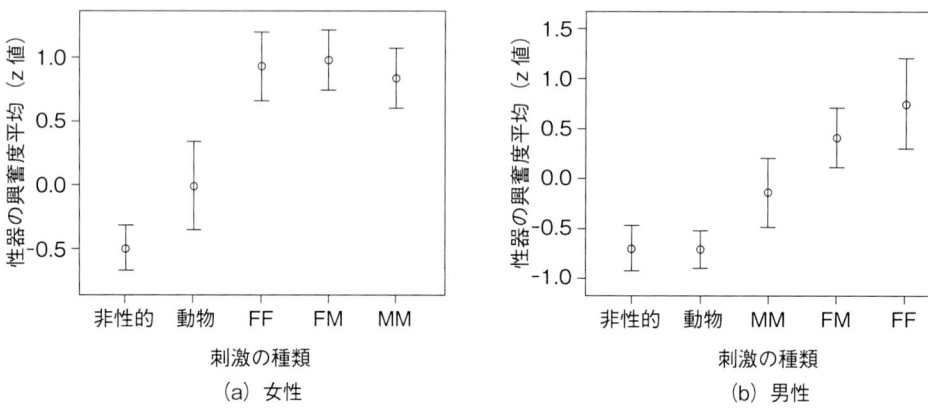

図 11.1 ビデオの種類と性的興奮の男女差
動物：ボノボ同士の交尾，MM：男性同士の性行為のビデオ，FM：男性と女性の性行為のビデオ，FF：女性同士の性行為のビデオ．男性は MM に対して性器の興奮は少なく，動物のビデオに関してはまったく反応を示さない．女性では人の性行為のビデオに対する反応は行為者の性別によって違いはなく，動物のビデオに対してもある程度の反応を示す．

これらの結果から，刺激を認知する際に女性は「性的な刺激である」という以上の区別をあまりしておらず，したがって性器の生理的興奮も刺激の種類による違いをあまり示さないが，主観的な性的興奮の認識は社会的な影響を強く受けており，実際の行動を調節するのに決定的な要因となっているのは主観的な認識の方であると考えられる．これに対し男性の場合は主観的な性的興奮のみで性行為を遂行することはできないため，性器の生理的興奮が男性のセクシュアリティを制御する中心的な要素になっているようだ．

◎ 11.3.2 嗅 覚

においや雰囲気による性的な魅力を俗に「フェロモン」と称することがあるが，ヒトにフェロモンというものはあるのだろうか．そもそも，フェロモンとは同じ種に属する個体間の，化学物質を介したコミュニケーションに用いられる物質を指す．性行動に関わるものがよく知られているがそれだけではなく，ミツバチが外敵に対する攻撃を仲間に促す警報と攻撃フェロモン，アリがえさのありかを仲間に示す道しるべフェロモンなどさまざまなものが知られている．

生物にみられるフェロモンの作用はプライマー効果とリリーサー（解発因）効果の 2 つに大きく分けられる．プライマー効果とは，フェロモンが同種他個体のホルモンバランスなど生理機能に影響を及ぼし，作用を受けた側の発生や生殖機能などに間接的に影響を及ぼす，比較的長時間にわたる作用を指す．ヒトの場合は，女性の脇の下からの分泌物に他の女性の性周期を同期させる効果があり，プライマー・フェロモンの一種と考えられている[11]．リリーサー効果は，同種の他個体にすぐに直接的な行動変化を引き起こす作用であり，菌類，昆虫，魚，両生類，哺乳類とさまざまな生物で性行動の相手を惹きつけるのに用いられるそれぞれの物質が発見されている[12]．ヒトでは同様の物質は，これまでのところ同定されていない．

ブタにおいては，オスの唾液中に含まれる男性ホルモンから派生する物質が，発情したメスに交尾を受け入れる体勢を取らせるリリーサー・フェロモンとしてはたらくことが知られており，繁殖効率を高めるために実用に用いられている．霊長類でも，メスザルの膣から分泌される脂肪酸がオスの性行動を誘因する[13]．ヒトにおいても男女それぞれの性ホルモンの派生物質が性的な誘引効果を持つのではないかと考えられて検討が進められてきた．アンドロステノン，アンドロステノール，アンドロスタジエノ

ン，エストラテトラエノールがそうした候補物質だが，これらは異性の気分や対人評定の仕方に影響は与えるものの，性的な文脈に特化した効果は乏しく，それぞれの状況に対するヒトの反応の仕方を修飾・調節するにとどまると考えられている[14]．

◎ 11.3.3　空　想

　実験室状況下の比較では，性的空想が性的興奮を引き起こす効果は性的動画を直接視聴した効果には及ばない[15,16]ものの，思春期―若年成人の男女のうち4割から5割は，5分に一度以上は性的な空想を行っているとされるように[17]，空想はヒトの性行動に関わる刺激として主要なものの一つである．

　精神分析理論では，空想は現実に満足していない人々の行うものであり，感情的・性的・心理的混乱を示す兆候であると考えられた[18-20]．しかし実証データが積み重ねられるに従い，約半数以上の男女がマスターベーションや性交の際にほぼ常に性的空想を用いていることが明らかになってきた[21]．特に，性交の際の性的空想の利用率は男女でほとんど違いがないか，もしくは女性の方が利用率が高い傾向がある．性交の際に受動的な体勢である場合には空想を用いる割合が高まる[22]．また，マスターベーションの際に男性は過去に経験した性行動や現在起こっていることについて想像することが多いのに対し，女性は経験したことのないことを空想することが多い[23]．いまだ結婚したことのない女性は恋人や将来の夫との性行動を空想するのに対し[24]，すでに結婚している女性の性的空想に最も頻繁に登場するのは夫以外の男性である．性交の際に性的空想を用いることに対して罪悪感を持つ人は少数ながら確実に存在し，その頻度に性差は見られない．精神分析理論の想定とは逆に，性交の際に性的空想をすることに対して罪悪感のある男女はあまり性的空想をせず，また性的な問題を抱えていたり満足度が低かったりする傾向が示されている．マスターベーションや性交の頻度が高く，性的パートナーの数も多く，性的欲求も強いと感じている人ほどよく性的な空想をしているのである．性的空想の頻度は，成人では性的欲求の低下とともに，加齢に伴い減少していく．

　性的空想頻度の男女の違いと類似性については，他にもさまざまな調査が行われてきた．思春期の到来自体は男子よりも女子の方が早いが，性的空想を始める年齢は女子の方が遅い．これは性的な興奮の経験やマスターベーションの始まりが女子の方が遅いこととも合致している．最初の性的空想をもたらした要因は，男性では好ましい異性の姿といった視覚刺激であることが多いが，女性では交際によってもたらされることが多い[25]．また，性交中の性的空想に関しても，男性では性交を初めて行ったときから空想を行っていることが多いが，女性ではしばらくたってからの割合が高くなる．

　実験状況下では，音声テープ[26]や性的な物語[27]を読むことによって引き起こされる性的空想が性的興奮を引き起こす効果は男性と女性でほとんど違いはない．しかしながら，非性的な日常生活中やマスターベーションの際に性的空想を行う頻度は女性より男性の方が高い．非性的な日常生活における性的空想では，自発的にわき上がった空想の頻度には性差がないが，視覚や読んだものなど外的な刺激によって引き起こされた空想の頻度は男性の方が女性よりもはるかに高いことが報告されている[28]．男性の空想は視覚的なイメージや解剖学的な細部にわたるものが特徴的であり，女性の空想は感情的つながりや話の文脈に着目したものが多い．実際，女性の好む「性的な空想」には，性行動の要素を一切含まないものがかなりの割合で含まれている[24]．

　性的空想の内容に関しては，ほかにもいくつかの性差の存在が知られている．イギリスの全国紙デイリーミラーを用いた調査では，男性の空想の多くは複数の不特定の相手を対象とするグループ・セックスに関するものであるのに対し，女性では有名人との性行動を空想する割合が高いのが特徴的であった[29]．また，男性は性行動で能動的役割をとっているところを空想することが多いが，女性は受動的役

割をとっているところを空想することが多い[30, 31]．こうした違いは性的強要に関する空想で特に顕著である．いわゆる「レイプ」空想は女性の間で珍しいものではない．男性の中でも性的な強要を受けることを空想する者はいるが，女性よりも比率は少ない．女性はしばしば性的な強要を受けることを空想するといっても，これは彼女たちが現実でレイプされることを望んでいることを意味しているわけでは決してないだろう．女性の性的空想におけるレイプでは，魅力的な男性が女性の性的魅力に抗しがたく惹きつけられて起こるというのが典型的なシナリオであり，空想者である女性は自分の好むように情景をコントロールすることができ，身体的な痛みや死の恐怖を感じることはない．現実的なレイプシーンに対しては，女性はよりネガティブな反応を示す．

　男性についても，空想内の性的強要行為と現実での行動との関連については慎重な検討が必要である．かつては，強姦者はレイプシーンを想像する場合の方が合意のうえでの性行動を空想するよりもより強い性器の興奮を示すと考えられてきた．近年の研究によると，事はそれほど単純ではない．まず，レイプシーンと，緊縛などからなるサドマゾ的シナリオへの反応は区別されるべきである．後者に対する反応は強姦者と統制群の男性との間で違いがない．そして，強姦者はレイプと合意のうえでの性行動シーンに対して同程度の性的興奮を示す．統制群の男性では女性の不同意や抵抗の手がかりがあると性的興奮が抑制されるが，強姦者ではそうした抑制がうまくはたらいていないと考えられる．

[坂口菊恵]

文　献

1) Herz, R.S. & Cahill, E.D.: Differential use of sensory information in sexual behavior as a function of gender, *Hum Nat*, **8**, 1997.
2) Knoth, R., Boyd, K. & Singer, B.: Empirical tests of sexual selection theory: Predictions of sex differences in onset, intensity, and time course of sexual arousal, *J. Sex Res*, **24**, 1998.
3) Murnen, S.K. & Stockton, M.: Gender and self-reported sexual arousal in response to sexual stimuli: A meta-analytic review, *Sex Roles*, **37**, 1997.
4) Janssen, E., Carpenter, D. & Graham, C.A.: Selecting films for sex research: gender differences in erotic film preference, *Arch Sex Behav*, **32**, 2003.
5) Chivers, M.L., *et al*.: Agreement of self-reported and genital measures of sexual arousal in men and women: a meta-analysis, *Arch Sex Behav*, **39**, 2010.
6) Rupp, H.A. & Wallen, K.: Sex differences in response to visual sexual stimuli: a review. *Arch Sex Behav*, **37**, 2008.
7) Chivers, M.L. & Bailey, J.M.: A sex difference in features that elicit genital response, *Biol. Psychol*, **70**, 2005.
8) Peterson, Z.D. & Janssen, E.: Ambivalent affect and sexual response: the impact of co-occurring positive and negative emotions on subjective and physiological sexual responses to erotic stimuli, *Arch Sex Behav*, **36**, 2007.
9) Karama, S., *et al*.: Areas of brain activation in males and females during viewing of erotic film excerpts, *Hum. Brain Mapp.*, **16**, 2002.
10) Hamann, S., *et al*.: Men and women differ in amygdala response to visual sexual stimuli, *Nat Neurosci.*, **7**, 2004.
11) Stern, K. & McClintock, M.K.: Regulation of ovulation by human pheromones *Nature*, **392**, 1998.
12) 近藤保彦・菊水健史・山田一夫・小川園子・富原一哉，『脳とホルモンの行動学―行動神経内分泌学への招待』，西村書店，2010.
13) Michael, R.P., Keverne, E.B. & Bonsall, R.W.: Pheromones: isolation of male sex attractants from a female primate, *Science*, **172**, 1971.
14) McClintock, M.K.: Human pheromones: primers, releasers, signalers, or modulators? In, K. Wallen, J.E. Schneider（eds.）:"*Reproduction in Context: Social and Environmental Influences on Reproduction*", The MIT Press, 2000.
15) Julien, E. & Over, R.: Male sexual arousal across five modes of erotic stimulation. *Arch Sex Behav*, **17**, 1988.
16) Smith, D. & Over, R.: Correlates of fantasy-induced and film-induced male sexual arousal, *Arch Sex Behav*, **16**,

1987.
17) Cameron, P. & Biber, H.: Sexual thought throughout the life-span. *Gerontologist*, **13**, 1973.
18) Deutsch, H.: *"The Psychology of Women"*, Grune & Stratton, 1944.
19) Freud, D.: Creative writers and daydreaming. In, Stachey S (ed.),: *"The Standard Edition of the Complete Works of Sigmund Freud, Vol. 9"*, Hogarth, 1962.
20) Hollender, M.H.: Women's fantasies during sexual intercourse, *Arch Gen Psychiatry*, **8**, 1963.
21) Leitenberg, H. & Henning, K.: Sexual fantasy, *Psychol. Bull*, **117**, 1995.
22) Knafo, D. & Jaffe, Y.: Sexual fantasizing in males and females, *J Res Pers*, **18**, 1984.
23) McCauley, C. & Swann, C.P.: Male-female differences in sexual fantasy, *J Res Pers*, **12**, 1978.
24) Pelletier, L.A. & Herold, E.S.: The relationship of age, sex guilt, and sexual experience with female sexual fantasies, *J. Sex Res*, **24**, 1988.
25) Gold, S.R. & Gold, R.G.: Gender differences in first sexual fantasies, *J sex Educ Ther*, **17**, 1991.
26) Heiman, J.R.: A psychophysiological exploration of sexual arousal patterns in females and males, *Psychophysiology*, **14**, 1977.
27) Schmidt, G., Sigusch, V. & Schafer, S.: Responses to reading erotic stories: male-female differences, *Arch Sex Behav*, **2**, 1973.
28) Jones, J.C. & Barlow, D.H.: Self-reported frequency of sexual urges, fantasies, and masturbatory fantasies in heterosexual males and females, *Arch Sex Behav*, **19**, 1990.
29) Wilson, G.D.: Gender differences in sexual fantasy: an evolutionary analysis, *Pers Indiv. Differ*, **22**, 1997.
30) Mednick, R.A.: Gender-specific variances in sexual fantasy, *J Pers Assess.*, **41**, 1977.
31) Wilson, G.D. & Lang, R.J.: Sex differences in sexual fantasy patterns, *Pers Indiv. Differ*, **2**, 1981.

12 パラフィリア

III. 性を表現する

12.1 パラフィリアの概念

◎ 12.1.1 性嗜好

人の性のありよう，すなわちセクシュアリティを構成する要素としては，ジェンダー・アイデンティティ，性指向，性嗜好などがある．

ジェンダー・アイデンティティとは，「自分を男性と思う」「自分を女性と思う」といった性別の自己認知のことであり（4.4節），これに関する疾患として性同一性障害がある．

性指向とは，性的魅力を感じる対象は何かということであり，異性愛，同性愛，両性愛などがある．

性嗜好とは性的興奮を得るために，どのような好みを有しているかということであり，この性嗜好に関する疾患が，ここで述べるパラフィリアである．

◎ 12.1.2 パラフィリア

パラフィリアは，英語では paraphilia であり，para（偏倚），philos（愛），ila（～の病態）を組み合わせてできたものである．DSM-IV-TR という，米国精神医学会が定めた診断基準によれば，パラフィリアは具体的には露出症，フェティシズム，窃触症，小児性愛，性的マゾヒズム，性的サディズム，服装倒錯的フェティシズム，窃視症があげられている．さらに，特定不能のパラフィリアとして，電話わいせつ，死体愛，部分性愛，獣愛，糞便愛，浣腸愛，小便愛が例としてあげられている．

◎ 12.1.3 パラフィリアは精神疾患か

パラフィリアの具体例を前節で紹介したが，人間の性行動の何をもって正常とし，何をもって異常とするかは，明確に二分できるものではなくさまざまな議論が起こりうる．これまでの議論の概略を示す．

a. 生殖に結びつかない性行動を異常とする

この考え方は，生殖に結びつく性行動，すなわち膣とペニスの結合のみを正常とする考え方である．例えば，1950年，著名な精神医学者であるシュナイダーは，著書の臨床精神病理学の中で「厳密にいえば，生殖を最後の目的としないものは，すべて異常であり反自然的である．いずれにしても，性的意図や欲望や行為は，それらによって生殖の行われる可能性がなければないほど，倒錯しているわけである」と述べている．

しかし，第二次大戦後の性科学の進展により，文化によっては生殖に結びつかない性行動が異常とみなされないことや，米国人の性行動の実際が多様であることなどが明らかにされていった．また，同性愛をめぐる議論の高まりも加わり，生殖に結びつかないことのみをもって，異常とする考えはすたれていくこととなった．

b. 本人に苦痛，障害があることで疾患とする

1970年代から80年代の同性愛をめぐる議論の中で，本人が苦痛，障害を持っていることで，異常す

なわち精神疾患とみなすという考えが生まれた.

例えば，1994年に出されたDSM-IV（DSM-IV-TRの改訂前のもの）では，パラフィリアの診断基準Bを以下のように定めている.

基準B：行動，性的衝動，または空想は，臨床的に著しい苦痛，または社会的，職業的，または他の重要な領域の機能における障害を引き起こしている.

つまり，従来とほぼ同じ異常の概念である基準Aに加えて，基準Bも満たすことで，初めて精神疾患になると規定したのである.

しかし，この診断基準は同性愛をめぐる議論と同様に，「本人が苦悩するのは，周りが異常だとレッテル張りをすることへの自然な反応ではないか」という疑問を招いた．また，同時に「性犯罪者の中には，何の苦悩も障害も抱いていないものもいるが，そういうものは除外されるのか」という批判もまた起こった.

c. 犯罪行為をもって精神疾患とする

2000年に出されたDSM-IV-TRすなわちDSM-IVの改訂版において，パラフィリアのいくつかの診断基準が変更された．具体的には，小児性愛，窃視症，露出症，盗触症においては，基準Bが，

基準B：その人が性的衝動を行動に移している，またはその性的衝動や空想のために，著しい苦痛または対人関係上の困難が生じている.

と変更された．また，性的サディズムでも，同意していない人に対して性的衝動を行動に移せば基準Bを満たすこととなった.

つまり，小児性愛，窃視症，露出症，盗触症，性的サディズム（同意してない相手に対して）では行動に移せば，それぞれ精神疾患として診断が下される．一方で，フェティシズム，性的マゾヒズム，服装倒錯的フェティシズムなどでは，たとえ行動に移しても，本人に苦悩や障害がない限りは精神疾患とはみなされない.

このことは，小児性愛，窃視症，露出症，盗触症，性的サディズムでは行動化がすなわち性犯罪になるのに対し，フェティシズム，性的マゾヒズム，服装倒錯的フェティシズムでは行動化しても，性犯罪にはならないからである.

多様な性行動の何をもって精神疾患とするか，ということについての議論の概略を示した．パラフィリア概念は現在もなお，揺れ動きつづけているものといえよう.

12.2 パラフィリア各論

a. 露出症

露出症（exhibitionism）とは，見知らぬ人に自分の性器を露出することに強い性嗜好を有することを意味する.

露出行為の最中，露出を計画しているとき，露出を想像しているとき，露出行為後に思い出しているときなどにマスターベーションを行う．通常は，露出行為を行う相手に対して，それ以上の性的関係は求めない．露出行為の相手が驚いたりショックを受けたりすることや，相手から笑われたり怒られたりすることも，性的興奮の刺激材料となる．露出が犯罪行為であるとの自覚はあるが，逮捕の危険性も逆にスリル感として，性的興奮の刺激材料になる.

女性による露出行為や，男性を対象とした露出行為の報告もいくつか見られるが，知られている大多数の露出行為は男性が女性に対して行っている．このことは，多くの露出症が男性から女性に行われることの反映とも思われるが，女性が男性に，あるいは男性が男性に露出行為を行っても，通報されたり

はせず，性犯罪として表面化しにくいという理由も考えられる．

b. フェティシズム

　フェティシズム（fetishism）とは，広義には生命のない物体（フェティッシュ，fetish）や人体の一部に対してだけ強い性嗜好を有することを意味する．しかし，DSM-IV-TRでは，フェティシズムは生命のない物体への性嗜好を意味し，人体の一部への性嗜好は部分性愛（partialism）として区別されている．

　fetishとは，ポルトガルのfeticoから来ており，feticoとは超自然の霊を具現し，魔力を有するお守り，魔よけといった意味である．フェティシズムの対象としては，女性のパンティー，ブラジャー，ストッキング，靴，ブーツなどの身につけるものの場合が多い．また，革，ゴム，エナメルなどの素材が対象となることもある．

　フェティシズムの人は，対象物を手に取ったり，体にこすりつけたり，身にまとったり，臭いをかいだりしながらマスターベーションを行う．あるいは性的行為のときに相手にその対象物を身につけるように頼むこともある．

　フェティシズムの人は，その対象物を収集することが多い．現代日本では，通信販売，中古ブルセラショップ，インターネットなどで入手されるようである．いわゆる「下着ドロ」で，干された洗濯物を盗むものもいる．ゴミをあさることで収集するケースもある．

c. 窃触症

　狭義の意味においては，窃触症（toucherism）は見知らぬ人物の股間や乳房などの身体に触れることに強い性嗜好を有することを意味し，摩擦症（frotteurism）は見知らぬ人物に性器をこすりつけることに強い性嗜好を有することを意味する．

　しかし，一般的にはこの両者は特に区別されずに用いられることも多く，DSM-IV-TRにおいても「302.89 窃触症　Frotteurism」として，両者を含んだ疾患単位となっている．

　窃触症が実際に行動化される場所には，混雑した電車やバス，映画館，本屋や図書館などがある．混雑していて触りやすい，触っているのが誰だか特定されにくい，被害者の抵抗が困難，逃げやすい，あらかじめターゲットとなる相手を探しやすい，などの理由で上記の場所が好まれる．

　具体的行動としては，手のひらで触ったり，性器をこすりつけたりするのが典型的だが，ひじやひざや大腿などを用いての窃触を行う者もいる．たまたま近くにいた相手に窃触する場合もあるが，あらかじめターゲットとなる相手を探しておき，接近するものもいる．原則的には見知らぬ相手が対象となるが，電車内痴漢行為では，繰り返し同じ相手が対象となることもある．窃触行為の最中に射精するものもいれば，行為の前後に想像したり思い出しながらマスターベーションを行うものもいる．電車内痴漢行為における射精は，自分の下着の中にするもの，あらかじめコンドームを装着しておいて射精するもの，女性の衣服に対してするものなどがいる．また，窃触行為の最中に射精するのではなく，あらかじめ精液をこびんなどに入れておき，窃触を行いながら，相手の衣服などに精液をかけるものもいる．

　また，近年ではインターネットの痴漢関連のサイトを読み，性的に興奮したり，ほかの窃触行為のやり方を覚えたり，自己の空想や経験を掲示板に書き込むものもいる．あるいは，インターネットの掲示板や出会い系サイトで知り合った女性と同意の上で痴漢行為を行うものや，知り合った男性複数が集団となり痴漢行為を行う場合もある．

　窃触症が他のパラフィリアを伴うことは，外国の文献では高い率で認められる．しかし，これは日本では異なると筆者は考える．電車内痴漢行為を主訴とするものの場合は，ほかのパラフィリアを伴うことは少ないという印象を持つ．言い換えるならば，日本では他のパラフィリアは伴わず，もっぱら電車

内痴漢行為のみを行うものがいるということである.

d. 小児性愛

小児性愛（pedophilia）とは思春期前の子どもに対して性嗜好を有することを意味する.

小児性愛が行動化される場合は，子どもの服を脱がせ裸を見たり，自分の性器を露出させたり，マスターベーションを見せたりする場合もある．さらに，子どもの体を触ったり，フェラチオさせたり，クンニリングスをしたり，指や異物やペニスなどを，子どもの膣，口，肛門に挿入したり，挿入しようとする場合もある.

小児性愛を有するものは，そのことに苦悩や罪悪感を持たず，「教育的価値がある」「子どものほうも性的に喜んでいる」などと，自分自身を納得させている場合もある.

小児性愛の対象は男児のみ，女児のみ，男女児両方の場合がある．自分自身の子どもや親戚が対象となることもあるし，まったくの他人を対象にすることもある．日本では，東南アジアなどの外国に行き，小児と売春する男性もいるようである.

e. 性的マゾヒズム

性的マゾヒズム（sexual masochism）とは，苦痛を受けることへ強い性嗜好を有することを意味する.

マゾヒズム的性衝動が自分ひとりで行動化される場合は，自分を縛ったり，自分に針を刺したり，自分に電気ショックを与えたりする．相手と一緒に行われる場合には，拘束，目隠し，叩かれる，むちで打たれる，殴られる，切られる，電気ショック，針を突き刺される，尿をかけられる，四つんばいになり犬として扱われる，などがある．強制的に異性の服を着させられたり，幼児のように扱われたりして，辱められる場合もある.

性的マゾヒズムの中で危険なものとして，低酸素渇望（asphixiophilia）というものがある．これは首をしめたり，首をつったり，のどに詰め物をしたりなどして，脳を低酸素状態にすることで性的な興奮を得るものである．アメリカでは，毎年500〜1000人ほどこれを行っている最中のミスで死亡しているという.

f. 性的サディズム

性的サディズム（sexual sadism）とは，苦痛を与えることへ強い性嗜好を有することを意味する.

苦痛を与える対象は同意している場合もあれば同意していない場合もある．与える苦痛には精神的苦痛と身体的苦痛がある．具体的には，四つんばいにして這わす，檻に閉じ込める，拘束，目隠し，叩く，鞭打ち，火傷をさせる，電気ショック，切る，刺す，首を絞める，強姦，拷問，切断，殺すなどである.

性的サディズムは慢性的であることが多く，対象が同意してない場合は，逮捕されるまで繰り返されることがある．性的サディズムが重症であったり，反社会性人格障害を合併している場合には，犠牲者をひどく傷つけたり，殺したりする.

g. 服装倒錯的フェティシズム

服装倒錯的フェティシズムとはtransvestic fetishismの一般的訳語であり，男性が女性の服装を着ることに強い性嗜好を有することを意味する．服装倒錯的フェティシズムは，多くの場合自分自身が女性であるという想像（自己女性化性愛，autogynephilia）により引き起こされる．単なるフェティシズムでは女性服そのものが性的興奮の対象となるが，服装倒錯的フェティシズムでは，自分自身が女性であると想像して興奮する.

服装倒錯的フェティシズムの衝動には波があることもある．筆者の臨床経験では，衝動が強まると女

性服を買い揃え，衝動が弱まると自責の念からその服をすべて捨ててしまうことを年に何回も繰り返し，1年の衣服代の合計が高額なものになったものもいた．

h. 窃視症

窃視症（voeurism）とは，通常は見知らぬ，警戒してない人の裸，衣服を脱ぐ行為，性行為をみることに強い性嗜好を有することを意味する．日本語では，のぞき見，出歯亀などと呼ばれ，英語では，peepers, inspectionalism, mixoscopia などとも呼ばれる．

のぞき見の最中，あるいはのぞき見を計画しているとき，のぞき見を想像しているとき，のぞき見後に思い出しているときなどにマスターベーションを行う．自分がのぞき見をした人と性的関係を持ちたいと空想することもあるが，実際にそうなるのはまれである．のぞき見を行う場所としては，窓，トイレの壁の上下，ドアについている郵便ポストの穴などがある．トイレでのぞくものは，相手の性器や臀部ではなく，小便や大便の排泄を見て性的興奮を得る場合もある．

また，現代では，窃視症は盗撮という形で，臨床や司法の場において問題にされることが多い．盗撮では，自ら撮影したり，隠しカメラという形で設置しておいたり，他者（知人の女性など）に頼み撮影したりする．撮影の最中や，撮影を計画しているとき，再生したビデオや現像した写真をみるときなどに性的興奮を得る．自ら撮影したものだけでなく，他者が撮影したビデオや写真などをみることで興奮する場合もある．また，盗撮では，撮影の対象が性的行為や裸や着替えという状態になく，通常の衣服を着用している場合でも性的興奮を得るものもいる．あるいは，フェティシズムや部分性愛を伴うものにおいては，靴やかかとなどの撮影で性的興奮を得ることもある．

i. その他のパラフィリア

これまであげたもののほかに，電話をしてみだらなことをいうことに性嗜好を有す「電話わいせつ」（telephone scatologia），死体との性交に性嗜好を有す「死体愛」（necrophilia），身体の一部にだけに関心が集中する「部分性愛」（partialism），動物との性交に性嗜好を有す「獣愛」（zoophilia），糞便に性嗜好を有す「糞便愛」（coprophilia），浣腸に性嗜好を有す「浣腸愛」（klismaphilia），小便に性嗜好を有す「小便愛」（urophilia）などがある．

［針間克己］

13 性と人間関係

IV. 性を共有する

13.1 人間関係と発達

　人は生まれたときから，能動的に周囲にはたらきかける力を持って生まれてきている．出産後すぐの乳児でも，人の声に静まり，おっぱいを飲ませてくれる人の顔をじっと見つめ，目や頭を使ってその姿を追おうとする．親は，そうした赤ちゃんの反応に助けられた形で，赤ちゃんに関わり，声をかける．そして赤ちゃんは，周りの大人から受ける関わりで，自分という感覚を磨き，世界を認識していく．

　おそらく，親は，赤ちゃんが生まれてくる前から，男の子だったらこうしよう，女の子だったらこうしようと，それぞれのイメージを膨らませているだろう．必然的に，女の子/男の子に生まれれば，親がイメージする女の子/男の子像に近い関わりを無意識に受けることになるだろう．しかしその一方で，私たちは個性を持って生まれてきており，生まれてきたときから反応の仕方や，好きな関わり方も違う．もって生まれてきた個性が周囲との関わりに影響し，相互に影響しあう形で，やりとりが積み重ねられ，人として育っていくのである．

　これまでの研究で，男の子と女の子では，違う特性を持っているということも明らかになってきた．女性に比べて男性は，共感性や友好性が低く，理論的に体系立てて物事を理解したり推論したりするのが優れている一方で，女性は，分かち合ったり順番を変わるなど共感性が高く，対人関係を重視するような特徴がみられることが示唆されている[1]．実際に同じように育てているつもりでも，本人が興味を持つもの，思考性は男女差がみられることも少なくない．それぞれが持って生まれた個人個人の特徴によって，「やっぱり女の子（男の子）だね」と周囲が受け止め，より女の子（男の子）としての関わりを強化していくということも起こってくるだろう．

　しかし，生まれてきた子どもが，人との関わりの中で育ち，人との関係性を発達させていくというプロセスはどの子も同じプロセスをたどっていくことになる．

◎ 13.1.1　人との関わりの中で育つ―人間関係の発達

　生理的早産で誕生し，母親に依存的な状態で生まれてくる子どもは，おなかがすいたり，不快になると，母におっぱいをもらったり，あやしてもらうことで，快にしてもらうという体験を通して，外界と交流している．その一方，外界の刺激を視覚・聴覚・触覚からどんどんとりいれ，外との対象とのつながりを積極的に求めている．しかし，そのサインは，まだ未分化であり，生理的反応としてあらわすことが多い．母は，出生直後は，そのリズムや反応に戸惑いながら，施行錯誤を繰り返すうちに，徐々に，そのサインを的確に読み取るようになり，赤ちゃんとのやりとりを楽しめるようになっていく．

　生後から3〜4週目になると，赤ちゃんは刺激に対しての快・不快の反応をはっきりと示すようになり，適切な量の視聴覚刺激には能動的にはたらきかけ，過剰あるいは急激な刺激に対しては目をそらすなどの反応を示すようになる．そして，生後4〜6週間の比較的早い段階で，母や父を他者と見分けるようになり，母をじっと見つめる表情や反応の仕方が異なり，見知らぬ人とは違った動きで反応をするようになっていく．

　2ヵ月にはいると，目と目の接触，社会的微笑，社会的発声が始まってくる．人としての存在感が増

し，情緒応答性が豊かになっていくのは，この頃であり，母子の交流もより豊かに緊密になっていく．母親は，この子がこういう様子のときは，こう感じていると一貫性と自信をもって識別するようになり，子どもの微妙なリズムと同調した微妙なタイミングでの声かけなどがみられるようになる．また子どももこうすると母の反応を引き出せるサインをそのやりとりの積み重ねの中から身につけていく．自分がサインをだし，周りに応えてもらえるといったやりとりを通して，子どもは自分を取り巻く世界への信頼感や，自分自身に対する信頼感を養っていく．

　4ヵ月を過ぎてくると，運動の調整能力が発達し，コミュニケーションをとる能力も発達してくる．自分の意志で物をとろうとしたり，周囲の人の動きをよく観察して，まねるような仕草をしたりするようになり，自分の行動が，他人の行動を引き起こすことをはっきりと認識できるようになる．そうした認識の発達に伴い，母や父ではない人に対する警戒心が強くなり，他者との識別が発達してくる．そして，8ヵ月頃には「人見知り」という形で周囲にもわかるような反応がでてくる．新しい状況に直面したときは母にしがみつき，その恐れを母の助けを借りて自分でコントロールしようとする一方で，はいはいでいろいろなところを探検し，自分がどんなことができるのか確かめるように，いたずらが活発になってくる．

　7ヵ月頃を過ぎると，目に見えるものだけではなく，他者の心というものに気がつきはじめ，行動の背後にある感情や内的状態に興味を持ち，一緒に楽しみたいという要求が強くなってくる．9ヵ月頃になってくると，お互いに波長を合わせて動きをする情動調律[2]や，自分が指を差したものを一緒に見つめ，その興味を共有するという共同注視がみられるようになっていく．そして1歳を過ぎる頃には，自分がどうしていいかわからなかったり不安になったりしたときは，母親の顔を見て確認する社会的参照が認められるようになっていく．

　こうして，子どもにとってかけがいのない愛着対象との関係を土台にしながら，活動の範囲を広げ，人との関わりを学んでいく．自分の興味やポジティブな感情を共有してもらうという体験の積み重ねの中で，周囲への関心を広げ，周りの動きをモデルにして取り込みながら，社会的ルールややりとりの力を身につけるようになっていくのである．

[永田雅子]

文　献

1) Baron-Cohen, S.: *"The Essential Difference : Male and Female Brainsand the Truth about Autism"*, Basic Books, 2004. 三宅真砂子訳, 『共感する女脳，システム化する男脳』, NHK出版, 2005.
2) Daniel, S.: *"The Interpersonal World of the Infant: A View from Psychoanalysis and Developmental Psychology"*, Basic Books, 1985. 小此木啓吾・丸田俊彦監訳, 『乳児の対人世界―理論編』, 岩崎学術出版社, 1989.

13.2　家庭における性の扱い

◎ 13.2.1　家庭と家族

　家庭（home）は「場」であり，家族（family）は「機能」もしくは「幻想」である．通常，家庭は家族の在る場所，過ごす場所である．

　家族の機能には，①生殖機能，②生命維持機能，③経済・生活維持機能，④情緒安定機能，⑤子どもの人格形成機能，⑥子どもの社会化機能，そして⑦保護・福祉機能がある．

　これら家族の機能のうち，性が特に関連するのは，①生殖機能，⑤子どもの人格形成機能，⑥子どもの社会化機能であり，これらは家庭において発揮もしくは醸成されていくものである．

◎ 13.2.2　家族と子育て

　ヒトにおいて核となる，本質的な家族単位は，母と子どもに父が加わった，いわゆる「核家族」である．「核家族」とは小さな家族という意味ではなく，本質的な家族という意味である．

　女性と男性の性的な関係の上に子どもが生まれる．子どもは通常，十数年間を家族で過ごし，やがて別の家族（性的な関係）を作るべく旅立っていく．すなわち子育てとは自分（親）を不要とする存在を作っていく行為である．

　性的な観点からいえば，子育ては子どもの性を制御（抑止）しながらも，やがては子どもが自ら性的な関係を切り開いていけるようにその性を育むことであり，両義的な行為である．つまり家庭は，子どもの性を抑えつつも，伸ばしていくという，一見矛盾したかのような，繊細なバランスが必要とされる場となっている．

◎ 13.2.3　慎重な性行動と家庭環境の影響

　思春期の慎重な性行動は，① 性交開始年齢，② 性交相手数，③ 性交頻度，④ 避妊実行，⑤ 性感染対策実行などの観点から議論されてきた．中でも ① 性交開始年齢は，ほかの変数に先立つ重要な項目となっている．

　性交開始年齢に影響する因子を把握するために，双生児研究が複数行われている．双生児研究では，① 遺伝の影響，② 共有環境の影響，③ 非共有環境の影響の3側面の影響を算出できる．このうち ② 共有環境は，家庭環境とみなすことが可能である．

　性交開始年齢に関して複数の双生児研究から導き出される結果を示す．家庭環境の影響には性差がみられることがわかる．

	① 遺伝	② 家庭環境	③ それ以外の環境
女	約40〜50%	約15〜30%	約30%
男	約50〜60%	約0〜10%	約40%

　性交開始年齢は，女性も男性も遺伝の影響を最も大きく受けている．男性の方が女性よりも遺伝の影響を受けている．家庭環境の影響は女性に大きく，高く見積もって約30%の影響である．男性への影響はきわめて小さいといえる．それ以外の環境（非共有環境）についてはよくわかっていないが，それはGroupだという学者（J.R. Harris）もいる[1]．

　性交相手数に焦点をあてた双生児研究（男性のみ）もあるが，そこで明らかになったのは，遺伝影響の高さと家庭環境の影響の低さであった．

◎ 13.2.4　家庭環境における因子

　家族の関わりは，慎重な性行動の代表的な変数である性交開始年齢にある程度（女性で30%以下程度，男性で10%以下程度）影響している．

　海外では，慎重な性行動に関連する因子として，多くの家族・家庭因子が研究されてきている．代表的なものを表13.1に示す．

　各研究の結果にはばらつきがあるが，総じてまとめると次のようになる．

- 母親とのコミュニケーションが良好なほど慎重な性行動をとる．
- 父親とのコミュニケーションについてはそれほど関連していない．
- 親から性に関するコントロールを受けている（性に関して厳しい）方が慎重である．
- 親による監視は慎重な性行動に結びついている．

◎ 13.2.5　親との会話における性の扱い

2004年度の全国無作為調査（厚労科研：佐藤郁夫班）によって家庭における性の扱いについての新たな知見が提出された．

性交開始年齢に影響を与える（上昇させる側）変数は，「（中学生の頃まで）親が性に厳しいこと」「（中学生の頃まで）親と一般的なことをよく話すこと」と「（中学生の頃まで）親と性について話さないこと」であった．ただし，この場合の性について話すという範囲は，人を好きになること，性交渉（セックス），避妊，性感染症である．このうち性交開始年齢に影響が大きかったのは，「親と一般的なことをよく話すこと」ではなく，「親と性について話さないこと」であった．

一般的なことについても，性についても，親とよく話す者の性交開始年齢は他の組み合わせよりも極端に低く，16歳台と突出していた．親とは何でも話せるようにみえて，実は性についての話題を避けているということが，慎重さを醸成するポイントであった．

性の慎重さは，明示的な言葉により形成されるというよりも，それ以外の「不自然に」仕組まれた経路で伝わるということである．家庭における性の扱いの不自然さやいぶかしさが，性を特別視させ，その「敷居」を高めることになる．

親が性に厳しい態度を示し，何でも話せるようにみえて，実は性についての話題を避けている家庭で育つ子どもは，性を思うままには扱わないものとしてとらえる．特別なものとしてとらえる．単純なものではなく，一筋縄ではいかないものとしてとらえる．性の敷居が育まれる．性に思い（入れ）を持つ．

表13.1　慎重な性行動に関わる因子

母親とのコミュニケーション
父親とのコミュニケーション
親からの性に関するコントロール
親による監視

◎ 13.2.6　親の監視と親の目の内在化

親の監視は，子どもの性における慎重さに寄与する．ただし，出かけていく子どもの行動すべてを監視できるわけではない．ここから導き出されるのは，「親の目の内在化」である．

子どもが一人で分岐点に立ったとき，例えばそこに親の顔が浮かぶかどうかでその次の行動が決まる可能性がある．親の目の内在化がどのように可能なのかはいまだ研究がなされていない分野である．

◎ 13.2.7　恥ずかしさ

性に付随する「恥ずかしい」という心情は主に家庭で育まれる．決して生まれつきのものではない．また，「恥」と「恥ずかしさ」は異なるものである．

どちらも高い社会性から出てくる表現であるが，「恥」（恥をかかされた，の「恥」）は，主として体面や名誉という外面に着目した表現，外面を気にした表現である．一方，「恥ずかしさ」は，内面を気にした表現である．

性に付随する「恥ずかしい」という心情は，自己の内面との対話の結果生まれてくる．例えば，自己の内面にあるもう一つの自分の目，自己の内面にある親の目・教師の目，自己の内面にある他者の目，そして自己の内面にある第三の審級の目など，自分が見られているという内面の感覚が「恥ずかしさ」の本質であり，それはきわめて社会性の高いものである．「恥ずかしさ」は言い換えれば「他者の目の内在化」といえ，慎重な性行動に寄与する．

性に関する「恥ずかしさ」は，親が意識せずとも，子育ての日常の中で知らず知らずのうちに家庭で身につけられていく．それは，「隠す」という具体的な行動（行動の指示）と，「恥ずかしい」という声

かけの両者によって成り立っている．つまり，「恥ずかしい」から隠すのではなく，隠すことから恥ずかしいという心情が芽生えるということである．そしてこれは，性を社会的に適切に扱う力（人前での振る舞いなど）を育んでいることになる．

[松浦賢長]

文　献

1) Harris, J.R.: *The Nurture Assumption*, Free Press, 1999.
2) Sanchez, N., et al.: Sexual intercourse among adolescents in Santiago, Chile: a study of individual and parenting factors, *Rev Panam Salud Publica*, **28**（4），2010.
3) Waldron, M., et al.: Childhood Sexual Abuse Moderates Genetic Influences on Age at First Consensual Sexual Intercourse in Women, *Behav Genet*. **28**（1），2008.
4) Mustanski, B., et al.: Sexual Behavior in Young Adulthood: A Population-Based Twin Study, *Health Psychol*. **26**（5），2007.
5) Lyons, M.J., et al.: A twin study of sexual behavior in men, *Arch Sex Behav*, **33**（2），2004.

13.3　メディアと出会い

　メディア（media, mediums）とは，何かを通信あるいは表現する際の媒体，手段という意味を持つ[1]．表現された情報を伝達・記録・保管する物や装置を表すようにもなってきた．

◎ 13.3.1　出会いに活用された非言語としてのメディア

a.　非言語的コミュニケーションとメディア

　ヒトにおいて言語発達以前にも，コミュニケーションは成立していた．つまり，情報の伝達において，言語以前の媒体も存在している．これに関しては，10.5節「性的魅力」などを参照のこと．

b.　インセストタブーと交換

　インセストタブーはヒト社会では厳重に守られるべき戒律とされてきた．レヴィ＝ストロースは人間は3つの水準でコミュニケーションを展開すると述べた[2]．財貨の交換，メッセージの交換，そして女の交換＝半ば強制的な出会いである．それぞれが，経済活動，言語活動，親族制度となり発展してきた．なかでも「女の交換」だけは初めから時間が大きくずれていた．彼は「パートナーたちは，自分が送った相手からは返礼を受け取らず，自分が贈られた相手には返礼をしない．（中略）相互性のサイクルではあるが，ひとつの方向に流れている」とその時間のずれを表現した．交換はインセストタブーを守るために制度化されたと彼も考えたわけだ．「返礼義務」という無意識レベルに形成されルールも，伝達され保管されてきた一種のメディアと考えていいだろう．ただし，インセストタブーはこのように文化レベルだけではなく生物レベルの側面もあると新たに考えられてきた（10.5節「性的魅力」参照）．

c.　交換の儀式とメディア

　ダンバーは狩猟採取ならびに原始農耕社会を営む民族を調査した[3]．彼は平均150人の集団を氏族（クラン）と呼び，各民族に共通の「儀礼的な重要性を持つ集団」と考えた．アボリジニの社会では毎年ジャンボリーという祭礼があり，近隣の村の人々が集い，旧交を温め，血縁関係を確認し，神話を語りつぐことによって各集団の起源とアイデンティティの確認がなされてきたという．この祭典は男女の出会いも演出し，少年から大人への通過儀礼や婚礼の儀式を担った．ジャンボリーに限らず，原始社会発祥の頃から祭りの日程を決める方法としては，太陽の影，月や星の位置といった天文学的な現象や，潮の満ち引きで決められた．あるいは，直接的にのろしや太鼓や笛やその他の鳴り物で，近隣の村同士

のコミュニケーションが図られた．つまり，非言語の伝達メディアが利用されてきた．

日本の伝統的な出会いと性行動のための非言語的情報の伝達の仕方も「しきたり」として各地で決まりごとがあった（2.1 節「村社会の性」参照）．

◎ 13.3.2　出会いとやりとりに活用された記録言語としてのメディア

言葉はメディアである．言葉，特に書き言葉を使うには媒体として道具がいる．道具とは，板とチョーク，ペンと紙，タイプライター，ワードプロセッサなどである．電子情報を記録するための CD やメモリースティックも記録メディアと表される．「書き言葉」の出現以来，言葉を使うためのさまざまな道具が生まれ，伝達・記録・保管方法も発展してきた．言葉と言葉を使うための道具であるメディアは，対面せずに，人と人とを出会わせ，結びつける力をも持つようになった．以下に「書き言葉」とメディアについて述べる[i]．

a.　雑　誌

グーテンベルクによる活版印刷機の発明以降，書き言葉の伝達は写本から製本に変わり，これが近代の文字伝達方式をつくる一因となった[4]．18 世紀にイギリスで始まった産業革命以降，文字による文化を享受しうる中産階級が出現し，19 世紀に爆発的に増え，これら大衆に向けた新聞や雑誌が多く出版されるようになった．

多くの人々が容易に雑誌を手にすることができるようになると，少年少女を読者対象とする大衆雑誌が出版されるようになった．日本においては，明治期に「少年圏」「少国民」などの児童雑誌が創刊され，明治の最後から大正期には，「日本少年」「少年倶楽部」などの大衆少年雑誌が誕生した[5]．以降，多くの児童雑誌，少年雑誌が出版されるが，1970 年代になると，「ペンフレンド募集」コーナーが誌面を賑わせた．これには，顔写真，氏名，住所，簡単なメッセージなどが掲載されていた．互いに知らない青少年同士の「出会い」を媒介したメディアである．

b.　電　信

現代の電子コミュニケーションの先駆けとなるものに，電信がある[6]．モールス信号が発明されると，その利便性が世の中に広まったが，一般的なやりとりの手段にはなりづらかった．これは，金銭的に手が届きにくかったことと，プライバシーが保護されていなかったことが原因といわれている．しかし，電信技師の間では，数千人規模のオンライン・コミュニティが形成されており，親密なやりとりがなされていた[6]．

c.　携帯電話の SMS（Short Messaging System）

1990 年代初期，電話回線を用いて短いメッセージのやりとりができる，SMS（Short Messaging System）が開発された．1990 年代後半のプリペイド式携帯電話の普及は，青少年が携帯電話を持つことを（金銭的に）可能にした．開発当初は課金がなかったため，友人に無料のメッセージを送る SMS は青少年の間にすぐに広まった．1999 年から 2000 年にかけて，SMS の通信料は飛躍的に増大し，限られた文字しか使えないにもかかわらず，SMS による文字メッセージは恋愛や求愛に多く使われていた[7]．

d.　ICT（Information and Communication Technology）

インターネットの起源は，アメリカ国防総省内に高等研究計画局（Advanced Research Projects

---

i)　本来ならば「話し言葉とメディア」も論じなければならないところであるが，紙面の都合上割愛した．第 3 章「性と文学」では文学の中での会話という意味で，話し言葉が触れられている．

Agency：ARPA）が設立されたことであるといわれている（当時はアルパネットと呼ばれていた）．最初はコンピュータとコンピュータをつなぐものであった．しかし，アルパネットの初期利用者によって電子メールが開発されたことにより，アルパネットは人と人とのやりとりを意味するものになった．

1990年代の初期にワールド・ワイド・ウェブ（WWW）が出現し，ウェブ・ブラウザが発売されるとインターネットは急速に拡大した[7]．人々は電子メール，電子掲示板，チャット，インスタントメッセンジャー，オンラインゲーム，SNS（ソーシャル・ネットワーキング・サービス）を通して，他者との出会いや，やりとりを手軽に楽しむようになった．電子掲示板やSNSは，当時の（スマートフォンでない）携帯端末に対応し，携帯端末のパケット定額サービスも影響し，多くの青少年に利用された．そして，2000年前半には，出会い系サイトと呼ばれるウェブサイトにアクセスしたことをきっかけに買春や暴行などの犯罪に巻き込まれた例[8]や，「学校裏サイト」や「プロフ」と呼ばれるウェブサイト上での誹謗・中傷，いじめなどの問題が報告された[9]．インターネットメディアの匿名性が騒がれた時代であった．

ごく最近（2011年）は，Twitterなどのマイクロブログや Facebook と呼ばれる SNS が急伸している[10]．Facebook上では多くの人が，実名を名のり，学歴や職場を公開している．インターネットの特徴といわれた匿名性はなくなりつつある．

◎ **13.3.3 メディアを安全に活用するために**

書き言葉は，書く者と読む者との間に距離を生じさせる．相互作用的なやりとりのない静的なものである[11]といわれてきたが，ICTの発展は書き言葉を，話し言葉にかぎりなく近づけた[12]．書く者と読む者との距離は縮まり，リアルタイムに交換できる相互作用的かつ動的なものとなった．書く前に注意深く文章をつくりこむ作業がおろそかになり，一度つくられたものの十分に推敲がされないままの文章が影響力を持ち（書き言葉は左大脳半球を活性化させる），人々の心理的距離を急速に縮める（近くなったと錯覚させられる）現象を起こした．

現在のメディア（ICT）は，スピード，影響力，消費者による生成などの特徴を持つ．これを安全に活用するには，情報リテラシーや情報モラルに加えて，他者をあたたかい気持ちで気遣えるという共感性の向上が求められる[13-15]．

[渡辺多恵子・納富 貴]

文　献

1) Oxford Dictionary : The world's most trusted deictionaries, 2011, http://oxforddictionaries.com/
2) レヴィ＝ストロース, C. 著，荒川幾男他訳，『構造人類学』，みすず書房，1958.
3) ダンパー, R. 著，松浦俊輔・服部清美訳，『言葉の起源―毛づくろい，人のゴシップ』，青土社．1998.
4) Ong, W.J.;"*Orality and Literacy*", Methuen, 1982.
5) 上田信道，「大衆少年雑誌の成立と展開―明治期「小国民」から大正期「日本少年」まで」，『国文学 解釈と教材の研究』，**46**（6），2001.
6) Standgage.,:"*The Victorian Internet*", Phoenix Books, 1979.
7) Adam N. Joinson: "*Understanding the Psychology of Internet Behaviour: Virtual Worlds, Real Lives*", Palgrave Macmillan. 2003.
8) 内山絢子，「出会い系サイトと若者の規範意識」，『思春期学』，**24**（2），2006.
9) 財団法人インターネット協会，『インターネット白書2007』，2007.
10) 財団法人インターネット協会，『インターネット白書2011』，2011.
11) Ong, W.J.: Writing is a technology that restructures thought. In, G. Baumann (ed.), "*The Written Word: Literacy in Transition*", Clarendon Press, 1986.
12) Yate, S.: Oral and written linguistic features of computer conferencing. In S. Herring (ed.), "*Computer-*

mediated Communication: Linguistic, Social and Cross-Cultural Perspectives", Jhon Benjamins, 1996.
13) 渡辺多恵子他,「子どもにとって安全なインターネット環境の整備に関する研究―フォーカス・グループ・インタビュー調査より」,『こども環境学研究』, **6**（3）, 2011.
14) 渡辺多恵子他,「高校生の安全なインターネット利用に関連する要因―インターネット利用の実態と共感性」,『小児保健研究』, **71**（1）, 2012.
15) 納富　貴他,「痛みと共感」,『思春期学会』, **27**（1）, 2009.

14 性と社会

IV. 性を共有する

14.1 性と道徳

◎ 14.1.1 道徳とは

道徳とは,『広辞苑』(第3版) によると,「人のふみ行なうべき道. ある社会で, その成員の社会に対する, あるいは成員相互間の行為を規制するものとして, 一般に承認されている規範の総体. 法律のような外面的強制力を伴うものではなく, 個人の内面的なもの.」と定義されている.

人間は「人の間」と書くように, 人と人との関係性の中で生きなければならない存在であり, ひとりで生きることが不可能な生き物である. そして, 自分以外の「他者」すなわち, 親族, 友人, 恋人, 他人, さらには社会, 国家そして自然などといった存在に対しても関係性を結ぶことによってしか生きられない. したがって, 道徳とは自分と「他者」との関係性の中で生まれるものであり, 逆に言えば, こうした関係性のないところでは道徳は何の意味もなさない. すなわち, 道徳とは, 人間が生きるために「他者」との間に成立させる「社会規範」としての役割を持ったものである. ただし, 社会規範は本来, 外在的なものであり, 社会規範に従って生きることが必ずしも道徳的であるとはいえない. 道徳的であるためには, 外在的で個人を拘束する社会規範を自らの中に内面化する必要があり, 社会規範が内面化され内的規範となったものが道徳である.

a. 性教育と道徳教育との関係

道徳と「性」との関係についてみれば, 両者には密接な関わりがあることは明らかである. 性という言葉には, 生物学的な機能と生殖能力の差異を意味する「セックス」, 社会的に求められる男女の性役割や行動様式を意味する「ジェンダー」, 性に関連する生物学的, 心理学的, 社会学的, 人間関係学的な現象のすべてを全体として表現した言葉である「セクシュアリティ」など, 数多くの意味があるが[1], いずれにしても, あらゆる人間にとって自らのアイデンティティを形成するうえで不可欠なものであることはいうまでもない. 先に道徳とは自分と「他者」との関係性の中で生まれるものであると述べたが, 人間の関係性に着目する場合, 性を無視してとらえることはできないということになる. 自らの性をどのように認識するか (男なのか女なのか, それ以外なのか), その性を持つものとしてのあるべき振る舞い方とはどういったものか (男らしさ, 女らしさ, それ以外の「らしさ」とは), 同性や異性との関係はどうあるべきか. すなわち, あらゆる人間関係において存在する道徳の中に, 性のありようがみえるのである.

したがって, 性教育と道徳教育とは多くの部分で重なるものだといえる. しかし, 近年の性教育バッシングの風潮の中で, 性教育と道徳教育は相反するものとしてみなされる傾向が強くなっている. 「過激な性教育」に対する批判が沸き立つ一方, 道徳教育によって「禁欲」の価値を教える重要性が強調されるようになってきたのである. 成人し, 結婚し, 相手の人生に責任を持てるようになるまでは性交を我慢する「忍耐」の価値を教えるべきだという内容であり, そこでは性に関する知識の提供は極力控えるべきとされる.

たしかに, このような忍耐や純潔という価値観も道徳の一部にほかならない. しかし人と人との関係

は多様で深く，未成年であったとしても異性関係を「禁欲」だけですませることは現実的ではないし，それだけでは両者の関係性を貧困なものにさせてしまうだけであろう．2008（平成20）年に改訂された中学校学習指導要領道徳編には「男女は，互いに異性についての正しい理解を深め，相手の人格を尊重する」ことが指導内容に含められている．「禁欲」のみを強調し異性の性から生徒の目を逸らさせようとするのではなく，自他の性に真摯に向き合い尊重することのできる道徳性の育成を目指さなければならない．

[久保田英助]

文　献
1) "人間と性"教育研究教育研究協議会，『性教育総論と用語解説』，あゆみ出版，1986.

◎ 14.1.2　性規範の歴史

a. 性規範の厳格化

わが国の性規範は，前近代から近代に移り変わる中で劇的な変化をみせた．前近代の日本においては，宗教的な倫理観による束縛が少なかったこともあり，「夜這い」や「娘盗み」などの慣行が広く定着するなど，性に関して非常に「おおらか」な伝統があった．時期や地域，階層によってその慣行の内実は多様であったが，一般的には若者組という青年集団が組織され，夜這いに関して一定のルールを設けていた．結婚に関しては家やムラの縛りが強かったものの，性交は日常茶飯事であった．伝統的に日本人は，こうした「おおらか」な慣行を通じて性教育が行われ，男女関係のあり方を直に学んできたのである[1]．

こうした慣行が不道徳なものであるといった意識が芽生えだしたのは，明治期以降である．欧米列強に肩を並べるため，明治政府は国家の政策として「前近代的」な文化や習慣を否定しようとした．性に関する「おおらか」な習慣もその一つとして槍玉にあげられることになったのである．明治政府は戸籍制度の整備の中で，一夫一婦制度を強制化し，事実婚を弾圧し，「夜這い」などを禁止していった．その際，導入されたのが西洋から持ち込まれたキリスト教的禁欲主義である．それにより，男女ともに「貞操」が強制され，婚外性交は不道徳なものであるというレッテルが貼られることになった．しかし，このようなわが国における「厳格」な性規範の導入過程の裏側に隠されている「性のダブルスタンダード」と，それによってもたらされた問題を見逃してはならない．「性のダブルスタンダード」とは，婚外性交の禁止という「厳格」な性規範を逸脱したのが男か女かということによって生じる，人々の意識の違いである．

b. 公娼制度の確立

そこで注目すべきは，一夫一婦および貞操道徳の強制という性規範の厳格化とはまったく逆の「公娼制度」の整備・強化という動きである．1872（明治5）年，太政官は人身売買（売買春）は人の道に背くとして「娼妓解放令」（娼妓とは売春する女性のこと）を発布するが，1873（明治6）年，東京府は貸座敷渡世規則（貸座敷とは売春宿のこと）と娼妓規則を公布し，認可を受けた貸座敷業者のもとで「娼妓」による売春を許可した．娼妓の年齢は15歳以上とされ，月2回以上の性病診断が義務づけられた．その後1900（明治33）年には，娼妓取締規則が施行され，各府県を通じ統一した制度が導入された．こうして，人身売買は「前借金」（生活苦などの理由により仲介業者から借金した代償として，その返済のために貸座敷で労働させるという仕組み）と言い換えられ，貸座敷業者は座敷を娼妓に貸すだけで，そこで娼妓の自由意志で売春を行うという近代公娼制度が成立するのである．

ではなぜ，一夫一婦制の導入と貞操道徳の強制という，婚外性交を認めない性規範を強化する政策が

整えられていった一方で，公娼制度という婚外性交を国家が認めてしまう政策も確立したのだろうか．貸座敷業者の手によって刊行された雑誌『正俗の鑑』からその理由を探ってみる．彼らは公娼が必要な理由を，主に ① 性欲は自然のものである，② 公娼制度は労働力の確保と家庭の安定に資する，③ 娼妓は正当な労働である，④ 公娼は性病予防に有効である，の4点にまとめている．注目すべきは ① の根拠であるが，これは人間の性欲は抑えることは困難であるとする「性欲自然主義」に基づいたものである．特に男性の性欲に対しては，規律によってこれを抑圧しようとするならば，あたかも「火を滅せんとするに石油を注ぐ」ように，性犯罪などを多発させ社会を混乱させてしまうとする．それに対し，女性は性欲を抑えやすい性質を持っていると考えている[2]．このように，男性の性欲は強く抑えることは難しいという認識は，貞操は理想であるものの，現実問題としては「必要悪」としての公娼が不可欠であるという判断を当時の多くの人々にもたらしていたのである．

c. 「性のダブルスタンダード」の特徴

こうした公娼制度に反対する人々もいた．それが，キリスト教婦人矯風会や廓清会，そして救世軍といった廃娼運動団体の人々である．運動の担い手たちは，公娼制度廃絶を社会や政府に訴え，同時に禁欲・貞操道徳の重要性を強調した．彼らこそが当時の最も進歩的な性規範推進論者であったといえよう．そして実際に群馬県を手始めに，次々に県レベルで廃娼を勝ち取っていったのである．しかし，これらの運動は，売春を行わざるを得ない女性を解放することより（実際に何人もの女性を解放してきたのは事実であるが），国家の体面を重視する傾向が強かった．廓清会会長の安部磯雄は，「売淫は自然の欲」であるから，「男女間の不正なる関係と云ふ，道徳方面の問題は寛大に」すべきであると述べ，公娼制度という「表」の買売春から，目につきにくい「裏」の場所での非公式の買売春への移行を認めたように[3]，公娼には反対するものの，売買春を黙認する言動がしばしばみられた．もちろん，社会的現実を直視した結果ではあるが，「性欲自然主義」という立場だけでみれば，貸座敷業者との違いは大きくはなかったのである．

さらにはまた，運動の中で娼妓たちは常に「醜業婦」などと呼ばれ，蔑視されていた．例えばキリスト教婦人矯風会の清水紫琴は，多くは紳士の妻になるのを狙って娼妓になったのであって「女子中最も賤劣」だと厳しく断罪している[4]．もちろん，清水が指摘しているような動機で娼妓になるような女性もいなくはなかったが，大部分は貧しい家庭の女性で，不本意で（ときには騙されて）娼妓になるものが多かったのも事実である．深刻な人権問題でもあるにもかかわらず，当時の女性が同じ女性に対してこれほどまでも強い嫌悪感を持っていたことには驚かされる．

このように，男性という特性上，売買春はなくならないという認識のもと，結婚外の性関係を罪悪視し，貞操でない女性に汚名をきせ，買う側の男性の責任をあいまいにしたまま，やむなく性を売らなくてはならない女性を社会の底辺に追い込むという構造を持っていた彼らの運動にもやはり，強い「性のダブルスタンダード」が見て取れる．おおらかさを捨て，厳格な性規範を導入しようとしたわが国は，こうした「性のダブルスタンダード」のもと，貧困層の女性という当時最も弱い立場の人々に追い討ちをかけることになってしまったのである．

わが国はキリスト教婦人矯風会メンバーらの尽力により，1955（昭和33）年に売春防止法の成立を勝ち取った．しかし，「性のダブルスタンダード」という問題は依然として残されている．しかし，婚外性交の禁止という性規範そのものが揺らぎはじめるようになったと同時に，売買春における買う側の男性の責任が追及され，さらにはセクシャルハラスメントが社会問題化したことなどによって，「性のダブルスタンダード」にも少しずつ変化が生じていることも確かである．

［久保田英助］

文　献

1) 赤松啓介，『夜這いの民俗学』，明石書店，1994.
2) 久保田英助，「明治中期の存娼運動にみる女子教育観―雑誌『正俗の鑑』の分析を通じて」，『早稲田大学教育学会研究大会紀要』，5，2003.
3) 安部磯雄，「就業婦取締りは寛大に黴毒取締りは厳格に」，『廓清』，13 (2)，1924.
4) 清水豊子，「日本男子の品行を論ず」，『東雲新聞』，1889（部落解放研究所編，『復刻　東雲新聞　第3巻』，部落解放研究所，1976).

◎ 14.1.3　性に関する法律

「性」に関する法律は，これを広義に解し，「性差」を前提とする法的措置までをも含むと解すると多岐にわたる．とりわけ女性において生じる問題を解決するために成立している法律も多く，例えば，母性の保護に関して，「労働法基準法」「男女雇用機会均等法」「雇用対策法」が，母体保護・母子保健に関して，「母体保護法」「母子保健法」などがあり，さらに，被害者における男女の割合を考えると，「配偶者からの暴力の防止及び被害者の保護に関する法律」や「児童虐待の防止等に関する法律」などを含めることもできる．また，男女平等の保障という観点からは，家庭・職業における平等について，「憲法」「民法」「男女共同参画社会基本法」「労働基準法」「男女雇用機会均等法」「育児休業，介護休業等育児又は家族介護を行う労働者の福祉に関する法律」などを，生活保護の観点からは，「母子家庭等及び寡婦福祉法」「母子家庭の母の就業の支援に関する特別措置法」などを指摘することができる．このように，ひとくちに「性に関する法律」といっても，多種多様な法律が散在しており，また法的措置についても重複して規定されているのが現状である[1]．

そこで，以下では，個人の尊厳に欠かすことのできない「性の尊重を確保するための法律」という観点から，売春の防止，児童買春・児童ポルノの処罰，刑法の性に関する罪について，関連する法規定を概観する（なお，「性同一性障害者の性別の取扱いの特例に関する法律」については，5.3節「性同一性障害」参照)．

a. 売春防止法

1956（昭和31）年5月24日に成立した「売春防止法」は，第1条においてその目的を，第2条において，売春の定義を定める．それによると，同法の目的は，「売春が人としての尊厳を害し，性道徳に反し，社会の善良の風俗をみだすものであることにかんがみ，売春を助長する行為等を処罰するとともに，性行又は環境に照して売春を行うおそれのある女子に対する補導処分及び保護更生の措置を講ずることによつて，売春の防止を図ること」（1条）とされており，売春とは，「対償を受け，又は受ける約束で，不特定の相手方と性交すること」（2条）をいう．同法では，勧誘（5条），周旋（6条），困惑等による売春（人を困惑させる等して売春させること）（7条），対償の収受（8条）などにつき刑事罰を定める一方，婦人補導院への収容（17条）などの補導処分，婦人相談所（34条），婦人保護施設（36条）などの保護更生について規定している．

b. 児童買春・児童ポルノに係わる行為等の処罰及び児童の保護等に関する法律

1999（平成11）年5月26日に成立した同法は，「児童に対する性的搾取及び性的虐待が児童の権利を著しく侵害することの重大性にかんがみ，あわせて児童の権利の擁護に関する国際的動向を踏まえ，児童買春，児童ポルノに係る行為等を処罰するとともに，これらの行為などにより心身に有害な影響を受けた児童の保護のための措置等を定めることにより，児童の権利を擁護することを目的」（1条）とし，児童買春（4条），児童買春周旋（5条），児童買春勧誘（6条），児童ポルノの提供（7条），児童買春等を目的とした人身売買（8条）などにつき処罰規定を設けるとともに，国・地方公共団体の教育，

啓発及び調査研究に関する努力義務（14条），心身に有害な影響を受けた児童の保護（15条），国際協力の推進等（17条）について定める．なお，同法にいう児童とは18歳に満たない者をいう．

c. 刑　法

刑法では，公然わいせつ（174条），わいせつ物頒布等（175条），強制わいせつ（176条），強姦（177条），準強制わいせつ及び準強姦（178条），集団強姦等（178条の2），強制わいせつ等致死傷罪（181条），淫行勧誘（182条），重婚（184条）について，処罰規定を設けている．公然わいせつ，淫行勧誘，重婚の犯罪は性的風俗ないし性的倫理に対する犯罪であり「社会的法益に対する罪」として，他方，強制わいせつ，強姦は個人の性的自由に対する犯罪であり「個人的法益に対する罪」として取り扱われている．なお，176条〜178条の2までの罪は未遂であっても罰せられ（179条），強姦などの一部の罪は親告罪とされている（180条）．

[梅澤　彩]

文　献

1) 高橋　保，『女性をめぐる法と政策 改訂版』，ミネルヴァ書房，2008．

14.2　現代家族と婚姻

◎ 14.2.1　わが国の結婚・家族に関する統計

わが国の婚姻に関する統計をみてみると，未婚化・晩婚化が急速に進行していることがわかる．女性では25〜29歳の未婚率が1970年の18.1％から，2005年には59.0％，男性でも同様に46.5％から71.4％へと急増している[1]．平均初婚年齢は，男性が1950年に25.9歳，女性は22.7歳となった以降，1970年代前半に一時的に低下傾向がみられたものの，総じて増加傾向であり，2008年時には，男性が30.2歳，女性が28.5歳であった[2]．

婚姻に関してだけでなく，家族[i]の形態にも変化が見られている．単独世帯の増加および平均世帯人員の減少が進み，2005年には一般世帯のうち29.5％が単独世帯であり，一つの世帯を構成する平均世帯人員も2.56人となっている[1]．今後，この傾向はさらに進み，2030年には，単独世帯が全世帯の37.4％，平均世帯人員が2.27人になると推計されている[3]．1950年代まで平均世帯人員数が4.9前後を推移していたことを考えると，この半世紀余りで家族の形態が量的に大きく変わっているといえる．

◎ 14.2.2　わが国の結婚・家族を巡る変遷

現在のわが国では，結婚は日本国憲法第24条[ii]によって男女平等および個人の自由が，そして，民法732条[iii]によって単婚であることが定められている．民法739条[iv]では，戸籍法の定めに従った届出が求められている．このように，わが国では，憲法や民法によって規定された法律婚主義が採られている．

わが国の婚姻制度の変遷をたどると，その時々の家族のあり方や，社会の状況に応じて，その制度は

---

i) 家族とは，「血縁（養子を含む）と婚姻によって形成される主に親族からなる集団」と定義される[4]．
ii) 「1. 婚姻は，両性の合意のみに基づいて成立し，夫婦が同等の権利を有することを基本として，相互の協力により，維持されなければならない．」「2. 配偶者の選択，財産権，相続，住居の選定，離婚ならびに婚姻および家族に関するその他の事項に関しては，法律は，個人の尊厳と両性の本質的平等に立脚して，制定されなければならない．」
iii) 「配偶者のある者は，重ねて婚姻をすることができない．」
iv) 「婚姻は，戸籍法（昭和22年法律第224号）の定めるところにより届け出ることによって，その効力を生ずる．前項の届出は，当事者双方及び成年の証人2人以上が署名した書面で，又はこれらの者から口頭で，しなければならない．」

変化してきたことがわかる．近代になり，急速に婚姻に関する法整備が進められたが，わが国の婚姻制度は若者宿や娘宿といった寝宿をはじめとする，その時代における社会的な背景や文化・伝統，共同体における規制などにも支えられてきた．

わが国では，家父長制の成立に伴って，10世紀頃から結婚の制度も対偶婚[v]から単婚へと移行しはじめ，女性が家父長の管理下に置かれることになった．単婚の成立によって，結婚が永続的な状態へと変わったことから，結婚の開始を社会に公に示すことの必要性が生じてきた．これが儀式婚の始まりである．単婚の成立は12世紀には貴族階級のみならず，一般庶民の間でも広まったとされている．この単婚および家父長制の成立によって，男性家長を中心とする「イエ（家）」が生活などの一つの単位として認知されていった．家父長制的家の成立は，女性が男性に隷属させられるなど男女不平等の問題はあったものの，夫婦関係の強化や，父母で責任を持って育児をするようになるなど[5]，それ以後の家族のありように大きな影響を及ぼした．

家父長制成立後のわが国の婚姻の形態は「婿入婚」から，過渡的な形態である「足入れ婚」を経て，「嫁入婚」へと変化してきた．家父長制の普及によって，身分や家の格式を重視し，自家の格に見合った家の者を婚姻の対象とする必要から，それまでの村内婚から村外婚が広まっていったとされている[6]．

村外婚が広まると，多くの家の家柄とそこに属する若い男女を知る仲人の役割が重要になってきた．江戸時代においては，「仲人かか」と呼ばれる結婚仲介人のような役割を担う人が数多く存在し，身分や財力，人柄などを見極めて男女を引き合わせ，見合いへと発展させていたといわれている[7]．こうした，仲人による「見合い結婚」は1960年代後半に，「恋愛結婚」の占める割合の方が高くなるまで，わが国の代表的な婚姻形態であった[8]．

明治時代になると，江戸時代までの身分制度を基礎とした厳しい統制がなくなり，四民平等，男女同権，自由民権など新しい自由を謳歌する風潮の広がりもあり，特に都市部の中下層では，自由気まま，勝手放題な結婚が横行していた．この頃は離婚件数も多く，1897（明治30）年頃までは現在よりも高い離婚率を示していた．こうした現状に対して，国の法治体制の整備を急ぐ政府はフランスやドイツの民法を参考に民法の編纂に取り掛かった．その際に結婚や離婚，相続といった事柄に関する法律の整備も進められた．

1882（明治15）年には，それまで法的にも認められていた妾の存在を一切否定する刑法が施行され，1898（明治31）年に施行された明治民法の重婚の禁止，届出を求めることなどと併せて，わが国の婚姻は一夫一妻制による法律婚主義となった．また，明治民法では，婚姻適齢（男17歳，女15歳）が定められ，早婚が防止されるとともに，近親婚などの婚姻障害が明確に規定された．しかし，実際には，その後も妾を持つ者や婚姻届を出さない夫婦は少なくなく，法律の施行と世間の認識および実態には隔たりがあったとされる[9]．

戦後，冒頭であげたように，結婚の自由は基本的人権とあることが憲法で定められたことは，近代のわが国の婚姻および家族のあり方に大きな影響を及ぼした．憲法制定後，その理念に基づき，戸籍法や民法，刑法など，家族に関するさまざまな法律も改正されていったが，その中でも戸籍法の改正は，それまでの家制度や家族の単位を変える改正となった．1948（昭和23）年に改正された新たな戸籍法では，戸主を中心に親族が網羅される従来の戸籍から，結婚すると夫婦の新たな戸籍が編製されることになり，夫婦が家族の単位であることが戸籍上にも表現されるようになった．

---

v) 一対の夫婦関係は成立しているものの，排他的な関係ではなく，両名の気の向いている間に限り継続される婚姻関係

こうした法制度の改正は家族の機能を大きく変化させた．戦前までの家族は戸主を中心とした家制度により，国家の末端組織という位置づけであり，国家の統治機能を持っていた．また，第一次産業を中心とした生産機能，豊かな知恵の伝承・教育機能も有していたが，家制度の解体や高度経済成長による生活や労働の変化により，これらの機能は衰退していった．

その後も，家族は個人にかかる社会的圧力や負担を和らげる緩衝装置の役割や[10]，地域社会とともに，次世代を産み育てる「生殖機能」と，家事や育児，介護などの「生命と生活を維持するための機能」を果たしてきた[5]．しかし，家族の世帯人員の減少，地域社会の崩壊などにより，家族だけではこれらの機能や役割を果たしきれなくなっている．現在では，それまで地域や家族が担っていた機能や役割を，企業によるサービス提供や，国が育児や介護などに関するさまざまな福祉政策を打ち出して補完を図るとともに，家族や地域社会の機能の修復に向けた取り組みが行われている． ［竹原健二］

文　献

1) 総務省統計局，『平成17年国勢調査』，2005.
2) 国立社会保障・人口問題研究所，『人口統計資料集2010年版』，2010.
3) 国立社会保障・人口問題研究所，『日本の世帯数の将来推計（全国推計）の要旨（2008年3月推計）』，http://www.ipss.go.jp/pp-ajsetai/j/HPRJ2008/yoshi20080314.pdf（2012年3月閲覧）．
4) 槙石多希子他，『変化する社会と家族』，建帛社，1998.
5) 関口裕子他，『家族と結婚の歴史』，森話社，2000.
6) 八木　透，『婚姻と家族の民族的構造』，吉川弘文館，2001.
7) 森下みさ子，『江戸の花嫁―嫁えらびとブライダル』，中公新書，1992.
8) 国立社会保障・人口問題研究所，『第13回出生動向基本調査―わが国夫婦の結婚過程と出生力』，2006.
9) 湯沢雍彦，『明治の結婚 明治の離婚―家庭内ジェンダーの原点』．角川選書，2005.
10) 波平恵美子，『暮らしの中の文化人類学・平成版』，出窓社，1999.

14.3　性の商品化

◎ 14.3.1　差異と商品化

あらゆる差異は商品化されうる．差異が一見ないところでも，わずかな差異が見出され，また作りだされる．

性的興奮を伴う，あるいは性的興奮を誘う事象が性の商品化の対象となる．性の商品化はとどまるところを知らない．

◎ 14.3.2　ポルノグラフィ

ポルノグラフィは，消費者を性的に興奮させるための媒体であり，画像や映像などの視覚に訴えるものや，文字などによって書かれたものを指している．

元来ポルノグラフィは，「男の自慰のためのイメージを提供する性的描写，とりわけ女の性的身体の描写・表現」という性格が強く，男の自慰行為との関連が深いものであったが，近年わが国では男向けポルノグラフィに加え，女向けポルノグラフィも一般化している．ただし，女向けポルノグラフィの一般化は，海外ではあまり見られない現象であると指摘する学者もいる．

◎ 14.3.3　ポルノグラフィの規制

ポルノグラフィの規制は大きな議論を生んできた．

最大の議論は，表現の自由という基本的人権との相剋である．わが国では，「わいせつ」[i]なものに関しては規制がとられており，いくつかの裁判によってその関係が問われてきた．代表的な裁判は，チャタレー事件（1957年）である．このチャタレイ事件では，刑法175条（わいせつ物頒布等）が問われた．

　刑法175条（わいせつ物頒布等）　わいせつな文書，図画その他の物を頒布し，販売し，又は公然と陳列した者は，2年以下の懲役又は250万円以下の罰金若しくは科料に処する．販売の目的でこれらの物を所持した者も，同様とする．

　他にもポルノグラフィ規制については，下記の観点などからの要請がある．
・青少年健全育成の観点から好ましくない［母親たちが有害図書などを指定した］
・女性を「モノ」として扱っており，男性優位の価値観を固定化・再生産する［フェミニズムの観点からの批判である］
・ポルノグラフィは性犯罪を助長している［ポルノグラフィと性犯罪の関連についての定説はない］

◎ 14.3.4　児童ポルノグラフィ

　児童が題材となるポルノグラフィは国際的に厳しく規制されている．

　わが国でも「世界に流通する児童ポルノグラフィの大多数が日本製である」との国際的批判を受け，1999年に「児童買春，児童ポルノに係る行為等の処罰及び児童の保護等に関する法律」が制定された．「児童ポルノ」とは，同法によれば写真や電子データなどに描写されているものであり，下記の3点のいずれかに該当するものである．

　① 児童を相手方とする又は児童による性交又は性交類似行為に係る児童の姿態
　② 他人が児童の性器等を触る行為又は児童が他人の性器等を触る行為に係る児童の姿態であって性欲を興奮させ又は刺激するもの
　③ 衣服の全部又は一部を着けない児童の姿態であって性欲を興奮させ又は刺激するもの

　なお児童ポルノに関する摘発件数は年間1000件を超えている．インターネットを介したやりとりも多く摘発されるようになっている．

◎ 14.3.5　売　春

　世界では，売春が規制されている国，合法化されている国，そして規制のない国に分かれる．世界的にみればヨーロッパ諸国を中心に，売春は合法化（売春斡旋も合法化）の流れにある．

　わが国では1956年に売春防止法が成立した．同法において売春は「対償を受け，又は受ける約束で，不特定の相手方と性交すること」とされている．性交以外の性的行為は含まれていない．「援助交際」も対償のある性交が行われているならば，売春といえる．

　売春防止法では，売春それ自体に罰則はない．罰則があるのは，下記である．
　① 売春の勧誘（路上での勧誘，広告等）
　② 売春の周旋（斡旋）
　③ 売春の契約
　④ 売春場所等の提供（売春業等）

---

i)　「わいせつ」とは，「いたずらに性欲を興奮又は刺激させ，かつ普通人の正常な性的羞恥心を害し，善良な性的道義観念に反する」ものとされており，その時代や社会に生きる一般の人々の規範意識などによって変わるものである．

◎ 14.3.6 買春する者

買春（異性間）する男性の特徴が明らかにされてきている．

性交を商品としてみていた買春男性には，強姦神話を受容していること，暴力的な性行為に惹かれていること，買春においてコンドームを用いないこと，売春を肯定していること，そして女性にとっての売春は価値あるものだと思っている傾向があることが明らかになっている．

◎ 14.3.7 児童買春

児童に関する買春は，「児童買春，児童ポルノに係る行為等の処罰及び児童の保護等に関する法律」の中で特に厳しく規制されている．

「児童買春」の範囲は広く，要点を下記に示す．

① 対象は18歳未満
② 性交だけではなく，性交類似行為を含む
③ 児童の性器等（性器，肛門又は乳首）を触ること
④ 児童に自己の性器等を触らせること
⑤ 買春するものへの罰則が存在
⑥ 勧誘・周旋等への刑罰

◎ 14.3.8 ミス・コンテスト

ミス・コンテスト（ミスコン）が性の商品化であると批判を受けることがある．ミスコンは，女性蔑視を伴う男性優位の価値観が固定化され再生産される事象であり，性差別にもあたるという考えが根底にある．これに対して，ミスコンは「美」を中心とした自らの才能を競う事象であるという反論も存在する．

〔松浦賢長〕

文　献

1) Monto, M.A., *et al.*: Conceiving of Sex as a Commodity: A Study of Arrested Customers of Female Street Prostitutes, *West Criminol Rev*, **10**（1），2009．
2) Morgan, R.: Theory and practice: Pornography and rape. In L. J. Lederer（Ed.）: "*Take Back the Night*", Bantam Books, 1980．
3) 小田　亮,「ポルノグラフィの誕生：近代の性器的セクシュアリティ」,『国際文化論集』（桃山学院大学），**6**，1992．

15 性犯罪・性被害

V. 性を支える

15.1 性犯罪とは何か

性犯罪とは，一義的には性に関わる犯罪である[1]．強姦（強姦罪），わいせつ行為（公然わいせつ罪・わいせつ物頒布罪・強制わいせつ罪・器物損壊罪），痴漢（強制わいせつ罪・迷惑防止条例違反），のぞき・盗撮（軽犯罪法，不法侵入，迷惑防止条例違反），色情盗（窃盗罪），児童ポルノ事犯（児童買春，児童ポルノに係る行為等の処罰及び児童の保護等に関する法律違反），児童買春（インターネット異性紹介事業を利用して児童を誘引する行為の規制等に関する法律（出会い系サイト規制法）違反）などがある．

強姦の認知件数は 2003（平成 15）年には最近 20 年間で最多の 2472 件を，検挙率は 2002（平成 14）年に 62.3％ と戦後最低を記録した．強制わいせつの認知件数は 2003（平成 15）年には戦後最多の 10029 件を記録した．検挙率は，2002（平成 14）年には 35.5％ と戦後最低を記録した（図 15.1）[2]．

平成に入って以降の認知件数の増大は被害者支援の体制整備，痴漢対策など性犯罪の防止対策強化などが影響していると考えられる．警察などの公的機関に認知されていない犯罪の件数を暗数というが，犯罪統計上の問題としては，① 犯罪が発覚しないままで終わる場合が多いこと，② 住民の犯罪に対する姿勢，③ 被害者の態度，④ 警察の取締方針，⑤ 記録上の誤差などが指摘されている[3]．法務総合研究所が実施した第 3 回犯罪被害実態（暗数）調査では，過去 5 年間の犯罪被害に遭った世帯および個人が，直近の被害を捜査機関に届けた比率（被害申告率）を被害態様別に見ると，個人犯罪被害では性的事件の被害申告率は 13.3％ と最も低かった．

性的事件とは，未遂を含む強姦，強制わいせつ，痴漢やセクハラなどの不快な行為を指し，日本の法律上必ずしも処罰の対象とはならない行為も一部含まれる[4]ことが被害申告率を低くする要因とも考えられる．性犯罪被害の不通報に関わる要因についての研究では，不通報と関連がみられたのは被害者と加害者との親密度と重要な他者からの援助の存在であった．面識のない加害者からの被害よりも，顔見知りの人からの被害の方が暗数は多いといわれる裏づけとなる結果である[5]．

図 15.2 は，児童福祉法（昭和 22 年法律第 164 号），児童買春・児童ポルノ禁止法及び青少年保護育成条例の各違反の検察庁新規受理人員の推移（最近 20 年間）を示している[2]．

児童ポルノは，その製造時に児童への性的虐待を伴うものであり著しい人権侵害にあたる．最近で

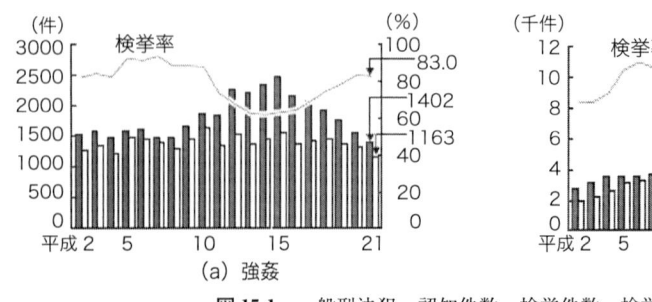

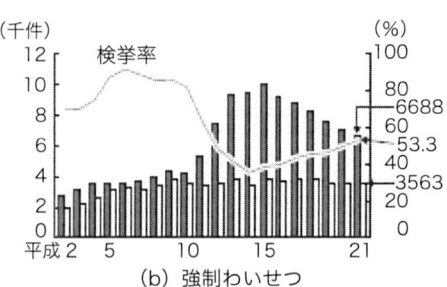

図 15.1 一般刑法犯　認知件数・検挙件数・検挙率の推移[2]
■：認知件数，　：検挙件数

は，被害児童の低年齢化が進んでいるほか，高画質画像の高速かつ大量な流通，ファイル共有ソフト利用の拡大などの傾向が見られる[6]．2009（平成21）年に児童ポルノの流通防止対策に関係する事業者，児童ポルノの流通防止に取り組む民間団体，学識経験者などからなる「児童ポルノ流通防止協議会」が発足し，児童ポルノ流通防止推進に対する具体的な検討を行っている．小児わいせつ犯は日本では「13歳未満」が一つの区分であり，成人を対象とした強姦犯とは異なる特徴を有することが指摘されている[1]．社会的コンピテンスの低さ，認知の歪みと偏った信念，性的嗜好の偏り，性格特徴とサイコパシーなどがあげられている[7]．インターネットで児童ポルノを閲覧する性犯罪者を「非接触型」とし，強姦や強制わいせつなどは「接触型」と2分類した場合，前者は後者に比較して，被害者に対する共感の歪みや子どもとのセックスに関する認知的歪みなどの心理的特徴がある[8]．性犯罪者は多様な犯罪を行うが，性犯罪を繰り返すとすれば同じようなタイプの性犯罪を行う傾向がある[9]．子どもに対する性犯罪者は，罪の意識を感じるよりは恥の意識を感じることが多いと指摘されているが，レイプなどの性犯罪に比べて，子どもの性犯罪の再犯率が高いことを説明するひとつの理由と考えられている[10]．性犯罪者に対する介入として，欧米にて実施されている「情報登録・公開制度」は，性犯罪の抑止および応報の目的がある．しかし，加害者の社会復帰が阻害されたり，被害者の特定がなされる場合があるなどの問題もある．「民事拘禁制度」は，性犯罪者の隔離による再犯防止機能が期待されるが，民事拘禁要否判断の再犯リスク・レベルの認定が困難なことや収容・処遇費用の高額支出などの問題が指摘されている．再犯防止プログラムとしては，介入方法として認知行動療法に効果のあることが示されている[1]．認知行動療法を活用した再犯防止プログラムは，性犯罪者以外の犯罪者の再犯防止の手段としても効果的である[11]．日本においても，再犯防止対策の一環として2006年から認知行動療法に基づいた性犯罪者処遇プログラムが刑事施設や保護観察所において実施されている．

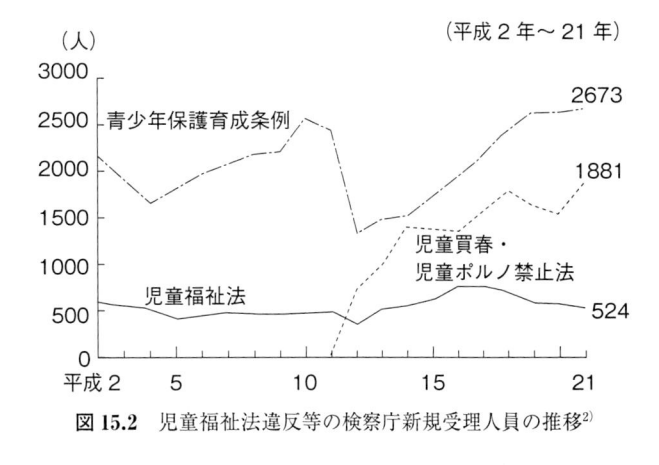

図15.2 児童福祉法違反等の検察庁新規受理人員の推移[2]

［笠井直美・山口幸伸］

文献

1) 田口真二・平 伸二・池田 稔・桐生正幸編著，『性犯罪の行動科学』，北大路書房，2010.
2) 法務省法務総合研究所，『平成22年版犯罪白書』，佐伯印刷，2010.
3) 大谷 実，『刑事政策講義 第4版』，弘文堂，1996.
4) 法務省法務総合研究所，『平成20年版犯罪白書』，太平印刷社，2008.
5) Dussich, P.J., & Shinohara, S.: Non-reporting of sexual assault in Japan, *Acta Crim Japon*, **67**（1），2001.
6) 『警察白書平成22年版』，警察庁，2010.
7) Quinsey, V.L. & Lalumiere , M.: "*Assessment of Sexual Offenders Against Children*, 2nd ed.", Sage Publications, 2001.
8) Elliott, I.A., *et al*.: Psychological profiles of internet sexual offenders: comparisons with contact sexual offenders. *Sex Abuse J Res Treat,* Mar; **21**（1）. 2009.
9) Soothill, K., *et al*. Sex offenders: Specialists, generalists or both? A 32-year criminological study, *B J Criminol*, **40**, 2000.
10) 越智啓太，「子供に対する性犯罪に関する研究の現状と展開（1）―発生状況と犯人の特性―」，『法政大学文学部紀要』，**54**，2007.

11) McGuire, J.: Integrating findings from research reviews. In, J. McGuire (ed.): *"Offender Rehabilitation and Treatment: Effective Programmes and Policies to Reduce Re-offending*, Wiley, 2002.

15.2　性被害のあいやすさ

　性的な強要をされたり，犯罪の被害者になったりすることについては，特定の個人が繰り返し遭遇する傾向が指摘されている．レイプやそれに準ずる性的な強要に関して，過去の被害経験は，新たな被害を予測する最も強力な要因である．アメリカ北東部での女性を対象としたプロスペクティヴ調査（調査対象の特徴とその後の経過を追いかける調査法，調査対象に過去の経験をたずねる調査法より優れているとされる）によると，思春期（14～18歳）に強制的に身体を触られたり未遂・既遂のレイプの対象になったりした女性は，そうした経験のない女性に比べ，大学の1年次で同じような性的強要の対象となる確率が4.6倍であった．強要の内容を法的な定義によるレイプに絞ると，対比はさらに大きくなる．思春期に未遂・既遂のレイプにあった女性は，そうでない女性に比べ，大学の1年次に13.7倍レイプに遭いやすかった．また，児童期（14歳未満）の性的強要の被害経験は思春期の被害経験を予測し，思春期における被害経験は成人後の被害経験を予測する．

　一般に男性が女性を性的な対象として選択する際には，身体的な魅力が重要な要因となる．しかし，特定の女性が性的な強要の被害に遭いやすい傾向に関して，身体的な魅力の個人差はそれほど関係がないとされてきた．被害の反復性に関して発達的な影響を重視する研究者たちは，幼少期に心的外傷となる経験をすることが被害者の自分の身をうまく守れないという行動パターンを形成させ，これが加害者のつけ入る隙となるのであろうと議論している[1-3]．18歳から72歳までの幅広い層の女性を対象としたカリフォルニアでの擬似プロスペクティヴ調査によると，過去1年間に性的強要の被害に遭った女性は，遭わなかった女性と比較して，体格や身体的な強さの印象に差はないが，性格や行動傾向に差が見られた．例えば，被害に遭う前から社会的な支配性や社交性が低く，判断や行動基準を他者に任せがちであり，自尊感情が低くて希死念慮の傾向があった．つまり，「心理的にトラブルを抱えている女性は，自分をうまく守れない」[4]のである．日本の性犯罪被疑者に被害者の選定理由をたずねた研究でも，最も主要な手がかりとして「おとなしそう」「警察に届け出ないであろう」という，自分をうまく守れない女性の心理傾向に関する予測があげられている．

　以上の研究は，女性が心理的に脆弱であまり抵抗できなさそうであると判断されると，望まぬ性的なアプローチの対象として選択されやすいという可能性を示唆している．上で述べたことの他にも，性的な強要にあった経験のある女性には特徴的な行動特性が見られることが指摘されている．これらの女性は，合意のもと性交を初めて経験した年齢については強要に遭わなかった女性と差はないが，性的な経験が多く，性的な問題に対する態度は自由主義的であり，セックス・パートナーの数も多い．また，言語的に他者を攻撃する傾向も強く，男性のパートナーに対して身体的・性的な攻撃をした経験も多い．さらに，過度の飲酒をする傾向も強要に遭わなかった女性より高い[6-9]．さまざまな犯罪やレイプにあった経験のある学生は，自らもリスクの高い行動を好む傾向が高いのである．暴力的な家庭環境に育つことも性被害に遭うリスクと関係することが指摘されている．

〔坂口菊恵〕

文　献

1) Browne, A. & Finkelhor, D.: Impact of child sexual abuse: A review of research, *Psychol Bull,* **99**, 1986.
2) Finkelhor, D. & Browne, A.: The traumatic impact of child sexual abuse: A conceptualization, *Am J Orthopsychiatry,* **55**, 1985.
3) Gidycz, C.A., *et al.*: Sexual assault experiences in adulthood and prior victimization experiences, *Psychol*

4) Myers, M.B., Templer, D.I. & Brown, R.: Coping ability of women who become victims of rape, *J Consult Clin Psychol*, **52**(1), 1984.
5) 内山絢子,「性犯罪の被害者の被害実態と加害者の社会的背景（中）」,『警察時報』2000年10〜12月号別冊, 2000.
6) Kanin, E.J. & Parcell, S.R.: Sexual aggression: A second look at the offended female, *Arch Sex Behav*, **6**(1), 1977.
7) Koss, M.P. & Dinero, T.E.: Discriminant analysis of risk factors for sexual victimization among a national sample of college women, *J Consul Clin Psychol*, **57**(2), 1989.
8) Siegel, J.A. & Williams, L.M.: Risk factors for violent victimization of women: A prospective study, U. S. Department of Justice, **#98**WTVX0028, 2001.
9) White, J.W. & Smith, P.H.: Developmental antecedents of violence against women: A longitudinal perspective, U. S. Department of Justice, **#98**WTVX0010, 2001.

15.3 性的虐待・DV・デートレイプ

「性的虐待」に関して，平成12年5月に公布された「児童虐待の防止等に関する法律」（児童虐待防止法）においては以下のように定義されている．まず，児童虐待は第2条に，「保護者（親権を行う者，未成年後見人その他の者で，児童を現に監護するものをいう．以下同じ）がその監護する児童（18歳に満たない者をいう．以下同じ）について行う次に掲げる行為をいう」と定義され，要約すると「身体的虐待」「性的虐待」「ネグレクト」「心理的虐待」の4項が規定されている．原文では，同条2項（性的虐待）にて，児童にわいせつな行為をすることまたは児童をしてわいせつな行為をさせることをあげている．文部科学省作成「養護教諭のための児童虐待対応の手引」では，上記を性的虐待として次のように解説している．「具体的には，性的ないたずら，性行為を強要する，性器や性交を見せる，ポルノグラフィの被写体を強要する，子どもの目の前でポルノビデオを見せるなどの行為である．性的虐待は，子どもに心的外傷後ストレス障害（PTSD）を引き起こさせる可能性が高いものである．性的虐待は一般的に表面化しにくい」

ドメスティック・バイオレンス（以下，DV）という用語は，1970年代中頃にアメリカを中心に起こったバタードウーマン運動（The Battered Women's Movement）の中で，女性自身や彼女たちの支援者が，自分たちの携わってきた問題として，夫や恋人からの暴力を表現する用語として生まれた[1]．ウォーカーの『バタードウーマン』[2] が1979（昭和54）年に出版され，暴力的な関係から逃げ出すことのできない女性の心理状態について説明されている．

DVという言葉が日本で用いられるようになったのは，1992（平成4）年からである．同年に，民間の女性たちによる「夫（恋人）からの暴力」調査研究会が，日本で初めてのDV調査といわれている全国規模の被害女性を対象としたアンケート調査を実施した[5]．2001（平成13）年に「配偶者からの暴力の防止及び被害者の保護に関する法律」（DV防止法）が施行され，その中で，「配偶者からの暴力」として法律上DVの定義がなされた．2004（平成16）年には，同法が改正され，その概要は以下のとおりである．

◎ 15.3.1 配偶者からの暴力

「配偶者からの暴力」とは，婚姻関係にある間柄の暴力だけではなく，婚姻の届出をしていない「事実婚」の関係にある暴力も含まれる．離婚後（事実婚状態の解消後）も引き続いて暴力を受ける場合も対象となった．身体的な暴力だけでなく，身体的な暴力に準ずる心身に有害な影響を及ぼす言動も対象

となった．

15.3.2 配偶者暴力相談支援センター

「配偶者暴力相談支援センター」は，都道府県が婦人相談所その他の適切な施設において被害者支援の大切な拠点となりその機能を果たす．また，市町村でも配偶者暴力相談支援センターの機能を果たすことができることになった．配偶者暴力相談支援センターの業務は，次の6点であるが，業務内容がより具体的に明記された．① 相談又は相談機関の紹介，② カウンセリング，③ 被害者及び被害者の同伴者の一時保護，④ 被害者の自立生活促進のための就業促進，住宅確保，援護等に関する制度の利用についての情報提供，助言，関係機関との連絡調整その他の援助，⑤ 保護命令制度の利用についての情報提供，助言，関係機関への連絡その他の援助，⑥ 被害者を居住させ保護する施設の利用についての情報提供，助言，関係機関との連絡調整その他の援助．また，配偶者暴力相談支援センターは，その業務を行うにあたっては必要に応じ，民間団体との連携に努めることが新たに規定された．

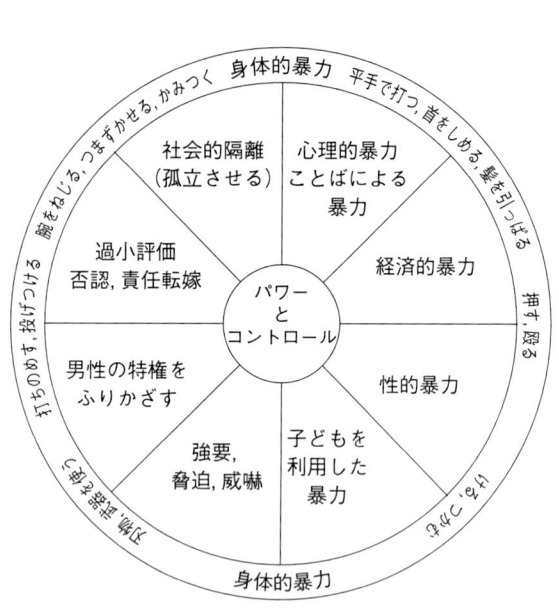

図15.3 パワーとコントロールの車輪[3]

15.3.3 保護命令

「保護命令」は，被害者が配偶者からのさらなる身体に対する暴力によりその生命または身体に重大な危害を受けるおそれが大きいときは，裁判所が被害者からの申立てにより，加害者に対し発する命令である．2007（平成19）年改正では，生命等に対する脅迫を受けた被害者に係る保護命令の発令も可能となった．命令には，2種類がある．その一つは，「接近禁止命令」（加害者に，被害者への身辺へのつきまとい等を6ヵ月間禁止するもの．被害者だけでなく，被害者と同居する子についても接近禁止命令を出すことが可能になった．再度の申立ても可能）である．2007（平成19）年改正では，電話等の禁止や被害者の親族などへの接近禁止命令を発令することが可能となった．2つめは，「退去命令」（加害者に，2ヵ月間，住居からの退去を命じるもの．再度の申立ても可能になった）である．（改正前加害

表15.1 暴力の代表的な形態[4]

身体的暴力	殴る/蹴る/首を絞める/髪を持って引きずり回す/包丁で切りつける/階段から突き落とす/タバコの火を押し付ける/熱湯をかける など
心理（精神）的暴力	暴言を吐く/脅かす/無視する/浮気・不貞を疑う/家から締め出す/大事にしているものを壊す/子どもに危害を加えると脅す など
経済的暴力	生活費を渡さない/女性が働き収入を得ることを妨げる/借金を重ねる など
性的暴力	性行為を強要する/ポルノを見せたり，道具のように扱う/避妊に協力しない など
社会的隔離	外出や，親族・友人との付き合いを制限する/メールを見たり，電話をかけさせないなど交友関係を厳しく監視する など
その他	「おまえは家事だけやっていればいいんだ」「この家の主は俺だ」などと男性の特権を振りかざす/暴力をふるう原因が女性にあると責任を転嫁する など

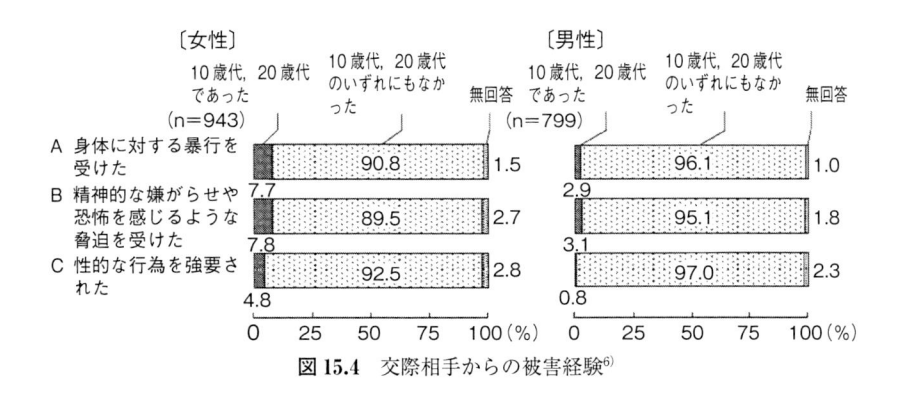

〔女性〕
A 身体に対する暴行を受けた (n=943): 10歳代, 20歳代であった 7.7, 10歳代, 20歳代のいずれにもなかった 90.8, 無回答 1.5
B 精神的な嫌がらせや恐怖を感じるような脅迫を受けた: 7.8, 89.5, 2.7
C 性的な行為を強要された: 4.8, 92.5, 2.8

〔男性〕
A 身体に対する暴行を受けた (n=799): 10歳代, 20歳代であった 2.9, 10歳代, 20歳代のいずれにもなかった 96.1, 無回答 1.0
B 精神的な嫌がらせや恐怖を感じるような脅迫を受けた: 3.1, 95.1, 1.8
C 性的な行為を強要された: 0.8, 97.0, 2.3

図 15.4 交際相手からの被害経験[6]

者は，婚姻関係または事実婚の関係にある者が対象だったが，元配偶者も含むことになった）なお，保護命令に違反した者には，1年以下の懲役又は100万円以下の罰金に処せられる．

◎ **15.3.4 被害者の自立支援**

改正DV防止法では，国及び地方公共団体の責務に，被害者の自立支援を含む被害者の保護を明記している．また，配偶者暴力相談支援センターの業務内容や福祉事務所による自立支援も明記された．

◎ **15.3.5 被害者への適切な対応**

改正DV防止法には，被害者からの苦情の適切かつ迅速な処理が明記された．また，職務関係者による配慮の規定に，今までの，被害者の心身の状況やおかれている環境を踏まえたうえで，国籍や障害の有無を問わず被害者の人権を尊重し安全の確保・秘密の保持に十分な配慮をするよう明記された．

デートDVは，交際相手からの暴力と称されており，近年，防止教育に関心が高まっている．内閣府が2008（平成20）年に実施した「男女間における暴力に関する調査」（女性1675人，男性1454人）によると，10歳代から20歳代の頃に，「交際相手がいた（いる）」という人（女性943人，男性799人）に，3つの行為をあげて，当時の交際相手から被害を受けたことがあるかを聞いた．「なぐったり，けったり，物を投げつけたり，突き飛ばしたりするなどの身体に対する暴行を受けた」ことが「10歳代，20歳代であった」人は，女性7.7％，男性2.9％であった．「人格を否定するような暴言や交友関係を細かく監視するなどの精神的な嫌がらせを受けた，あるいは，あなたもしくはあなたの家族に危害が加えられるのではないかと恐怖を感じるような脅迫を受けた」ことが「10歳代，20歳代であった」人は，女性7.8％，男性3.1％であった．「いやがっているのに性的な行為を強要された」ことが「10歳代，20歳代であった」人は，女性4.8％，男性0.8％となっている（図15.4）．交際相手からの被害経験をまとめてみると，当時の交際相手から「身体的暴行」「心理的攻撃」「性的強要」のいずれかをされたことが「あった」という人は女性13.6％，男性4.3％となっている．

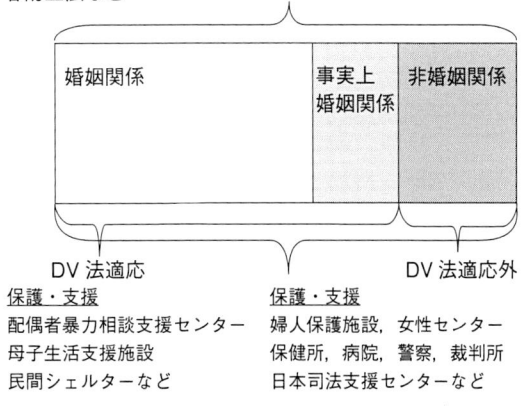

刑法，軽犯罪法，ストーカー行為等の規制等に関する法律（ストーカー規制法）警察官職務執行法，刑事訴訟法，売春防止法など

婚姻関係	事実上婚姻関係	非婚姻関係
DV法適応		DV法適応外
保護・支援 配偶者暴力相談支援センター 母子生活支援施設 民間シェルターなど		保護・支援 婦人保護施設，女性センター 保健所，病院，警察，裁判所 日本司法支援センターなど

図 15.5 女性の暴力に対する保護・支援[7]

2004（平成 16）年には DV 防止法が改正され，「配偶者からの暴力」とは，「事実婚」の関係にある暴力も含まれることになった．しかし，図 15.5 が示しているように，法的根拠がなく，同居せずに交際している非婚姻関係男女間における暴力被害であるデート DV に対して，DV 防止法の保護命令は対象外である．

DV が継続する理由として，DV 連鎖と呼ばれる 3 段階の一連のサイクルがある．まず暴力が起こる前に，二人の関係性が徐々に緊張感を持ちはじめる緊張形成期がある．次いで，何かの切っ掛けで暴力が始まる爆発期になり，暴力によって怒りのエネルギーが解消されると開放（ハネムーン）期に入り，二人の関係性を修復しようとする行為がとられる連鎖である．被害者が DV 連鎖から逃げ出さない理由としては，経済的自立の困難，子どもの存在，恐怖などが報告されている．しかし，デート DV の場合には，上記の理由とは別に，「結婚していないから，いやならいつでも別れることができる」「束縛は恋愛では当然」などが報告されている[7]．

〔笠井直美〕

文　献

1) 松島　京,「ドメスティック・バイオレンス（Domestic Violence）という用語が持つ意味―先行研究からの考察―」,『立命館産業社会論集』, **36**（1）, 2000.
2) ウォーカー, R.E. 著, 斎藤　学・穂積由利子訳,『バタードウーマン―虐待される妻たち』, 金剛出版, 1997.
3) 「夫（恋人）からの暴力」調査研究会,『ドメスティック・バイオレンス』, 有斐閣, 1998.
4) 神奈川県立かながわ女性センター,『ドメスティック・バイオレンスをなくすために』, 2009.
5) 猪飼美恵子,「ドメスティック・バイオレンス（DV）と対策：DV 防止プログラムを中心として」,『鹿児島国際大学福祉社会学部論集』, **22**（4）, 2004.
6) 内閣府,『男女間における暴力に関する調査』, 2008.
7) 富安俊子・鈴井江三子,「ドメスティック・バイオレンスとデート DV の相違および支援体制の課題」,『川崎医療福祉学会誌』, **18**（1）, 2008.

15.4　対　　　策

◎ 15.4.1　性犯罪への対策

この節のテーマである性犯罪への「対策」ということを広くとらえれば，地域防犯や防犯教育，被害者への支援などの幅広い領域を含むと考えられる．しかし，ここで，これらすべてを扱う余裕はないので，以下では，性犯罪への対策を，加害者への介入，特に再犯防止教育と狭い意味にとらえて論じていきたい．

◎ 15.4.2　性犯罪者への介入とは

まず，一般にイメージされているのとは異なり，性犯罪は，必ずしも性的欲求のみによって引き起こされるわけではなく，多くの要因が関係しうることが明らかになっている[1]．また，性犯罪者も「他の人々と同様，利用可能な選択肢の知覚に基づいて行動を決定する」人々であるが，「性犯罪者が他の多くの人と異なっているのは，一定の状況下では，性犯罪が正当な選択肢の一つとして知覚されるということである」[2] とされる．つまり，性犯罪者は，誤まった思考や行動パターンを身に付けた人々であると考えられている．

したがって，性犯罪者に対する再犯防止教育においては，動機や犯罪の態様の多様性を背景に，実際の介入に先んじて，個々の加害者について，何が問題で，どのように介入することが有効なのかを十分

にアセスメント（査定）することが必須である．この際，公的な記録や，関係者の証言，本人との面接などと並んで，性犯罪の再犯危険性に関する一種の尺度であるリスク・アセスメント・ツールが用いられることが多い．現在，性犯罪に対するアセスメント・ツールは欧米を中心に多く開発されており，わが国でも諸外国の研究を踏まえて独自のアセスメント・ツールが開発されている．

表15.2　矯正施設における性犯罪者処遇プログラム[3]

	オリエンテーション
第1科	自己統制
第2科	認知の歪みと変容方法
第3科	対人関係と社会的機能
第4科	感情統制
第5科	共感と被害者理解
	メンテナンス

文献3）より作成

　介入について，実証的研究では，「認知行動療法（Cognitive Behavior Therapy：CBT）」が一貫して有効性を示しており，多くの国で採用されている．わが国においても，2006年4月以降，成人を対象として，刑事施設および保護観察所において性犯罪者処遇プログラムが実施されるようになっているが，ここでも認知行動療法が採用されている．これは，対象者の「認知の歪み」や「不適切な行動パターン」を変化させることで，再犯を防止しようとするものである．

　表15.2は，わが国の刑事施設で実施されている性犯罪者処遇プログラムである．対象者は，先に述べたアセスメントに従って問題性を査定され，高密度，中密度，低密度のいずれのプログラムを受講するか決定される．プログラムは，密度が高くなるに従って，表15.2の科のうち受講しなければならないものが増えていくようになっている．また，表の最後に位置している「メンテナンス」とは，刑事施設出所前に，プログラムで学んだことを再度学習させることであり，それよって円滑な社会復帰を目指すものである．こうした介入は出所後も継続され，性犯罪者は，保護観察中にも類似のプログラムを受講することになっている（刑事施設に入所せず，最初から執行猶予や保護観察に付された者は，社会内において同様のプログラムを受けることになっている）．

　これらの処遇について，現在までのところ，再犯防止効果そのものを検証した結果は発表されていない．しかし，再犯防止プログラムの受講者の，性犯罪のリスク要因を得点化したものをプログラム受講前後に測定すると，刑事施設内及び保護観察中のいずれにおいても受講後に低下していることが明らかになっており[4,5]，プログラムは一定の処遇効果をあげているものと考えられる．

　こうした取り組みの背景にあるのは，実証に基づいた実践という考え方であり，常に効果の検証を行い，より有効な方法を求めて改善がなされつづけている．　　　　　　　　　　　　　　　　　　[川端壮康]

文　献

1) 藤岡淳子，『性暴力の理解と治療教育』，誠信書房，2006．
2) Hanson, R.K.,「安定性と変化―性犯罪者の動的リスク要因」．『性犯罪者の治療と処遇』（マーシャル, W.L. 他著，小林万洋・門本　泉監訳），日本評論社，2010．
3) 橋本牧子，「新法における改善指導について（その三）性犯罪再犯防止プログラムの内容」，『刑政』，117(3)，2006．
4) 法務省『平成22年度法務省事後評価実施結果報告書』，法務省ウェブページによる，2010．http://www.moj.go.jp/hisho/seisakuhyouka/kanbou_hyouka_hyouka01-03.html（2012年3月25日閲覧）
5) 法務省『平成20年度法務省事後評価実施結果報告書』，法務省ウェブページによる，2008．http://www.moj.go.jp/content/000008581.pdf（2012年3月25日閲覧）

16 性の支援

V. 性を支える

16.1 障害児・障害者の性

◎ 16.1.1 障害児・障害者の性的発達

ノーマライゼーションの理念の浸透とともに，障害児・者のセクシュアリティを人権としてとらえるようになってきたが，現実には十分な対応がなされているとは言い難い．

障害児・者のセクシュアリティについては多くの文献で，「障害がある」にせよ「障害がない」にせよ，あらゆる人に生まれつき与えられていると述べられており，性発達，性行動に差はありながらも，生理的レベルから心理的レベル，社会的レベルと階層的に発達するものと考える．

a. 生理的発達について

わが国では，大井[1]が1983年に全国7校の知的障害養護学校在籍児328人の保護者または教師に知的障害児の性発達と性行動調査を行い，変声，発毛，乳房発達，初経などの生理的発達は健常児と差がないという結果を報告している．大井[1]や河東田[2]は知的障害児の性発達について，特殊な例外を除けば生理的には健常児とほとんど変わりがないと述べている．また，自閉症児・者を重度群・非重度群に分けた宮原ら[3]の調査では，二次性徴，精通の発現時期では重度群と非重度群に差はなく，いずれの性徴も発現開始時期のばらつきはあるものの10代で発現していた．精通については健常児では早くて10歳，多くが12～14歳で経験するといわれており，個人差はあるものの障害児・者もほぼ同様の時期に発現するものと考えられる．

b. 心理・社会的発達について

思春期には生理的発達とともに心理面でも変化が起こり，親から独立したいという欲求や異性に対する関心も出てくる．Ousley & Mesibov[4]は非重度自閉症と自閉症以外の知的障害者の，性的関心や経験について調査し，多くの自閉症者が性的なことに関心を持っていたが，行動に至る例は少なかったと報告している．宮原ら[3]の調査では自閉症児・者の異性への関心の発現時期では，非重度群が重度群に比較して有意に早く異性への関心を示していた．異性に関心を示すことにはある程度の対人関係能力と言語発達が必要であり，非重度群の方がその能力を有しているため，この発現時期の差となったものと考える．

c. 性的問題行動について

Rubleら[5]が自閉症児・者の親100人を調査し，公衆の面前で性器を触る，マスターベーションをする，異性に触れるなどの不適切な性行動があり，親は彼らの性行動に不安を持っていると報告している．服部ら[6]は1988年に自閉症児90人と精神発達遅滞児95人の身体発達，性行動，性心理について比較し，人前でのマスターベーション，異性の身体に触る，風呂をのぞくなどの問題行動が多く見られたと報告している．一般的にマスターベーションは思春期から成人期への性的成熟の促進にとっては必要不可欠な行為であるといわれている．特に言語的表現がうまくできない障害児・者にとって，マスターベーションは性的解放を表現する性行動の一つとして，心理・社会的発達を促す重要な手段ともいわれている．しかし，障害児・者は性衝動があっても上手に処理できないので，しばしば社会的に認めら

れない行動をとることがあるため性的問題行動としてとらえられることが多いものと考える．

◎ **16.1.2　保護者の認識**
　Hammarら[7]が「精神遅滞児が思春期に入って性的に成熟していく過程では，ほとんどの家族がこれに対応する心の準備がないので，ストレスの多い状態を作り出してしまう」と述べており，親が障害のあるわが子の性発達と性行動をどのように認識するかは障害児・者のセクシュアリティに影響を及ぼすと考える．また，木戸ら[8]は知的障害児・者の保護者630人を調査し，子どもの性についての悩みは「男子をもつ母親」が大きかったと報告している．

◎ **16.1.3　障害児・者への性の指導**
　二次性徴発現以降から，知的障害や広汎性発達障害児の性的な問題行動が顕在化し，家庭や学校での適切な対応や指導が必要になる．広汎性発達障害の発症率は1％以上[9]であることから，どの学校にも広汎性発達障害の児童生徒が数名在籍していると考えられる．知的障害のある中学部，高等部の生徒の具体的な性の問題として，「ズボンを下げお尻を出して排尿する」「所かまわず性器をいじる」などがある．生徒においては，知的な遅れや社会性の遅れがあるために，性にどのように向き合ってよいかわからず，見当違いの衝動的な行動をとったり，パニックに陥ったりする場合があり，将来，地域で自立的な生活を営むうえで，ある時期に性についてしっかり指導することが求められる．
　例えば紙芝居形式で授業を進めことは，指導をできるだけ具体的に展開するために効果的である．性にまつわるさまざまな場面（異性の人に抱きつく，車に乗った知らない人に声をかけられる，など）を紙芝居で提示し，どのように行動するか考えさせるようにする．自分の体の変化に気づかせるだけでなく，社会生活上，性に関する守るべき行為（人前で性器を触らない，人の体にむやみに触らない，など）を具体的に指導する．性の指導は，基本的には学校教育のあらゆる機会をとらえて指導することが望まれる．例えば，健康診断や身体計測の時期に意図的に性の指導時間を設定する．また，初経が発来した児童生徒には，その時期をとらえて，個別的に適切に指導することが必要になってくる．性の指導は基本的には「いのちの指導」であり，嫌らしいものという感情を植えつけてはならない．むしろ，「いのち」の大切さを感じ取らせ，体の変化を受け入れて大人に近づいたことを喜べるように指導を展開することが求められる[10]．
　特別支援教育学習指導要領解説総則等編（幼稚部・小学部・中学部）[11]には，性に関連する内容について次のように示されている．「基本的生活習慣」の内容には，「用便」が含まれており，尿意などを伝えること，用便の手順や技能に関すること，用便後の始末に関すること，清潔を保つことに関することなどが指導内容としてあげられている．用便の自立は，社会生活を送る上できわめて重要であり，本人の自信にもつながる大切な事柄であるとされている．
　「健康・安全」の内容には，「健康管理」が含まれており，月経の指導について家庭などの協力を得て，不安感をもたないで初経を迎えられるようにすることが大切であることや，処置については，用便，清潔，身なりの指導と関連させながら，初期の段階で個別に指導する必要があること，また，児童生徒が，月経時に自分から女性教師に声を掛けるよう指導することも大切であると記載されている．
　中学部，第4「理科」の内容には，(1)「人の体の主なつくりや働きに関心をもつ」があり，身体のつくりやはたらき，日常的に見られる健康に関係する事柄に触れ，気づくことであるとされている．第7「保健体育」の内容には，(3)「自分の発育・発達に関心をもったり，健康・安全に関する初歩的な事柄を理解したりする」と，「保健」の観点から示している．具体的には，一人一人の生徒の知的障害の

状態などを踏まえ，また，身体的成熟や心理的な発達に合わせて，女子の月経の処置などに関する指導や男子の精通への対応など，性に関する指導を行う必要がある．保健の指導にあたっては，特に，家庭などとの連携を密にしながら，生涯にわたって活用できる能力や態度を育てることが大切である．また，家庭科の指導内容と関連づけながら，指導する必要があると記されている．

特別支援教育学習指導要領解説総則等編（高等部）[12]には，高等部の「保健体育」の内容として，「1段階（3）心身の発育・発達に関心をもち，生活に必要な健康・安全に関する事柄を理解する．2段階（3）心身の発育・発達に応じた適切な行動や生活に必要な健康・安全に関する事柄の理解を深める」とある．さらに，一人一人の生徒の知的障害の状態などを踏まえ，身体的成熟や心理的発達に合わせて，異性との交際のあり方，身だしなみや服装，態度など社会生活への適応を図るための指導を行う必要がある．生徒個々の知的障害の状態などに応じて，適切な指導内容を設定し，家庭との密接な連携・協力が必要である．また，異性との交際と合わせて，結婚や妊娠・出産についても家庭科の指導と関連して取り扱うことも大切であると記載されている．

[宮原春美・笠井直美]

文　献

1) 大井清吉，『障害児の性発達と性行動』，日本性教育協会，1983．
2) Hiroshi, K.: The cognition of matters on health and sex in young people with intellectual handicaps-A study in Stockholm and Tokyo-, *Eur J Spec Needs Educ*, 7 (2), 1992.
3) Miyahara, H., et al.: Mothers' perceptions of the sexual development and behaviors of persons with autism. *Acta Medica Nagasakiensia*, 53 (1), 2008.
4) Ously, O. & Mesibov, G.B.: Sexual attitudes and knowledge of high-functioning adolescents and adults with autism. *J Autism and Dev Disord*, 21, 1991.
5) Ruble, L.A., Dalrymple, N.J.: Social/sexual awareness of persons with autism: A parental perspective. *Arch Sex Behav*, 22, 1993.
6) 服部祥子・小西正三・堀内　桂他，「思春期を迎えた障害児の性の発達（第1報）」，『大阪教育大学紀要』，41 (2)，1992．
7) Hammar, S.L., Wright, L. & Jensen, D.L.: Sex Education for the retarded adolescent: A survey of parental attitudes and methods of management in 50 retarded adolescents, *Clin Pediatr* 6, 1967.
8) 木戸久美子・林　隆・中村仁志他，「知的障害をもつ子どもの性に関する親の意識に関する研究―親と子どもの性差による比較―」，『発達障害研究』，26 (1)，2004．
9) 日本発達障害福祉連盟，『発達障害白書2009年版』．
10) 阿部芳久，『知的障害児の特別支援教育入門，授業とその展開』，日本文化科学社，2006．
11) 文部科学省，『特別支援学校学習指導要領解説　総則等編（幼稚部・小学部・中学部）』教育出版，2009．
12) 文部科学省『特別支援学校学習指導要領解説総則編（高等部）』海文堂出版
13) Van Bourgondien, M.E., Reichel, N.C. & Palmer, A.: Sexual behavior in adults with autism, *J Autism Deve Disord*, 27, 1997.
14) Ward, K.M., Trigler, J.S. & Pfeiffer, K.T.: Community services, issues and service gap for individuals with developmental disabilities who exhibit inappropriate sexual behaviors, *Ment Retard*, 39 (1), 2001.
3) DeMyer, M.K.: "*Parents and Children in Autism*", Wiley, 1979.

16.2　受診行動

若者の性行動に関する課題である10代の性感染症，人工妊娠中絶などは徐々に減少しつつある．しかし，臨床からの事例報告などからは，課題は依然と存在していることが示され，問題に悩み戸惑う若者を出さないための取り組みは今後も必要である．

若者を対象とした性に関する予防教育は，実践レベルで多くのものが存在する．また，思春期外来などの臨床における実態についても多くの報告がある．しかし，性の問題が自分自身に起こった場合にど

のような行動が取られているのかについては，国内での報告は少ない．そこで，海外での調査もふまえ，若者の受診行動の特徴について述べる．

◎ 16.2.1　若者の性の問題での受診経験

性の問題での受診経験割合[1]は，わが国において，高校男子 0.9％，高校女子 4～13％，大学男子 3.6％，大学女子 12～24％であった．男子では比較できる結果は見られていないが，女子ではアメリカにおける 16～20 歳女子の 14.6％より低く，トルコにおける 13～18 歳女子の 10.5％と似た割合であった．現状としては男女ともに他の国の報告と同程度であり，高校生から大学生へと加齢による有病経験とともに性交経験割合の増加を経て上昇する状況も同様の傾向である．

◎ 16.2.2　若者の受診に影響するもの

a.　保険証

海外では，保険証の存在は受診行動を促進させる[2]．皆保険制度を持つわが国では，性の問題での受診では親に知られてしまうといった保険証を利用することへの抵抗感が受診行動を抑制すると考えられる．しかし，保険制度の浸透や個人保険証の配布の影響もあってか，性の問題においても抵抗感を持つ者は 2 割以下であり，約 8 割の学生は抵抗感を持っていない（図 16.1）．むしろ経済的理由から保険証を利用し，負担を少なくしたいと考えている．

b.　親

親の存在は，経済的にも精神的にも依存している高校生や大学生にとっては，大きな影響を与える．海外の調査でも，親の判断[2] や親とのコミュニケーション[3] が受診行動を左右させること，母親への相談や受診の付き添いを望んでいること[4,5] が報告されている．特にわが国においては海外より親への依存傾向は高く，費用負担については高校男女と大学女子が親を多く望み，付き添いについては，大学女子でも 30～50％が受診に親の付き添いを望んでいる（図 16.2，図 16.3）．

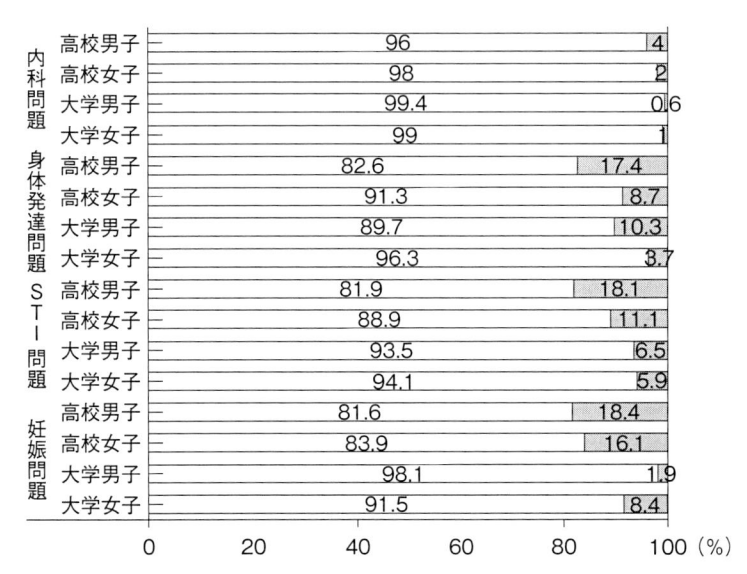

問題	対象	利用する	利用したくない
内科問題	高校男子	96	4
内科問題	高校女子	98	2
内科問題	大学男子	99.4	0.6
内科問題	大学女子	99	1
身体発達問題	高校男子	82.6	17.4
身体発達問題	高校女子	91.3	8.7
身体発達問題	大学男子	89.7	10.3
身体発達問題	大学女子	96.3	3.7
STI問題	高校男子	81.9	18.1
STI問題	高校女子	88.9	11.1
STI問題	大学男子	93.5	6.5
STI問題	大学女子	94.1	5.9
妊娠問題	高校男子	81.6	18.4
妊娠問題	高校女子	83.9	16.1
妊娠問題	大学男子	98.1	1.9
妊娠問題	大学女子	91.5	8.4

図 16.1　性の問題別での保険証利用について（文献 1）をもとに作成）
学生が保険証利用するにあたり利用すると答えた人と利用に対し抵抗感があると答えた人の割合を示す．□利用する―利用を勧める，■利用したくない，または利用しない―利用を勧めない．

c. 友　人

若者の性の悩みは友人に相談する者が最も多いといわれ，特に女子の相談率は高い[6]．友人の知識量や対応次第で受診行動は影響を受けることが多い．

d. パートナー

パートナーの存在について，妊娠が起こった場合，自分が付き添いをするという男子が40〜60％存

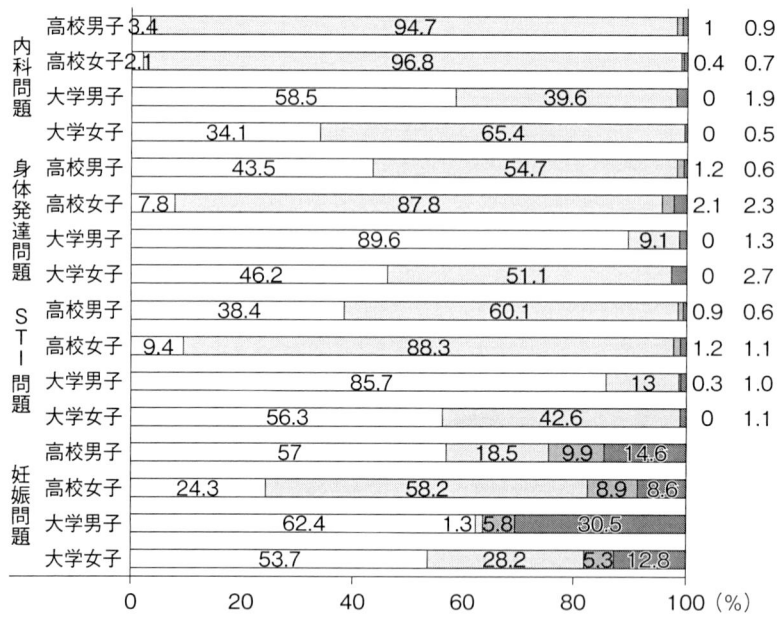

図16.2　性の問題別での受診における費用負担者（文献1）をもとに作成）
学生が希望する費用負担者の割合を示す．□本人，親，パートナー，本人とその他の人．

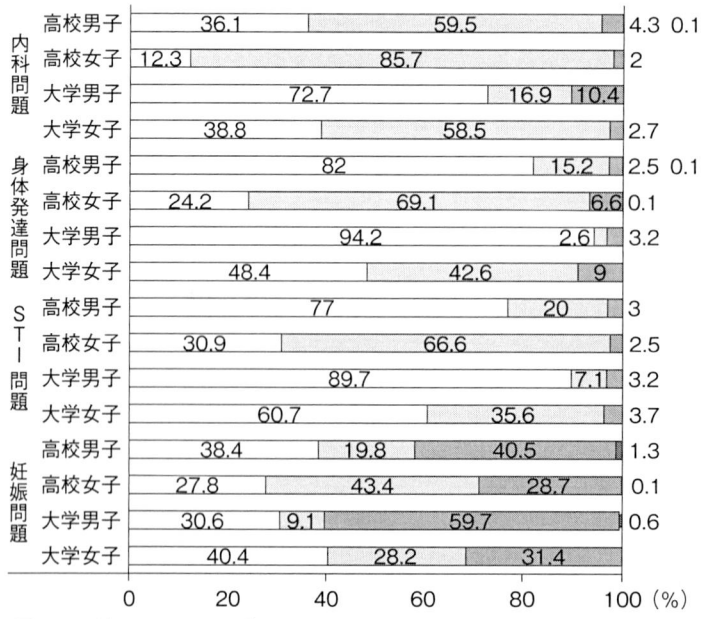

図16.3　性の問題別での受診における付き添い者（文献1）をもとに作成）
付き添いを希望する人の割合を示す．□自分のみ，親，パートナー，教員．

表 16.1 問題別の最も重視する対処行動選択（文献1）をもとに作成）

	高校男子（%）	大学男子（%）	高校女子（%）	大学女子（%）
内科問題	病院受診（65.7） しばらく様子を見る（15.3） 親しい人への相談（11.1）	病院受診（54.6） しばらく様子を見る（19.7） 親しい人への相談（11.8）	病院受診（60.7） 親しい人への相談（15.0） しばらく様子を見る（13.1）	病院受診（55.9） しばらく様子を見る（19.9） 親しい人への相談（19.4）
身体発育問題	しばらく様子を見る（32.6） 病院受診（20.4） 情報検索（19.0）	しばらく様子を見る（40.1） 情報検索（29.6） 専門家への相談（11.2） 病院受診（11.2）	親しい人への相談（36.2） 病院受診（30.8） しばらく様子を見る（12.7）	病院受診（37.1） 親しい人への相談（33.9） しばらく様子を見る（12.9）
STI問題	病院受診（46.1） 専門家への相談（22.6） しばらく様子を見る（13.0）	病院受診（55.9） 専門家への相談（20.4） 情報検索（17.8）	病院受診（28.2） しばらく様子を見る（26.8） 親しい人への相談（25.4）	病院受診（33.3） しばらく様子を見る（19.4） 親しい人への相談（18.8）
妊娠問題	病院受診（44.4） 親しい人への相談（26.0） 専門家への相談（19.0）	病院受診（55.9） 親しい人への相談（23.7） 専門家への相談（13.8）	病院受診（45.2） 親しい人への相談（34.7） 専門家への相談（11.6）	病院受診（51.6） 親しい人への相談（33.3） 情報検索（8.6）

受診前に行われる対処行動について，最も重視する対処行動の割合を示す．

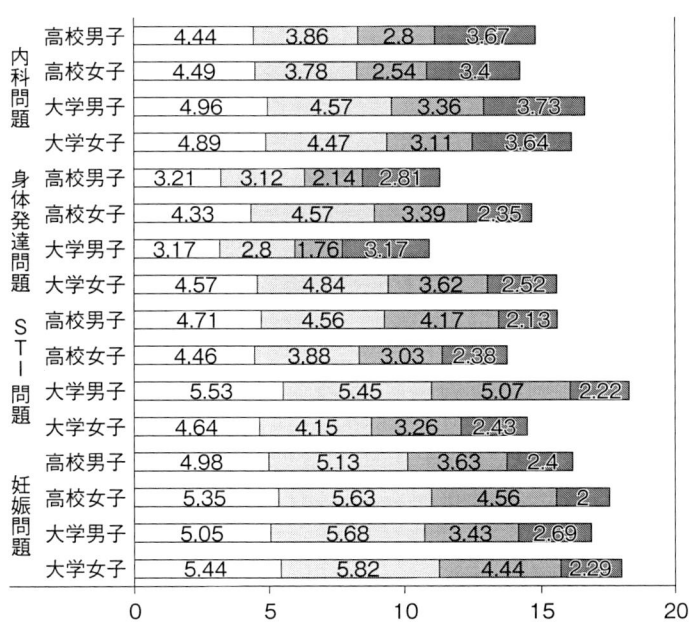

問題	群	コミットメント	影響性の評価	脅威性の評価	コントロール可能性
内科問題	高校男子	4.44	3.86	2.8	3.67
内科問題	高校女子	4.49	3.78	2.54	3.4
内科問題	大学男子	4.96	4.57	3.36	3.73
内科問題	大学女子	4.89	4.47	3.11	3.64
身体発達問題	高校男子	3.21	3.12	2.14	2.81
身体発達問題	高校女子	4.33	4.57	3.39	2.35
身体発達問題	大学男子	3.17	2.8	1.76	3.17
身体発達問題	大学女子	4.57	4.84	3.62	2.52
STI問題	高校男子	4.71	4.56	4.17	2.13
STI問題	高校女子	4.46	3.88	3.03	2.38
STI問題	大学男子	5.53	5.45	5.07	2.22
STI問題	大学女子	4.64	4.15	3.26	2.43
妊娠問題	高校男子	4.98	5.13	3.63	2.4
妊娠問題	高校女子	5.35	5.63	4.56	2
妊娠問題	大学男子	5.05	5.68	3.43	2.69
妊娠問題	大学女子	5.44	5.82	4.44	2.29

図 16.4 認知的評価測定尺度（CARS）の得点結果（文献1）をもとに作成）[i]

性の問題での心理的特徴を認知的評価測定尺度（CARS）を用いて示す．
□コミットメント，▨影響性の評価，▩脅威性の評価，■コントロール可能性．

---

[i] 認知的評価測定尺度（CARS）は，日常生活において経験するストレス状況を設定し，そのストレッサーに対する心理的ストレス反応の予測が可能な測定尺度である．「コミットメント」「影響性の評価」「脅威性の評価」「コントロール可能性」の4つの下位尺度は各2項目で構成される．各項目は「全くちがう」「いくらかそうだ」「まあそうだ」「その通りだ」4件法で回答を求め，得点は0～3点である．各下位尺度得点は，項目得点を合計して算出し，得点範囲は0点～6点となる．

在し，パートナーに付き添いを望む女子も30%存在する．しかし，STIでの受診については男女ともに付き添いを望む者は3～4%と少なく，ともに治療を行う受診行動につながらない可能性がある（図16.3）．

◎ **16.2.3　性差による特徴**

受診行動に至るまでの対処行動について，男子は「情報検索」「専門家への相談」を多く行い，女子は「親しい人への相談」をするといった特徴がみられる（表16.1）．

◎ **16.2.4　心理的特徴**

性の問題は一般的な身体問題より脅威を強く感じ，また，コントロールができないと感じることが多い（図16.4）．このような心理状態になると，回避的対処や情動的対処という望ましくない対処行動をとるようになり，受診行動にも悪影響を及ぼすと考えられる．　　　　　　　　　　　　　　　　　　　[石走知子]

文　献

1) 石走知子・松尾博哉，「思春期・青年期学生の性の問題における対処行動ならびにストレス認知に関する研究」，『思春期学』，**28**（3），2010．
2) Calol, A.F., Peter, S.B., & James, M.: Foregone Health Care Among Adolescents, *JAMA*, **282**（23），1999.
3) Arik, V.M., et al.: Masculine Beliefs, Parental Communication, and Male Adolescents Health Care, *Pediatrics*, **119**（4），2007.
4) Kubilay, V., et al.: Demographic and epidemiolojic features of female adolescents in Turkey, *J Adolesc Health*, **18**, 1996.
5) Amiram, R., et al.: Adolescents' help-seeking behavior: the difference between self-and other-referral, *J Adolesc*, **23**, 2000.
6) 岡田倫代他，「高校生における悩みの相談対象に関する実態調査」**53**（1），79-86，四国公衆衛生学会雑誌，2008．

16.3　助けを求める行動の支援

ここでは，性に関わる助けを求める行動の支援として，性交後に行う緊急避妊法の対応について述べる．

緊急避妊法（emergency contraception：EC）とは，避妊を行わなかった場合あるいは避妊に失敗した際に，それに引き続いて起こりうる妊娠を回避するための避妊法と定義される[2]．また，「実施される緊急避妊法は，日常的な避妊方法としては適していない」[3]と世界保健機関（World Health Organization：WHO）は定義している．「緊急避妊薬」は，コンドームの装着不備，低用量経口避妊薬の飲み忘れなど，避妊措置に失敗した又は避妊措置が十分ではなかった場合に，妊娠を回避するため，性交後に服用する．本薬は，排卵抑制や受精，着床阻害などで妊娠を回避する作用がある．本薬の製造販売承認に関する審査報告書[4]によると，WHOが14ヵ国（アメリカ，イギリス，中国など）21施設で実施した臨床試験では，妊娠率は1.1%であり，妊娠阻止率（全ての被験者について予測排卵日と性交日からどの周期日に該当するか調査し，周期20日ごとの妊娠確率に基づいて求めた期待妊娠数を用いて算出）は85%と報告されている．

緊急避妊薬の「ノルレボ錠0.75 mg」（以下，「本剤」）は，1錠中に合成された黄体ホルモンである成分のレボノルゲストレル0.75 mgを含有する製剤である．用法用量は，性交後72時間以内にレボノルゲストレルとして1.5 mg（ノルレボ錠0.75 mg錠は2錠）を1回服用する．本剤は，1999年4月16日

にフランスで緊急避妊薬として販売承認を取得したのを皮切りに，2010年4月現在，緊急避妊を目的として，欧州，アジア，アフリカなどの海外48ヵ国で承認，45ヵ国で販売されている．また，レボノルゲストレルを1.5 mg含有する製剤が41ヵ国で承認，37ヵ国で販売され，一般用医薬品または医療用医薬品として使用されている．また，アメリカにおいては，緊急避妊を目的として，本剤と同一有効成分を含有する製剤（レボノルゲストレル0.75 mg錠および1.5 mg錠）が一般用医薬品として承認・販売されている．

日本では性行為の前に計画的に飲む低用量ピル（経口避妊薬）はすでに承認されているが，性行為後に飲む避妊薬は承認されていなかった．1970年代に開発された緊急避妊法であるヤツペ法とは，エチニルエストラジオール0.05 mgとノルゲストレル0.5 mgの配合剤を性交後72時間以内に2錠，さらに12時間後に同量服用する方法である[4]．国内で現在，性犯罪の被害を受けた際やコンドームの破損など望まない妊娠を防ぐために緊急避妊する場合は，この投与条件を満たす薬剤として本来は緊急避妊以外に使われる既存の月経周期異常などの治療薬（中用量ホルモン剤と呼ばれているドオルトンあるいはプラノバール）を性交後72時間以内に2錠，さらに12時間後に同量服用する方法が使われている．しかし，悪心や嘔吐などの副作用が強い．そのため，産婦人科医らが本剤の導入を要望していた．1999年1月から2006年12月末までの8年間に日本家族計画協会クリニックにて緊急避妊を必要とした656例の理由は，「コンドームの破損」（38.6％）をトップに「避妊せず」（19.5％），「コンドームの脱落」（16.3％）が続いた．「性犯罪被害」との回答は3.5％であった[1]．

2004（平成16）年に犯罪被害者等の権利利益の保護が明記された「犯罪被害者等基本法」が成立し，同法に基づき，2005（平成17）年に犯罪被害者等基本計画が閣議決定された．この基本計画において，「性犯罪被害者に対する緊急避妊等に要する経費の負担軽減」が盛り込まれ，これを受けて警察庁では，性犯罪被害者が負担している初診料，診断書料，緊急避妊に要する経費などについて，公費により負担する制度として2006（平成18）年度予算措置を行った．都道府県警察では，警察庁での予算措置を受け，順次，取り組みを進めている．性犯罪被害者への対応としては，事件への捜査協力確保の必要性などから，担当の女性警察官等とともに，医療機関で医師の診察を受けることなどを要件としている．

厚生労働省の薬事・食品衛生審議会（食薬審）の医薬品第一部会が2010（平成22）年11月26日に開かれ，本剤の製造販売を承認することを妥当と判断した．厚生労働省は同年12月上旬まで，一般国民から意見公募手続（パブリックコメント）を実施した後，食薬審の薬事分科会であらためて妥当性を審議し，12月24日に製造販売を承認した．

安易な利用を招くなどと慎重論がある一方，性犯罪被害者への緊急対応や人工妊娠中絶の回避に有用とする考え方もあり，審議の行方が注目されていた．厚生労働省は「『性感染症も防げるコンドームの普及を阻むおそれがある』『安易な性行為が増える』などの懸念が根強くある」などの理由で，性行為

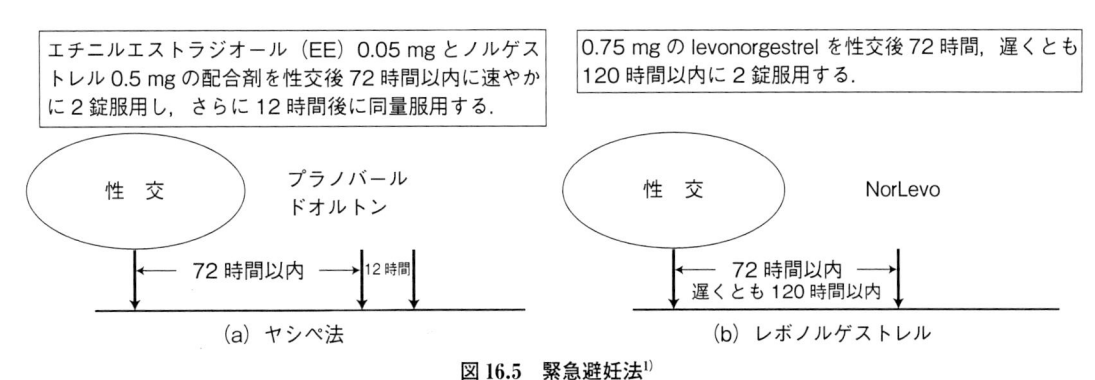

| エチニルエストラジオール（EE）0.05 mgとノルゲストレル0.5 mgの配合剤を性交後72時間以内に速やかに2錠服用し，さらに12時間後に同量服用する． | 0.75 mgのlevonorgestrelを性交後72時間，遅くとも120時間以内に2錠服用する． |

　　　性交　　プラノバール　　　　　　　性交　　NorLevo
　　　　　　　ドオルトン
　　　　← 72時間以内 →　12時間　　　　　← 72時間以内 →
　　　　　　　　　　　　　　　　　　　　　　遅くとも120時間以内
　　　　　　(a) ヤツペ法　　　　　　　　　　　(b) レボノルゲストレル

図 16.5　緊急避妊法[1]

後に行う緊急避妊を推進していない．同様の懸念は低用量ピルに慎重な意見も根強いため，国内では9年を掛けて，1999（平成11）年に承認された．

カトリック中央協議会は2010年12月2日，「積極的な中絶を目指している」とノルレボの承認反対を表明．「命の尊厳に対する軽視」として，承認後も使用を避けることを呼びかけるとしている．

[笠井直美]

文　献

1) 北村邦夫，「クリニカルカンファレンス（一般診療・その他）；2．OCと緊急避妊 3）緊急避妊法」，『日産婦誌』，**59**（9），2007．
2) 北村邦夫，「緊急避妊法」，『婦人科治療』，**77**（6），1998．
3) WHO: "N° 244, *Emergency Contraception, Revised October* 2005, WHO Mediacentre, Fact sheet.
4) 独立行政法人医薬品医療機器総合機構，審査報告書，2010（平成22）年10月25日．
5) Yuzpe, A.A. & Lancee, W.J.: Ethinyl estradiol and dl-norgestrel as a postcoital contraceptive, *Fertil Steril*, **28**, 1977.

17 性と医療

V. 性を支える

17.1 出産と医療

◎ 17.1.1 出産と医療の関係の現代に至るまでの経緯

　わが国では長期にわたり，産婆の介助によって自宅で自然に任せた出産（お産）が行われてきたが，第二次世界大戦以後，出産のありようは急速に変化した．1950年には自宅分娩が全出生の95%以上を占めていたが，わずか10年後の1960年には，病院や診療所，助産所といった医療施設での分娩が50%を占め，1980年代以降はその割合が99%に達している．このような急速な施設分娩の増加と「出産の医療化」が推進されたことにはさまざまな要因がある．

　戦後，日本を統治したGHQ（連合国軍総司令部）は，アメリカの医療制度をモデルとして，日本の医療の施設化を図った．その中で，日本の出産の大部分は助産婦（現在の助産師）によって家庭で行われていることが問題視された[1]．GHQ主導で打ち出された「出産の医療化」は，医療施設で「お金のかかる出産」を選択できるということが，幸せな若嫁としてシンボル化され，人々の支持を得た．また，陣痛誘発剤が開発され，人為的に陣痛の始まりをコントロールしたり，促進できたりする医療技術が産科医に歓迎された[2]．分娩台や分娩監視装置，麻酔分娩，陣痛促進剤などの医療技術の進歩と導入は，女性にとって安全なお産・簡単なお産を提供するものであるととらえられていた[3]．このように，GHQの方針のみならず，医療従事者や世論も施設分娩と「出産の医療化」を推進したといえる．

　分娩監視装置や陣痛促進剤といった医療技術を用いることによって，産科医療は出産を管理し，計画的に作業をすることが可能になると，産科医療の領域は異常時のためのものから正常産のためのものへと拡大された．医療技術が正常産にも用いられるようになると，医療技術をあえて使わないことの説明が必要となり，正常産に対しても慣例的に医療技術が使われるようになっていった[2]．

　1970年代後半になると，欧米の第二次フェミニズムの影響を受け，日本でも女性の自己決定権の主張や女性差別への批判が高まりをみせた．その中で「出産の医療化」はまさに医療による女性の身体と自己決定権の抑圧としてとらえられた[5]．出産が過度に医療化されていく中，ラマーズ法（呼吸法を用いた精神予防性無痛分娩法）やアクティブバース[6]（分娩中に産婦が身体を自由に動かしながら，女性の「産む」という能力を最大限に引き出す方法出産方法）が日本にも紹介され，出産と医療の関わりに対する問い直しが広まった．

　国際的にも，女性運動などの社会的な動きにとどまらず，WHOを中心に医療やケアについてその有効性が科学的に検証され，正常なお産におけるケアのガイドラインが作成された[7]．また，イギリスでは1993年に女性中心のケアを提供することに重点がおかれたchanging childbirth[8]という妊産婦ケアに関連した政策が打ち出され，「女性を中心とした妊産婦ケア」の重要性が広まっている．このように，出産と医療の関係は，科学や医療の進歩，男女平等に向けた社会的な動きを背景にしつつ，この半世紀で大きく変わってきている．

◎ 17.1.2　わが国における出産と医療の現状

わが国では，1987年には分娩件数に占める帝王切開の件数は8.5％であったが，2008年には，18.4％に急増している[9]．国際的には，母体と子どもの生命と健康を守るためには，帝王切開は全分娩の5～10％において必要となり，その割合が15％以上になると帝王切開が乱用されている状況であるといわれている[10]．この基準に照らし合わせてみると，わが国の帝王切開の割合は高いことがわかる．

出生時刻についてわが国全体で見てみると，平日は9時以降に出生数が徐々に増加し，13時に急激に上昇して14時をピークに下降し，土曜や日曜は平日に比べて出生数が少ない[11]．しかし，助産所や自宅での出産のように，原則として医療介入が行われない出産の場合，出生時刻は早朝5～6時が最も多く，17～19時頃が最も少なくなり，その後，再び増加する曲線となり，出生時刻に日内リズムが存在することが示唆されている[12]．このことから，わが国全体の出生時刻のトレンドは，陣痛促進剤などの薬剤の使用や，予定帝王切開といった産科的医療介入による影響を受けていることがわかる．

このように出産が医療化されている現状に至った背景は，産科医療によって出産を管理し，スムーズな作業をすることを指向したからだけではない．医療従事者が出産を医療化して，管理せざるをえなくなってしまっていることもあげられる．わが国において分娩を取り扱っている産科もしくは産婦人科を標榜する施設数は，1993年には病院と診療所を併せて4266箇所であったが，2005年には3056箇所と急速に減少している[13]．当直体制のある病院において，産婦人科医が病院にいる時間は月間295時間であり，さらに「オンコール時間」[i]は88時間となっており[14]，産婦人科医がいかに長時間労働を強いられているのかがわかる．分娩施設が急速に減りつづける中，残った分娩施設において産婦人科医をはじめとする医療従事者が長時間勤務をしてカバーすることによって，わが国の出産が支えられている．限られた人的資源で地域の出産の需要に応えようとする場合，出産を医療によって管理せざるをえない場合も起こりえる．

出産や医療に対する社会の認識や風潮も「出産の医療化」に拍車をかけていると考えられる．わが国においては，診療科別にみると産婦人科医が提訴されるリスクは最も高い[15, 16]．産科医は母子の生命に対する全責任を負わされているため，先回りをして介入する「防衛医療」に走ることもあることが指摘されている[17]．

医療を提供する側の問題だけではなく，産む側の女性側の問題も踏まえなければならない．わが国では晩婚化が進んでおり，必然的に出産の高齢化も進んでいる．第一子出産時の母の平均年齢の推移を見てみると，1985年には26.7歳であったが，2009年には29.7歳となっている[17]．35歳以上のいわゆる"高齢出産"の者の割合は，1985年には7.1％であったのに対して2009年には22.6％と3倍以上に急増している[17]．出産の高齢化が進むと，出産時のリスクは総じて高くなる．出産時の年齢が25歳以下の者に比べて，40歳以上の者では帝王切開に至るリスクが3.7倍高くなる[18]．自然死産率も最も低い20代後半と比べて，40代前半は2.5倍，40代後半は4.0倍となる[19]．その他にも，妊娠高血圧症候群や流産など，出産時の年齢が高くなるほどさまざまなリスクが高まることが示されている．

出産時の女性の年齢に加え，女性の心身の状態が良くないこともあげられる．心身の状態や良い生活習慣を保つことは，妊娠高血圧症候群をはじめとする，妊娠や出産の経過における異常の予防につながる[20]．しかし，実際には長時間労働やストレス，不規則な生活習慣などにより，妊婦の心身の状態が乱れている．助産所などでは，妊婦健診などを通じて，妊婦に対して生活習慣を整え，自分の力で産むことができるような身体を作るための指導が行われている[21]．

---

i)　勤務外ではあるが緊急時には必要に応じて対応をしなければならない時間．

出産は病気ではなく，人間の自然で生理的なプロセスである．医療に管理されて産ませてもらうことではない．まずは，女性が自分の力で産むという考え方が基本となり，女性が自分の力で産めない場合やリスクが高い場合に，医療の力を借りるのである．近年，わが国で広まりつつある無痛分娩やその他の医療技術の適用など，出産のありようについては今もなお，さまざまな議論が続けられている．こうした議論は我々に医療の使い方を問いかけているともいえる．

[竹原健二]

文　　献

1) 大林道子，『助産婦の戦後』，勁草書房，1989
2) 吉村典子編，『出産前後の環境―からだ・文化・近代医療』，昭和堂，1999.
3) 松島　京，「親になることと妊娠・出産期のケア―地域医療と子育て支援の連携の可能性―」，『立命館大学産業社会論集』．**39**（2），2003.
4) 松島　京，「出産の医療化と「いいお産」―個別化される出産体験と身体の社会的統制―」，『立命館人間科学研究』．**11**，2006.
5) Balaskas, J.: "*Active Birth—the New Approach to Giving Birth Naturally-revised Version*", The Harvard Common Press, 1992.
6) WHO: "*Care in Normal Birth: a Practical Guide*", WHO, 1996.
7) Department of Health: "*Changing Childbirth*", The Stationery Office Books, 1993.
9) 厚生労働省，『平成20年（2008）医療施設調査』，厚生労働省ウェブサイトによる，2009. http://www.mhlw.go.jp/toukei/saikin/hw/iryosd/08/index.html （2012年3月閲覧）．
10) Althabe, F. & Belizan, J.F.: Caesarean section: The paradox, *Lancet*, **368**, 2006.
11) 厚生労働省，『平成17年度「出生に関する統計」の概況』，厚生労働省ウェブサイトによる，2006. http://www.mhlw.go.jp/toukei/saikin/hw/toksyu/syussyo05/index.html （2012年3月閲覧）．
12) 松嶋紀子他「全数標本を用いたわが国の出生数の時刻別分布に関する記述疫学」，『日本衛生学会誌』，**57**，2003.
13) 日本産婦人科学会，『分娩施設における医療水準の保持・向上のための緊急提言』，2006. http://www.jsog.or.jp/news/html/announce_30OCT2006.html （2012年3月閲覧）．
14) 日本産婦人科学会産婦人科医療提供体制検討委員会，『平成20年度厚生労働科学研究「分娩拠点病院の創設と産科二次医療圏の設定による産科医師の集中モデル事業」わが国の病院産婦人科勤務医の在院時間実態報告書』，2009. http://www.jsog.or.jp/news/pdf/20090524_iryotaisei.pdf （2012年3月閲覧）．
15) 厚生労働省，『平成20年（2008）医師・歯科医師・薬剤師調査の概況』，厚生労働省ウェブサイトによる，2009. http://www.mhlw.go.jp/ishi/08/index.html （2012年3月閲覧）．
16) 最高裁判所，『医事関係訴訟事件（地裁）の診療科目別既済件数』，最高裁判所ウェブサイトによる，2010. http://www.court.go.jp/saikosai/about/iinkai/izikankei/toukei_04.html （2012年3月閲覧）．
17) 戸田律子訳，『WHOの59カ条　お産のケア実践ガイド』，農山漁村文化協会，1997.
18) 厚生労働省，『平成21年人口動態統計確定数の概況』，厚生労働省ウェブサイトによる，2010. http://www.mhlw.go.jp/toukei/saikin/hw/jinkou/kakutei09/index.html （2012年3月閲覧）．
19) Ecker, J.L., *et al*.: Increased risk of cesarean delivery with advancing maternal age: indications and associated factors in nulliparous women, *Am J Obstet Gynecol*. **185**（4），2001.
20) 日本産婦人科学会編，『産婦人科研修の必修知識』，日本産婦人科学会，2007.
21) 竹原健二・北村菜穂子・吉朝加奈・三砂ちづる・小山内泰代・岡本公一・箕浦茂樹，「助産所で妊婦に対して実施されているケアに関する質的研究～助産所のケアの本質とはどういうものか～」，『母性衛生』，**50**（1），2009.

17.2　生殖補助医療

◎ 17.2.1　生殖補助医療とは

a.　不妊・不妊治療・生殖補助医療の定義

不妊の定義は，国によって異なる．日本における不妊とは，WHOの定義と同様に，生殖年齢にある

男女が妊娠を希望し，性生活を行っているにもかかわらず，2年以上経過しても妊娠の成立をみない状態をいう．不妊カップル数は約10組に1組の割合とされ，男女の不妊割合は，ほぼ1対1とされている．主な不妊原因として，男性側では精子無力症，乏精子症，女性側では卵管閉塞や子宮内膜症などが指摘されるが，原因が不明なものも多い．

不妊治療は，一般に，タイミング療法，人工授精，体外受精，顕微授精と順を追って進められ，体外受精，顕微授精，胚移植などを生殖補助医療（Assisted Reproductive Technology：ART），その他のものを一般不妊治療というが[1]，厚生労働省ほか，後述する法務省法制審議会生殖補助医療関連親子法制部会，日本学術会議生殖補助医療の在り方検討委員会などでは人工授精を生殖補助医療に分類していることから，以下，生殖補助医療という場合には，人工授精も含むこととする．

b. 生殖補助医療の実際

ここでは，数ある生殖補助医療技術のなかでも歴史が古く，実施数の多い人工授精と体外受精，倫理的・法的にも複雑な問題を内包する代理懐胎について，その方法と実施状況を確認する．

〈人工授精〉

男性不妊の場合に，精液を経腟的に女性の子宮内に注入し妊娠を成立させる．従来は乏精子症などによる不妊症の夫婦への治療に用いられていたが，精子の凍結保存が一般化するに従い，がん治療実施前の精子保存や，第三者の精子を用いた人工授精・代理懐胎（surrogate mother）の場合にも用いられるようになった．

なお，夫の精液を用いる場合を配偶者間人工授精（artificial insemination by husband：AIH），第三者の精子を用いる場合を非配偶者間人工授精（artificial insemination by donor：AID）という．日本においては，1948年に初のAIDによる子が出生し，現在に至るまでに約1万人以上の子が出生している．

〈体外受精（in vitro fertilization：IVF）〉

一般に，卵管閉塞や人工授精では妊娠に至らなかった場合に用いる．採取した成熟卵を培養液中で精子と受精させ，分裂を開始した胚を子宮内に移植する方法が主流である．精子に受精障害がある場合には，顕微授精が行われる．子宮内に戻す胚の数を多くすると妊娠率は上がるが，多胎妊娠になる可能性も高くなることから，体外受精をめぐっては，着床前診断や余剰胚，減数手術に関する問題もある．

なお，日本においては，1983年に初の体外受精による子が出生し，新鮮胚移植・凍結胚移植・顕微授精により現在に至るまでに約15万人の子が出生している．

〈代理懐胎〉

代理懐胎には，夫の精子を妻以外の女性に人工授精し，その女性が妊娠出産するもの（surrogate mother）と，夫の精子とその妻の卵子を体外受精させて得た胚を妻以外の女性の子宮に移植して妊娠出産させるもの（host mother）があり，これらが主流な形態である．従来はsurrogate motherが主であったが，体外受精の技術や受精卵の凍結保存技術の発達に伴って，host motherが一般的なものとなってきている．その他，代理懐胎の方法としては，第三者の精子と妻の卵子の体外受精によって得た胚，夫の精子と第三者の卵子の体外受精によって得た胚，第三者の精子と第三者の卵子の体外受精によって得た胚を代理懐胎者に移植し，妊娠出産する方法もある．

日本においては，後述のように，代理懐胎の実施は原則として禁止する方針が打ち出されているが，代理懐胎を禁止していない国に渡りこれを実施する当事者も多く，また，根津八紘医師による国内における実施例も公表されている．

◎ 17.2.2　生殖補助医療における法的諸問題

a.　法整備の現状

現在（2012年8月現在）の日本においては，生殖補助医療に関する法律は存在していない．したがって，日本における生殖補助医療は医療先行型のものであり，これらが科学的・倫理的・法的に十分な検討を経ることなく実施された場合，関係当事者の人権の保障については，実施された医療に対する政府・医学領域・法学領域からの対応を待つほかない．

b.　政府の対応

厚生科学審議会先端医療技術評価部会生殖補助医療技術に関する専門委員会「精子・卵子・胚の提供等による生殖補助医療のあり方についての報告書」（2002年12月），厚生科学審議会生殖補助医療部会「精子・卵子・胚の提供等による生殖補助医療制度の整備に関する報告書」（2003年4月），法制審議会生殖補助医療関連親子法制部会「精子・卵子・胚の提供等による生殖補助医療により出生した子の親子関係に関する民法の特例に関する要綱中間試案」「同中間試案の補足説明」（同年7月）において，実施可能な生殖補助医療，生殖補助医療による親子関係等について一定の方向性を示している．これらによると，非配偶者間の人工授精・体外受精の依頼者は法律婚夫婦に限定され，配偶子・胚の提供者と生殖補助医療によって生まれた子の間に法的親子関係は発生しない．

なお，2006年には，法務大臣および厚生労働大臣が日本学術会議会長に対し，連名で生殖補助医療をめぐる諸問題に関する審議の依頼をし，日本学術会議・生殖補助医療の在り方検討委員会が設置されたが，主に代理懐胎についての検討がなされた[i]．

c.　医学領域における対応

1983年10月に日本産科婦人科学会が「『体外受精・胚移植』に関する見解」（2006年4月改定）を出した後，医学界においては，医療現場における生殖補助医療の実施や世論の動向などを受けて，その時々に見解・会告が出され，改定されている．主なものとしては，日本産科婦人科学会「ヒト胚および卵子の凍結保存と移植に関する見解」（1988年4月，2006年4月，2010年4月改定），日本不妊学会（現：日本生殖医学会）「『代理母』の問題についての理事見解」（1992年11月），日本産科婦人科学会「『非配偶者間人工授精』に関する見解」（1997年5月，2006年4月改定），同「『代理懐胎』に関する見解」（2003年4月），同「提供胚による生殖補助医療に関する見解」（2004年4月），日本受精着床学会「凍結精子を用いた死後生殖についての見解」（2004年11月），日本産科婦人科学会「精子の凍結保存に関する見解」（2007年4月），「日本産科婦人科学会会員各位への『代理懐胎について』の急告」（2008年2月）がある．しかし，上記学会における会告などは任意団体における自主的なガイドラインであることから，強制力はなく，違反した者を処分することができるのみである．

d.　法学領域における対応

法学界における対応としては，日本弁護士連合会「生殖医療技術の利用に対する法的規制に関する提言」（2000年3月），「『生殖医療技術の利用に対する法的規制に関する提言』についての補充提言―死後懐胎と代理懐胎（代理母・借り腹）について―」（2007年1月）があるほか，研究者による比較法的視点からの政策提言などがなされている．とりわけ，生殖補助医療によって生まれた子の親子関係，代理懐胎の是非，子の出自を知る権利を論点とするものが多い．

司法の場においては，AIDによる子の父子関係，死後生殖による子の父子関係，代理懐胎による子の親子関係が争われた事例につき，下級審・最高裁の立場が示されている．AIDによる子の父子関係

---

[i]　日本学術会議生殖補助医療の在り方検討委員会「代理懐胎を中心とする生殖補助医療の課題―社会的合意に向けて」の報告書においても代理懐胎は原則禁止という結論が示されている．しかし，例外的な試行は認めるとしている．

については，東京高決平成 10 年 9 月 16 日（家月 51 巻 3 号 165 頁）および大阪地判平成 10 年 12 月 18 日（家月 51 巻 9 号 71 頁）がある．これらの裁判例により，AID に対する夫の同意がある場合には，AID による子は民法 772 条の嫡出推定が及ぶ嫡出子であるとされ，夫の同意がない場合には，嫡出否認の訴えが認められるとされている．死亡した夫の凍結精子を用いた死後生殖による子の身分が争われた最判平成 18 年 9 月 4 日（民集 60 巻 7 号 2563 頁）は，子の嫡出子としての身分を否定している．代理懐胎による子の親子関係については，提供者の卵子を用いた host mother の事案（最決平成 17 年 11 月 24 日判例集未登載），夫婦の配偶子を用いた host mother の事案（最決平成 19 年 3 月 23 日民集 61 巻 2 号 619 頁）のほか，祖母（生物学上）が孫（生物学上）出産した事案（神戸家裁姫路支審平成 20 年 12 月 26 日家月 61 巻 10 号 72 頁）がある．前記 2 事例は，いずれもアメリカにおいて実施された事案であるが，最高裁は，母子関係は分娩の事実により成立するとし，代理懐胎で生まれた子と依頼した夫婦との実親子関係を否定した．ただし，上記平成 19 年判決が傍論にて特別養子縁組による親子関係の成立を示唆したため，国内における代理懐胎の事案（上記平成 20 年審判）においても代理懐胎による子と依頼主夫婦の特別養子縁組が認められている．

◎ 17.2.3 生殖補助医療の課題

生殖補助医療をめぐっては，生殖補助医療を利用できる当事者の問題（婚姻夫婦に限定せず，内縁や事実婚カップル，同性カップル，単身者にも認められるか），代理懐胎の是非，法的親子関係のあり方（父子関係・母子関係の確立のほか，提供者の権利），提供配偶子・提供胚によって生まれた子の出自を知る権利などの問題があり，さらに渉外事例における場合の問題など，課題が山積しており，これらに関する法制度の構築が待たれるところである．

［梅澤　彩］

文　献

1) 稲熊利和，「生殖補助医療への法規制をめぐる諸問題―代理懐胎の是非と親子関係法制の整備等について」，『立法と調査』，**263**，2007．

17.3　出生前診断

出生前診断は胎児の健康状態の評価や，異常の有無の診断を目的として行う検査である．広義には妊娠中に行う胎児に関する一連の検査すべてを指すが，狭義には胎児に異常が疑われる，もしくは異常のリスクが高い場合に行われる遺伝学的検査および診断をいう．具体的には ① 高齢妊娠，② 先天異常の可能性が高い家族歴，③ 妊娠経過の中で胎児の異常が疑われた場合などに行われる．一般に「出生前診断」は ③ を指して使うことが多い．出生前診断には着床前診断と妊娠前半期に行われる検査がある．

◎ 17.3.1　絨毛検査

妊娠 10 ～ 12 週に経膣的または経腹的に絨毛を採取して染色体や遺伝子検査を行う．流産率が 1 ～ 3％と高く，技術が難しいことから，日本での実施率は低い．

◎ 17.3.2　羊水検査

妊娠 15 ～ 18 週に，超音波ガイド下で経腹的に注射針で穿刺して羊水を採取し分析する．主に染色体分析を目的に行われる．検査後 4 週間以内に 0.1 ～ 0.3％の頻度で流死産が発生する危険がある．

◎ **17.3.3 母体血清マーカー検査**

　母体血中に含まれる胎児・胎盤由来物質を検査し，胎児がダウン症である確率を算出する検査法である．検査結果は確立で示され，確定診断ではない．母体血のみで検査可能なため母体や胎児への影響がほとんどなく簡便であるが，検査に対する理解が十分ではない場合，誤解や不安が生じることがある．厚生労働省は母体血清マーカーテストに対し，積極的に情報提供することは不要で，医師は勧めるべきでないと勧告している[1]．

◎ **17.3.4 超音波検査**

　妊婦健診で行われる一般的な検査法である．通常，胎児発育，形態異常の有無の確認，胎児の健康状態の評価のために行われる．妊娠初期に見られる胎児の後頸部浮腫（Nuchal translucency：NT）はダウン症などの染色体異常と関連があるとされている．

◎ **17.3.5 着床前診断**

　妊娠前（着床前）の受精卵の分析を行う方法である．この方法は体外受精が前提となる．きわめて高度な技術を要する医療行為であり，日本では重篤な遺伝性疾患に限り，条件の整った医療施設において倫理委員会で承認された場合に限って適用される診断法とされている[2]．妊娠前に診断することで，人工妊娠中絶を避けることができる診断法である．

　出生前診断で胎児の異常を診断することにより，生まれてくる児への治療やケアを早期に開始することができる．しかし実際に胎児の異常が診断された場合には人工妊娠中絶が選択されるケースがある（ただし母体保護法では胎児の異常を理由とした中絶は認められていない）．人工妊娠中絶という重大な意思決定をする可能性もふまえ，診断前からカップルの Decision making をサポートする専門的な遺伝カウンセリングが重要である．

[三國和美]

文　　献

1) 厚生労働省,『母体血清マーカーに関する見解』, 1999. http://www1.mhlw.go.jp/houdou/1107/h0721-1_18.html（2012 年 3 月閲覧）.
2) 日本産婦人科学会,『「着床前診断」に関する見解』, 2011. http://www.jsog.or.jp/ethic/chakushouzen_20110226.html（2012 年 3 月閲覧）.
3) 林かおり,「海外における生殖補助医療法の現状—死後生殖, 代理懐胎, 子どもの出自を知る権利をめぐって—」,『外国の立法』, **243**, 2010.
4) 菅沼信彦,『最新生殖医療—治療の実際から倫理まで—』, 名古屋大学出版会, 2008.
5) 千代豪昭（監修）,『遺伝カウンセラーのための臨床遺伝学講義ノート』, オーム社. 2010.

= コラム　デザイナーズベイビー =

出生前診断の課題「デザイナーズベイビー」　着床前の胚の遺伝子診断をすることをPGD（pre-implantation genetic diagnosis：着床前遺伝子診断）という．例えばアルツハイマー病や囊胞性繊維症などの病気に関しては，遺伝子をスクリーニングすることができるので，PGDで病気発症の遺伝子を持った胚と診断できれば，その胚を子宮に戻さなければよい．致死的な遺伝子を排除することはすでに行われており，その意味でこれもデザイナーズベイビーではある．

しかし大問題はその先にある．望まない遺伝子を排除する論理は，より好ましい遺伝子を揃えたい願望と通底する．望む遺伝子を自分の子どもにデザインしたい親は，男女の産み分けのみならず，子どもの肌の色，髪の色，瞳の色，身長，体形，高い知能などを望むことになる．これを許可するかどうか，アメリカでも一致した見解は出せていない．

イギリスでは現在，胚の選択は赤ちゃんの健康上の理由がある場合のみ許されていて，男女の産み分けも禁止されている．「赤ちゃんをあたかも日用品を選ぶがごとくオーダーする」のはもっての外なのである．

デザイナーズベイビーはこのような倫理的な問題があるが，それ以外に，生物学的多様性が限定されることによる環境変化への種としての適応度の低下も懸念される．またお金のある人のみテクノロジーの恩恵に浴するという意味で，経済上，人権上の問題も胚胎している．

新しいテクノロジーを手に入れるたび人類は，価値観や制度を変えてきた．しかし種としての存続が関わるかもしれないこの問題に，アメリカ的自由のもらい受けではなく，日本人としての価値観も併せた総合的な知恵を持って取り組む必要がある．

[荒堀憲二]

18 性に関する国際的動向

VI. 性を広げる

18.1 リプロダクティブ・ヘルス/ライツ―性と生殖に関する健康・権利

◎ **18.1.1 リプロダクティブ・ヘルス/ライツに関する国際的課題**

　リプロダクティブ・ヘルスは，男女が共に持つ権利であるが，長い間，女性は社会での不平等な取り扱いや家族からの圧力を受けてきた．さらに，リプロダクティブ・ヘルスケアが十分に整っていない環境により，世界各地で多くの人々がリプロダクティブ・ライツを行使できない状況にあったといわれている．

　この基本的な人権が大幅に否定されていることにより，毎年多くの命が奪われ，その何倍もの人々が生涯にわたる傷を受けたり，疾病を患ったりしているという現状がある．このような人々の多くが女性であり，その背景には女性が性と生殖に関する教育，情報そして手段を入手できない文化社会的な環境におかれていること，そして性と生殖に関する権利を享受できないことなどがあげられる．（コラム18-1参照）

◎ **18.1.2 人口問題への取り組みのパラダイムシフト**

　このような背景の中，1994年の国際人口開発会議（カイロ会議）において，2015年までに誰もがリプロダクティブ・ヘルスに関する情報とサービスを享受できるようにすることで180ヵ国が合意した．このカイロ会議では，人口問題への取り組みが人口の数や増加率を中心としていたそれまでのアプローチから，個人の権利を基本としたアプローチへと変革した大きな転機であった．

　1994年の国際人口開発会議（カイロ会議）におけるリプロダクティブ・ヘルス/ライツに関する見解

コラム 18-1　リプロダクティブ・ライツが否定されたことによる影響の例
　　　　　　　（世界人口白書（1997）から一部抜粋）[1]

- 毎年，58万人以上の女性（1分につき1人の女性）が，妊娠に関連した原因で死亡している．
- 避妊サービスの不足や不備による妊産婦死亡は年間約20万件．
- 妊娠回数の制限，妊娠間隔の延長を希望している1億2000～1億5000万人もの女性に効果的な避妊手段が届いていない．
- 毎年，およそ1億7000万件の妊娠総数のうち，少なくとも7500万件は望まない妊娠であり，その結果として中絶が4500万件以上となっている．
- 毎年，7万人の女性が安全の確保されていない中絶で命を落としている．また，安全の確保されていない中絶は年間で推定2000万件にのぼる．
- 1996年には，310万人の人々（1分間に6人の人々）がHIVに感染した．
- 性器切除を受けた女性の数は，1億2000万人に達している．
- レイプおよびその他の性暴力の増加．
- 毎年，200万人にのぼる5歳から15歳の女子が性産業市場に送り込まれている．
- 家庭内暴力による女性の被害．
- 読み書きのできない女性は世界に6億人近く存在する．一方，男性は約3億2000万人である．

　　　　　　　　　　　　　　　　　　　　　　　　　　　　　　　　　　　　［當山紀子］

（抜粋）は，以下のように述べられており，現在，リプロダクティブ・ヘルス/ライツの定義として広く用いられている．

「誰でも可能な限り最高レベルの肉体的，精神的健康を享受する権利を持つ．国家は，男女平等を基礎として，家族計画とセクシュアル・ヘルスサービスへの普遍的なアクセスを確保するための，あらゆる適切な措置を実施しなければならない．リプロダクティブ・ヘルスケア・プログラムは，強制という形をいっさい採ることなく，最大範囲のサービスを提供するべきである．すべてのカップルと個人は，自分たちの子どもの数と出産間隔について，自由にかつ責任をもって決定する権利ならびにこれらの権利の行使を可能にする情報，教育および手段を享受する権利を持つ．（第2章原則8）」[1)]

「リプロダクティブ・ヘルスとは，人間の生殖システム，その機能と（活動）過程のすべての側面において，単に疾病，障害がないというばかりでなく，身体的，精神的，社会的に完全に良好な状態にあることを指す．したがって，リプロダクティブ・ヘルスは，人々が安全で満ち足りた性生活を営むことができ，生殖能力をもち，子どもを産むか産まないか，いつ産むか，何人産むかを決める自由をもつことを意味する．この最後の条件で示唆されるのは，男女とも自ら選択した安全かつ効果的で，経済的にも無理がなく，受け入れやすい家族計画の方法，ならびに法に反しない他の出生調節の方法についての情報を得，その方法を利用する権利，および女性が安全に妊娠・出産でき，またカップルが健康な子どもをもてる最善の機会を与えるよう適切なヘルスケア・サービスを利用できる権利が含まれる．（第7章2項）」[1)]

また，このカイロ会議では，各国において行動を促すため，以下の目標を採択した（一部抜粋）[2)]．

教育におけるジェンダーの平等：初等および中等教育におけるジェンダーの格差を解消し，遅くとも2015年までには子どもが男女とも初等教育またはそれに匹敵するレベルの教育を完全に受けられるようにする．

乳児，子どもおよび妊産婦の死亡：2015年までには乳児および5歳未満児の死亡率をそれぞれ35および45以下にする．妊産婦死亡率は2000年までに1990年の水準の半分に，2015年までにはさらに半分に減らす．

リプロダクティブ・ヘルスサービス：2015年までに安全で信頼できるあらゆる種類の家族計画の方法と関連するリプロダクティブ/セクシュアル・ヘルスサービスを，誰もがどこでも入手できるようにする．

そして，行動計画最初の5年間を見直す中で，国連は1999年にHIV/エイズ危機の深刻化と若者の無防備な実態に注目し，プログラムの実施を評価する特定の数値目標を採択し，以下のように見直しが行われた（一部抜粋）[2)]．

教育：1990年時点の女性および女子の非識字率を2005年までに半減させる．2010年までに最低でも90％の子どもが男女とも小学校に就学できるようにする．

リプロダクティブ・ヘルスサービス：2005年までにプライマリー・ヘルスケア施設の60％に幅広い種類の家族計画の方法，基礎的産科ケア，生殖器系感染症の予防と治療法を提供する．2010年までにはこれらのサービスを施設の80％に，2015年までにはすべての施設に広げる．

妊産婦の死亡：妊産婦死亡率が非常に高い地域では，2005年までに全出産の最低でも40％に専門技能者が立ち会うようにする．

家族計画のアンメットニーズ（満たされないニーズ）：避妊薬（具）を使用している人の割合と，出産間隔をあけたい，または子どもの数を制限したいと希望している人の割合との格差を2010年までに

75%，2015年までには完全になくす．

HIV/エイズ：2010年までに15〜24歳の若い男女の少なくとも95%が，女性および男性用のコンドーム，自発的に受けるカウンセリングと抗体検査，フォローアップなど，HIV/エイズの予防手段を利用できるようになる．

◎ **18.1.3　リプロダクティブ・ヘルス/ライツと日本**

日本の母子保健分野の国民運動である「健やか親子21」には，リプロダクティブ・ヘルス/ライツに関するいくつかの指標が含まれている（表18.1）．2010年3月にとりまとめられた第2回中間評価によると[3]，思春期保健に関する指標では，ちょうど10年前に設定されたベースライン値に比較し，10代の人工妊娠中絶実施率や性感染症罹患率など，直近値では改善している指標があった．一方，情報，教育を提供するべき地方公共団体において，思春期保健対策に取り組んでいる割合は都道府県で100%であるが，市町村では38%程度と低い状況である．

また，妊娠・出産に関する指標では，妊産婦死亡率は低い水準で改善しており，妊娠・出産について満足しているものの割合も90%を超える高さである．不妊専門相談センターの整備は，全都道府県の整備という目標を達しているが，全国に60ヵ所のセンターという現状はさらに改善の必要がある．一方，主治医等が行った指導事項の内容を，仕事を持つ妊産婦が事業主へ伝えるのに役立つ「母性健康管理指導事項連絡カード」の認知については，増加しているものの41%にとどまっており，不妊治療を受ける際に，患者が専門家によるカウンセリングを受けられる割合も増加しているが，50%に満たない

表 18.1　「健やか親子21」におけるリプロダクティブ・ヘルス/ライツに関する指標の例（一部抜粋）[3]

思春期保健に関する指標	評価	ベースとなる値→直近値
1-2　十代の人工妊娠中絶実施率	減少している	12.1%→7.6%
1-3　十代の性感染症罹患率	減少している	性器クラミジア 6.35%→3.43% 淋菌感染症 1.86%→0.94%
1-9　性行動による性感染症等の身体的影響などについて知識のある高校生の割合	調査未実施	
1-13　思春期外来（精神保健福祉センターの窓口を含む）の数	増加している	523ヵ所→1,746ヵ所
1-14　思春期保健対策に取り組んでいる地方公共団体の割合	変わらない	都道府県 100%→100% 市町村 38.8%→38%
妊娠・出産に関する指標	評価	
2-1　妊産婦死亡率	減少している	6.3%（出産10万対）→3.5%
2-2　妊娠・出産について満足している者の割合	改善している	84.4%→92.6%
2-5　母性健康管理指導事項連絡カードを知っている就労している妊婦の割合	増加している	6.3%→41.2%
2-9　不妊専門相談センターの整備	増加している	18ヵ所→60ヵ所
2-10　不妊治療を受ける際に，患者が専門家によるカウンセリングが受けられる割合	増加している	不妊カウンセラー 40.5%→47.4% 不妊コーディネーター 35.3%→47.5%

状況である（ただし，これらのデータの取り方の違いやデータの取り方の限界により，解釈には慎重を要すると指摘されている）．

このように，日本においては，教育におけるジェンダーの格差や就学，妊産婦死亡率などの指標は良い状況であるが，リプロダクティブ・ヘルスに関する情報，教育の機会や手段のアクセスについては，十分な権利が保障されるための環境づくりがさらに必要である．また，16章で述べられているような性的虐待やDV，女性への暴力から身を守る権利や支援についてもさらに充実が必要な状況である．

[當山紀子]

文　献

1) 国連人口基金著，黒田俊夫日本語版監修，『世界人口白書1997』，家族計画国際協力財団・世界の動き社，1997.
2) 国連人口基金著，黒田俊夫日本語版監修，『世界人口白書2004』，家族計画国際協力財団，2004.
3) 「健やか親子21」第2回中間評価報告書，「健やか親子21」の評価等に関する検討会，厚生労働省，2010. http://www.mhlw.go.jp/shingi/2010/03/s0331-13a.html（2012年3月閲覧）.

18.2　セクシュアル・ヘルス

◎ 18.2.1　セクシュアル・ヘルスに関する国際的な潮流

a.　セクシュアル・ヘルスとリプロダクティブ・ヘルス

セクシュアル・ヘルスは，リプロダクティブ・ヘルス/ライツと絡めて語られることが多い．リプロダクティブ・ヘルス/ライツは，人口問題をミクロの視点からとらえ，妊娠・出産を含む女性およびカップルや家族をも含み，その生涯を通じた健康や権利を指す．ゆえに，リプロダクティブ・ヘルスの概念はセクシュアル・ヘルス（「性に関する健康」）を包括すると理解される場合が多かった．

しかし，2005年にカナダ，モントリオールで開催された性の健康科学学会におけるモントリオール宣言「ミレニアムにおける性の健康」では，生殖に関する健康（リプロダクティブ・ヘルス）のプログラムの中心的課題は「性の健康」である，という認識を確立する，と宣言された[1]．さらに，「生殖」は，人間のセクシュアリティの重要な側面のひとつである．それが望まれ，また計画されたものである場合には，人間関係や個人的満足の向上につながる．「性の健康」は，「リプロダクティブ・ヘルス」よりも包括的な概念である．既存のリプロダクティブ・ヘルス・プログラムについては，それが取り扱う範囲を広げ，セクシュアリティのさまざまな側面と「性の健康」について包括的に取り組むようにしなければならない．」[1] と，セクシュアル・ヘルスの包括性について明示した．

b.　セクシュアル・ヘルスの定義

国連ではセクシュアル・ヘルスの定義を次のように述べている．「性的存在に付随する身体的，情緒的，知的，社会的側面を統合したもので，人格やコミュニケーションや愛情を豊かにし高めるもの．（中略）このようにセクシュアル・ヘルスの概念は，人間のセクシュアリティについて積極的に取り組むことを意味する．またセクシュアル・ヘルスケアは，単に妊娠・出産や性感染症に関する相談とケアにとどまらず，人生と人間関係を豊かにするものであるべきである」[2]

2000年に発表された汎アメリカ保健機関などによる「セクシュアル・ヘルスの推進」では，「調和的な個人的，および社交的快適さを育てて，個人生活と社交生活を豊かにするような，自由で責任ある性的能力の表現によって示され，単に機能不全や病気，病弱が存在しないというだけではない．そして，性の健康を達成し，維持するためには，すべての人の性の権利が認識され，養護されていることが必要

である」としている[3].

　これらのセクシュアル・ヘルスの定義の再確認を経る中で，1997年にスペイン，バレンシアで開催された第13回世界性科学学会では，セクシュアル・ヘルス推進のための10ヵ条が表明された[3].

・包括的なセクシュアリティ教育
・保健専門家への教育
・子どもと思春期のセクシュアルティについての研究の必要性
・同性愛嫌悪，両性愛嫌悪，性転換嫌悪の克服
・性差別の撤廃
・性暴力の根絶
・マスターベーションの推進
・性機能についての推進
・セクシュアル・ヘルスケアへのより良いサービスの創造
・セクシュアル・ヘルスは基本的人権であること

c. セクシュアル・ヘルスの国際的な潮流

　リプロダクティブ・ヘルスの根幹，生殖の問題で女性が選択を行う権利が国際的に明確に承認されたのは，1968年後半，テヘランで開催された第1回国際人権会議である[5]．その後，1970年代の検討を経て，メキシコ市で国際人口会議（ICP）が開かれた1984年までの20年間に再確認されてきた．そして，1994年のカイロにおける国際人口開発会議（ICPD）は大きな転機となった．セクシュアル・ヘルスもリプロダクティブ・ヘルスと同様，1970年代のWHO（World Health Organization：世界保健機関）にその出自をもつ．その後，ヒト免疫不全ウイルス（HIV）および後天性免疫不全症候群（AIDS）の世界的流行により，1980年代には「セクシャリティが公衆衛生上の主題として位置づけられ」た[6]．ジェンダーやセクシュアリティ，健康をめぐる問題やそれらへの関心が，国際的な政治，社会，経済に影響する様相を呈してきた．

　このような経緯の中で，前述した1984年にICPDにおける「ICPD行動計画」は，子どもの数と出産の間隔を決定する権利を繰り返し述べている．それのみならず，リプロダクティブ・ライツには「最高の水準の性の健康に関する権利とリプロダクティブ・ヘルスを達成する権利」および「人権文書に述べられているように，差別，強制，暴力を受けることなく，生殖に関して決定を下す」権利が含まれるとした[3]．内容の詳細は前節「1．リプロダクティブ・ヘルス/ライツ」を参照されたい．英文では，パラグラフ7・3に，"the right to attain the highest standard of sexual and reproductive health" と記載されている．ここに，最高の水準の性の健康，セクシュアル・ヘルスに関して人々が権利を持つことが表明された[1]．

　この後も国際的には，1995年に北京で開催された第4回世界女性会議の「北京宣言」や「北京行動綱領」，1999年の世界性科学学会などでも，セクシュアル・ヘルスは，「セクシュアル・アンド・リプロダクティブ・ヘルス/リプロダクティブ・ライツ」と表され，「セクシュアル・ライツ」という言葉は表記されてこなかった．

d. セクシュアル・ヘルスとセクシュアル・ライツ

　その後，さまざまな議論を経て，2009年3月に第42回国連人口開発委員会の合意文書には「セクシュアル・アンド・リプロダクティブ・ヘルス/リプロダクティブ・ライツ」（sexual and reproductive health and reproductive rights）という表現が採択された．「セクシュアル・ライツ」が盛り込まれていないのは，「セクシュアル・アンド・リプロダクティブ・ヘルス・アンド・ライツ」（sexual and reproductive health and rights）という言葉の表記と解釈をめぐり，数ヵ国の強い反対があった．人工妊娠中絶などに関する権利を含むことを懸念したためである．しかし「セクシュアル・ヘルス」が含まれることが合意されたことは，「性の健康」に向けた大きな前進ととらえられる．

セクシュアル・ヘルスとセクシュアル・ライツの関係については，2000年に神戸で開催された第15回アジア性科学学会で，「21世紀における性の健康と権利」についての特別講演の中で，「セクシュアル・ライツなくしてセクシュアル・ヘルスはありえない」[3]と述べた．

e．セクシュアル・ヘルスの現在

ここまでに述べたような経緯を経て，世界家族計画連盟（IPPF）が2009年に次のように述べている．「国家や地域が持つそれぞれの特色の意義，歴史的，文化的また宗教的な背景による多様性は必ず念頭に置かなければならないが，世界中のどの地域で職務に就いている組織と個人であっても，この『宣言』の原則と枠組みを，それぞれの活動，サービスそしてプログラムに包含できるはずである．このことは，セクシャル・ライツ（性の権利）を推し進め，守り，発展させるためのいかなる活動をも支援するということを意味する．（略）」[7]

セクシュアル・ヘルスについて，WHOでは2010年にセクシュアル・ヘルスの主要な概念的な要素を次のように述べている[8]．

- セクシュアル・ヘルスはウェル・ビーイングということであり，病気でないということだけではない．
- セクシュアル・ヘルスは尊敬や安全，差別や暴力からの自由を内包する．
- セクシュアル・ヘルスは確かな人権の実現にかかっている．
- セクシュアル・ヘルスは生殖に関わる期間にのみ関わるのではなく，若年から高齢まで個々人の生命の最初から終わりまで重要である．
- セクシュアル・ヘルスはさまざまなセクシュアリティや性的な表現の形を通してあらわされる．
- セクシュアル・ヘルスは決定的にジェンダー規範，役割，将来性や力関係に影響される．

セクシュアル・ヘルスの要請は社会的，経済的，そして政治的に特有の状況の中で扱われる．

さらに，公衆衛生のシステムは必ずしもすべてのセクシュアル・ヘルスに関することに焦点を当てることはできないが，対応すべきセクシュアル・ヘルスのカギとなる要素として，次のことをあげている[3]．性感染症や生殖器感染症（HIVを含む），性的機能不全や不妊症，ジェンダーやセクシュアリティに関連する暴力（女性性器切除を含む），若者の性的な健康と健康教育，性的指向と性の自己意識，性の健康に関連する精神的な健康課題，身体障害と慢性疾患が及ばす性的に良好な状態への影響，安全で満足な性的経験の促進である．

これらの要素は，背景が異なる日本においても共通する事柄が含まれる．将来を担う若者が必要としている性に関わる適切な情報や性の健康を達成するための教育が彼らに届いていない．加えて，必要な保健サービスが利用できるような環境に改善する必要がある．

［山崎明美］

文　献

1) World Association for Sexual Health, "*Sexual Health for the Millenium: a Declaration and Technical Document*", World Association for Sexual Health, 2008（邦訳：財団法人日本性教育協会ウェブサイト．http://www.jase.faje.or.jp/pdf/montreal_declaration_a4.pdf（2012年3月閲覧）．）
2) 芦野由利子・北村邦夫監修，『新版IPPFセクシュアル・リプロダクティブ・ヘルス用語集』，ジョイセフ，2010．
3) 松本清一，『性の健康な社会とは―性の健康に関する国際的な流れと理解』，社団法人日本家族計画協会，

2008.
4) WHO: "*Defining Sexual Health Report of a Technical Consultation on Sexual Health 28-31 January* 2002, *Geneva*", 5, WHO, 2006.
5) リプロダクティブ法と政策センター，房野　桂訳，『リプロダクティブ・ライツ―世界の法と政策』，明石書店，2001．
6) 斉藤真緒，「セクシュアルヘルスプロモーションの射程，―新しいアジェンダとしての若者のセクシュアルヘルスを中心に」，『立命館人間科学研究』，14，2007．
7) 松本清一監修，翻訳協力 IPPF，『性と生殖の権利―性と生殖の権利に関する IPP 憲章および性の権利（セクシャル・ライツ）：IPPF 宣言エグゼクティブサマリー』，2009．http://www.ippf.org/NR/rdonlyres/D1F17C2B-4877-4CDB-B64F-D8AEA3D7D44/0/SexualRightsJapanese.pdf
8) WHO: "*Developing Sexual Health Programmes a Framework for Action*", WHO, 2010.

18.3　包括的性教育

◎ 18.3.1　性の健康支援と教育

a.　包括的なセクシュアリティ教育の推進へ

次世代を担う思春期の若者に健康教育を提供することは，普遍的な課題であり，特に 1980 年代以降の国際会議でも，各国政府によって繰り返し確認されてきた．そして，その内容には，性に関する事柄も含まれる．

1974 年に WHO によって，「ヒューマン・セクシュアリティの教育と治療：保健専門家の訓練に関する会議」がジュネーブで召集された[1]．この会議の結論は，「ヒューマン・セクシュアリティの教育と治療：保健専門家の訓練」という文書にまとめられた[1,2]．その後，この報告書は広く知らされることはなかったが，前節「セクシュアル・ヘルス」に記述したように，リプロダクティブ・ヘルスやセクシュアル・ヘルスについての議論が重ねられた．そして，セクシュアリティの課題に取り組むことが急務であるという認識が高まった．

このような経緯を経て，パン・アメリカン保健機関（Pan American Health Organization：PAHO）は，それまでの活動をさらに拡大，強化するため，世界性科学会（World Association for Sexology：WAS）と共同で地域専門家ワーキンググループを，2000 年にグアテマラ共和国，アンティグアで開催した[1]．その成果が，「セクシュアル・ヘルスの推進，行動のための提言」である．この中で，性の健康を享受するためには，「包括的なセクシュアリティ教育」を受けることが必要とされている[3]，と述べている．さらに，IPPF（国際家族計画連盟）は「包括的なセクシュアリティ教育」の推進を 2005 年から 2015 年の活動戦略の目標としている．この達成には，正確な情報の習得，ライフ・スキル（生活技術）の向上，セクシュアリティに対するポジティブな態度と価値観の育成が必要としている[3]．

b.　包括的なセクシュアリティ教育とは

前掲の「セクシュアル・ヘルスの推進，行動のための提言」によれば，「セクシュアル・ヘルス増進のための行動と戦略」の章で，セクシュアル・ヘルス増進という目標を掲げている．その目標 2 では「包括的なセクシュアリティ教育をすべての人々に広く提供する」とし，包括的なセクシュアリティ教育を，次のように述べている．

「包括的なセクシュアリティ教育は，生涯を通じて，インフォーマルもフォーマルも含めて提供され，ヒューマン・セクシュアリティのあらゆる側面に関連する知識，態度，技術と価値観を変革していくものである[4]．これは，人々のセクシュアル・ヘルス増進のための社会投資として，最もすぐれたものの一つである」[1]

「包括的なセクシュアリティ教育は，早期に開始されるべきであり，年齢や発達に応じて，セクシュアリティに対する肯定的な態度を増進するものでなければならない．また，セクシュアリティ教育は，人々にヒューマン・セクシュアリティの知識の基盤を与えるものでなくてはならないが，性的な情報だけでは適切ではない．セクシュアリティ教育は知識の習得に加えてスキルの向上も含まれるべきである」[5]

c. 包括的なセクシュアリティ教育の特徴

包括的なセクシュアリティ情報は，次のような主目標を持つ[1]とされている．

- 単なる知識の習得にとどまらず，セクシュアリティ教育はセクシュアリティに対し肯定的な態度を獲得させるような批判力のある考え方を育てなければならない．
- 自分自身が一生涯性的な存在であることを，心配や恐れや罪の意識なしに認識・確認し，そして受容できるようにする．
- 人権に基づく価値観で，礼儀正しく公平な人間関係を増進するようなジェンダー・ロールの発達を育てる．
- 単なる二人の関係を超えた人間関係の絆や情緒的な面の価値を高める．
- 自己尊重とヘルスケアのための要因として，自己の身体に対する知識を高める．
- 自分自身に対しても他人に対しても，楽しき意識的であり，かつ自由で責任ある性行動を育てる．
- カップルや家族の間のコミュニケーションを深める．性別や年齢にかかわらず公平な関係を推進する．
- 家族計画，育児，避妊具の使用について，責任ある行動を共にすることを促す．
- 性感染症予防に関し，責任ある決断を促す．

加えて，質の高いセクシュアリティ教育は以下の内容を含む[1]と記述されている．

- 知識を増す
- 価値観を明確にする
- 親子のコミュニケーションを増す
- 思春期の若者を対象にするときは，性交の開始を遅らせる
- 避妊やコンドームの使用率を高める
- 若者たちに，性交の開始を勧めない
- 若者たちの性交の頻度を増やさない

さらに，包括的セクシュアリティ教育は，米国性情報教育協議会（Sexuality Information Education Council of United States, SIECUS）による2004年に発行されたガイドライン[6]に詳しい．

d. 包括的性教育と禁欲主義教育

各国レベルでは，性の健康を推進する教育に対し，さまざまな意見がある．その代表的なもののひとつは「包括的なセクシュアリティ教育」，つまり「包括的性教育」（comprehensive sexual education）であり，もう一つは「結婚まで禁欲のみ教育」「禁欲主義教育」「禁欲単独教育」（abstinence-only sexual education）である．この「禁欲単独教育」は，結婚まではあらゆる性的行動を避けることを推進し，禁欲がHIV感染とのぞまない妊娠の唯一の予防策であると教える教育．避妊，セクシュアリティ，セクシュアル/リプロダクティブ・ヘルスの問題については触れない．包括的セクシュアリティ教育では，禁欲をより安全なセックスの選択肢のひとつとして含めることが多い[7]，と説明されている．

アメリカでは，包括的性教育と禁欲教育が対立しながら存在してきた．加えて，開放的性教育の推進者もいる．イギリスでも，「進歩的性教育の推進役」である家族計画協会を批判する，道義心協会はじ

めとする道徳的右派と呼ばれる勢力がいた．禁欲的な性道徳を強調し，学校における性教育自体を否定したという歴史もある．1993年には性教育必修化の法制化にあたり，道徳的右派などの学校における性教育反対派・慎重派に対して，一定の譲歩をしながら性教育が実践されてきた[8]．スウェーデンでは，学校での性教育への賛成論と反対論の検討を経て，1940年代に性教育が学校教育に取り入れられた．当時は性的抑制こそ若者が大人になるまでたどるべき唯一の正しい道であると教えられ，性生活を早く始めるリスクも教えられた[9]．この内容について，婚外性交渉を罪と考えるクリスチャンを刺激もした．その後1970年代後半から，男女共生概念が強く打ち出され，現在の性教育に至っている．このように，アメリカ，イギリス，スウェーデン以外の先進国および開発途上国，各国の状況をみても[10,11]，包括的性教育，禁欲主義教育のそれぞれの立場からの論争や政策，検討が今尚続いている．

e. 日本における包括的性教育

日本では，1992年に学校教育において，理科や保健を中心に小学校5年生から性に関する指導が具体的に取り入れられ，「性教育元年」といわれた．日本でも，性の教育を推進する立場と慎重な立場とが混在し，考え方もさまざまである[12]．前述のWHO，WASなどが推進する「包括的セクシュアリティ教育」に合致する内容が，日本でも性教育に関わる団体や専門家，教育関係者などにより支持され実践されてきた．しかし，禁欲の推進，学校教育における性教育の提供への反対，生命尊重の教育優先など，多少のトーンの相違はあるが，いわゆる「寝た子を起こすな」という意見は常にある．

2005年に行われた「第6回青少年の性行動全国調査報告」[13]によれば，性行動の低年齢化が進んでいる．性行動の活発化は高校生にみられ，性行動の低年齢化の要因が分析・考察されている．また，回答者全体における，避妊を「いつも実行している」実行率は60.8%，「場合による」が33.5%である．避妊のみならず性感染症の予防の点からも問題・課題は大きいと考える．

日本では，2001年からの厚生労働省による取り組みの一つ「健やか親子21」事業で，「思春期保健の保健対策の強化と健康教育の推進」が課題とされているが[14]，2010年の第2回中間評価報告書によれば，十分な成果を上げるに至っていないことがわかる．次世代を担う子どもたち，加えて各世代の成人にも，性の健康支援が必要である．適切な情報が提供され，自分にとって必要なことが理解，判断でき，性の健康を達成できるための健康教育の推進と充実が必要な状況である．　　　　　　　　　　　［山崎明美］

文　献

1) 松本清一・宮原忍日本語版監修，『セクシュアル・ヘルスの推進　行動のための提言』，財団法人日本性教育協会，2003．原典：PAHO, WHO: "*Promotion of Sexual Health Recommendations for Action*", WHO, 2000.
2) WHO: "*Education and Treatment in Human Sexuality: The Training of Health Professionals*", 1975. http://whqlibdoc.who.int/trs/WHO_TRS_572.pdf.
3) 松本清一，『性の健康な社会とは―性の健康に関する国際的な流れと理解』，社団法人日本家族計画協会，2008.
4) Perez Femandez, C.J. & Aurioles, E.R.（eds.）（ed.）: "*Antologia de la Sexualidad Humana* Vol.3", Porrula Miguel Angel, 1994.
5) Borras Valls J.J., Conchillo, M.P. & Coleman,E.（eds.）: "*Sexuality and Human Rights*", 13th World Congress of Sexology, 1997.
6) SIECUS "*Guidelines for Comprehensive Sexuality Education* 3rd ed. 2004. http://www.siecus.org/_data/global/images/guidelines.pdf.
7) 芦野由利子・北村邦夫監修，『新版IPPFセクシュアル・リプロダクティブ・ヘルス用語集』，ジョイセフ，2010.
8) 広瀬裕子，『イギリスの性教育政策史　自由化の影と国家「介入」』，勁草書房，2009.
9) 佐藤年明，「スウェーデン王国・デンマーク王国の性情報および性教育事情覚書（その3）―スウェーデン

王国の性教育略史」,『三重大学教育学部研究紀要』,**50**, 1999.
10) 三井善止編,『生と性の教育学』,「Ⅳ 人間の生と性の教育の現状と課題」, 玉川大学出版部, 1999.
11) Collins, C., Alagiri, P. & Summers, T.: "*Abstinence Only vs. Comprehensive Sex Education What are the arguments? What is the Evidence?*", AIDS Research Institute University of California, 2002.
12) 武田 敏,「性教育の現状論議と課題・展望」,『産婦人科治療』**91**(5), 2005.
13) 財団法人日本性教育協会編,『「若者の性」白書 第6回青少年の性行動全国調査報告』, 小学館, 2007.
14) 「健やか親子21」の評価等に関する検討会,『「健やか親子21」第2回中間評価報告書』, 2010 http://www.mhlw.go.jp/shingi/2010/03/s0331-13a015.pdf

18.4　プロチョイス・プロライフ

　日本では，戦後比較的早期（昭和23年）に「優生保護法」が制定され，以来実質的に中絶が可能となっている．「優生保護法」は，現在では「母体保護法」に改正され，その中で人工妊娠中絶については，以下のように定められている．

「都道府県の区域を単位として設立された社団法人たる医師会の指定する医師（以下「指定医師」という）は，次の各号の一に該当する者に対して，本人及び配偶者の同意を得て，人工妊娠中絶を行うことができる．

1. 妊娠の継続又は分娩が身体的又は経済的理由により母体の健康を著しく害するおそれのあるもの
2. 暴行若しくは脅迫によって又は抵抗若しくは拒絶することができない間に姦淫（かんいん）されて妊娠したもの」

　このように，日本においても，厳密に言えばまったく無条件に中絶ができるというわけではない．しかし現実には，「経済的理由」に関して拡大解釈がなされることにより，女性が希望すればある程度容易に中絶ができる状況になっていて，「中絶は是か非か」という議論がなされることは，あまりない．

　一方で，世界を見渡すと，「中絶は是か非か」「中絶を合法とするか，違法とするか」という論争があちこちで繰り広げられている．中絶論争の中で，「胎児は生命であり，中絶は殺人に値する」というように，胎児の生きる権利を主張し，胎児の生命を擁護する考え方をする集団を「プロライフ」という．いかなる場合にも中絶には賛成できないという「中絶反対派」である．そして，「産むか産まないかを選択する権利は，当然すべての女性に保障されるべき権利である」という考え方により，女性の中絶を選択する権利を擁護し，女性が中絶を選択した場合はそれを尊重するという考え方を持つ集団を「プロチョイス」＝中絶権擁護派という．このように世界の中絶論争は，胎児，もしくは女性の「権利」という観点からなされているのである（この点，日本の母体保護法では，中絶の決定は医師に託されていて，女性が自分で選ぶ権利などは保障されていないのであるが，日本ではこのような「権利」という観点から中絶が議論されることは少ない）．

　性教育に関しても，プロライフ，プロチョイス双方の集団は，その思想に基づいて独自の教育を展開している．プロチョイス派は，性感染症対策や避妊に関しても盛り込んだ，いわば包括的性教育を行うが，プロライフ派では，主に「結婚するまではセックスをしないように」という禁欲教育を行うことが多い．禁欲教育の中では，「セックスは，結婚してから，結婚する相手とのみ」というのが前提であるから，一般的に性感染症や避妊に関する話題は性教育の中には盛り込まれない．

　この中絶論争の背景には，宗教的，政治的思想が複雑に絡んでいることが多く，特にアメリカでは大統領選における争点の一つになるくらいの大きな社会問題となっている．アメリカでは，1973年に連邦最高裁判所でロウ判決が下され，中絶の選択をプライバシー権の一つとして認め，アメリカの女性が自ら産む・産まないを選択する権利が確立された．このロウ判決では，妊娠期間を3期に分け，妊娠

12週までは女性は無条件で,資格を有する意思による中絶を受ける権利を持つ妊娠12〜24週では,女性は医師と相談のうえ,中絶を選ぶことができる

　胎児が母体外で生育可能と考えられる妊娠24週以降は母体の生命の危険など必要な場合のみ中絶可能とされている.しかし,この判決以降,プロライフ対プロチョイスによる中絶論争は一層激化することになった.プロライフの中絶を反対する活動が活発化,過激化し,中絶クリニックの前では,プロライフの人たちが中絶反対のプラカードを掲げて中絶にやってきた女性を説得しようとしたり,時には中絶に関わる医師が狙撃されたりするような事態も起こった.その結果,連邦法で人口妊娠中絶を女性の権利として認めたものの,1976年のハイド条項(女性の生命を脅かす場合の仕方ない中絶を除き,連邦資金を中絶に使うことを禁止する),1988年のギャグ・ルール(連邦資金を受けているクリニックにおいて,医師や看護師が中絶に関して患者に助言することを禁止する)などによって,中絶を規制する動きが認められ,各州においても中絶を規制する州法が成立されていった.

　このように,アメリカでは今でも中絶論争が活発に展開され,その時々に選出される大統領の中絶に対する考え方により,中絶に関する規制は右往左往している.アメリカ国内の情勢も然ることながら,アメリカから海外への家族計画組織への援助の方向性も変わるため,アメリカの大統領選の結果によって,世界のリプロダクティブ・ヘルス対策の方向性も影響を受けるようになっている.

[剱　陽子]

文　献

1) 我妻　堯.『リプロダクティブ・ヘルス―グローバルな視点から性の健康をみつめる』,南江堂,2002.
2) ロジャー・ローゼンブラッド著,くぼたのぞみ訳,『中絶―生命をどう考えるか』,昌文社,1996.
3) 荻野美穂,『中絶論争とアメリカ社会―身体をめぐる戦争』,岩波書店,2001.
4) 主任研究者松田晋哉,『厚生科学研究研究費補助金特別研究事業「諸外国における望まない妊娠の予防対策に関する調査研究」平成12年度総括研究報告書』,2001.

19 性に関する尺度

VI. 性を広げる

19.1 尺度とは何か

　尺度は，一般的に複数の質問項目から構成され，対象者の心理状態や傾向を客観的な数値を用いて量的に評価するための手法である．また，尺度は，教育効果の評価に用いられることがある．例えば，性感染症の予防を目的とした教育を実施した場合，性感染症に対する予防意識がどの程度変化するのかを尺度を用いて測定し，実施した予防教育が効果的であったのかを検討する．仮に，尺度によって算出された得点に変化がなければ，予防教育の効果がなかったとみなし，予防教育の内容の修正や教育方法を変更しなければならない．このように，尺度は教育内容を検討する手がかりにもなる．

　尺度が備えるべき基本的条件の中に，信頼性と妥当性があり，尺度の質を評価する重要な基準である．まず，信頼性とは，同一の個人に対して同一の条件のもとで同一の尺度を繰り返し実施したとき，一貫して同一の得点が得られる程度のことをいう[1]．例えば，測定するごとに結果が異なってしまうような尺度は，信頼性がないということになる．つまり，信頼性とは，繰り返し測定しても同じような結果が得られることを示す尺度の「測定の安定性」あるいは「精度」を意味する．一方，妥当性とは，尺度の得点の解釈とそれに基づく推論の正当性の程度のことをいう[1]．例えば，不安を測定する尺度を用いて測定した場合，不安傾向が高い人の結果は不安の得点が高く，不安傾向が低い人の結果は不安の得点が低いのであれば，この不安を測定する尺度は，妥当性があるといえる．つまり，妥当性とは，測りたい対象を正確に測れていること示す基準である．したがって，尺度を使用する際には，信頼性と妥当性が検討されている尺度であるかを確認する．

　尺度の使用方法は，近年ではインターネット上で回答する方法もあるが，基本的には紙と筆記用具を使用し，紙面に印刷された尺度に用意されている質問項目に対して，回答番号を選択して回答する．そして，その回答に基づいて，対象者の心理状態や多くの人に共通する一般的な傾向の把握に用いられる[i]．

　本章では，性に関する行動，意識，態度を測定する尺度を紹介する．

19.2 性に関する行動を測定する尺度

◎ 19.2.1 札幌医大式性機能質問紙[4]

〈測定概念・対象者・信頼性と妥当性〉

　性機能に関する自覚症状を数量化する質問紙である．本尺度の対象者は，性機能障害がある男性および性機能障害がない男性である．本尺度の信頼性と妥当性は確認されている．

〈質問紙の特徴と項目数〉

　本質問紙の特徴は，自記式の質問紙にすることで，性機能に関する自覚症状の問診の際に生ずる羞恥心をなくし，自覚症状をある程度数量化できることである．妻やパートナーの有無や既往歴などの質

---

i) 尺度の回答には，言語能力に依存するため，一定の言語能力が備わっていない幼児を対象にする場合には，実施が困難である．

問，さらに生活環境におけるストレスの有無などの質問に続いて，性機能に関する質問の順で構成されている．性機能に関する質問項目は，妻の協力度，性生活の満足度，性生活の潤い，性交頻度，視覚性欲，接触性欲，早朝勃起，勃起頻度，陰茎硬度，勃起持続時間，射精頻度の11項目から構成されている．

〈回答方法と得点化〉

性機能に関する質問項目に対する回答方法は，各質問項目によって回答項目は異なるが，0点から5点までの6件法で評価する点は共通している．

19.3 性に関する意識を測定する尺度

◎ 19.3.1 性感染症予防行動に関する意識尺度[5]（表19.1）

〈測定概念・対象者・信頼性と妥当性〉

状況によって性感染症の予防を意図した行動を選択しない度合い，性衝動や性行動に対する抑制心の度合い，性感染症の予防行動を意図する度合い，性感染症に罹患することへの軽視の度合いを測定する尺度である．本尺度の対象者は，大学生であり，本尺度の信頼性と妥当性は確認されている．

〈尺度の特徴と項目数〉

本尺度の特徴は，性感染症の予防に対する個人内で生じる意識とパートナーとの関係性の中で生じる意識を測定できることである．本尺度全体の合計得点が高い場合，性感染症への予防意識が低いことを意味し，最近の性交時にコンドームを使用していない可能性が高いことを示す．項目数は16項目であり，4つの因子[ii]（状況優先的思考，性的開放性，予防意識，楽観的思考）から構成されている．

〈回答方法と得点化〉

本尺度の回答方法は，「とてもそう思う（4点）」から「全くそう思わない（0点）」の5件法で行う．因子ごとに合計得点を求めるが，予防意識の得点化のみ，得点が逆転し，「とてもそう思う」は0点か

表19.1 性感染症予防行動に関する意識と尺度

因子	項目
状況優先的思考	パートナーが必要ないと言ったら，性感染症の予防をしないかもしれない パートナーを信じているなら，性感染症の予防をしないかもしれない 愛があれば，性感染症の予防をしないかもしれない 自分が面倒くさければ，性感染症の予防をしないときがあるかもしれない
性的開放性	その場限りの性的な関係であってもよい 同時期に複数のパートナーと性的な関係を持っても良い 交際するきっかけが，性的な関係であってもいい 性的な関係は，たくさんの人と経験したい
予防意識	パートナーに迷惑をかけないためにも，性感染症の予防は必要である 性感染症にかかると，不妊などの身体症状を引き起こすので，予防は必要である 自分にとって，性感染症の予防は必要である 性感染症にかかったら，周りの目が気になるので，予防は必要である
楽観的思考	性感染症にかかっても，たいしたことはないだろう 性感染症のことは，かかったときに考えればいいだろう 性感染症には，効く薬があるから大丈夫だろう 性感染症は，自分には縁がないだろう

---

ii) 因子とは，直接的に測定することが困難で，理論的に定義される概念に相当する．

ら「全くそう思わない」は4点として合計得点を求める．

◎ 19.3.2 コンドームの使用行動に対する意思決定バランス尺度[6]（表19.2）

〈測定概念・対象者・信頼性と妥当性〉

男性用コンドームの使用に対する恩恵と負担感を測定する尺度である．意思決定バランスとは，行動の意思決定に関与する行動の恩恵と負担に対する評価のバランスを意味する．本尺度の対象者は，大学生であり，本尺度の信頼性と妥当性は確認されている．

〈尺度の特徴と項目数〉

本尺度は，コンドームの使用に対する意思決定を2側面（恩恵，負担）からとらえ，恩恵から負担を除した値であるバランス得点が高いほど，最近の性交時にコンドームを使用していることを予測できる．恩恵，負担それぞれ4項目から構成され，項目数を抑えているため，回答者への負担を最小限に抑えることができ，回答者の実態を的確に反映させる可能性がある．本尺度の項目数は，8項目であり，2つの因子（恩恵，負担）から構成されている．

〈回答方法と得点化〉

本尺度の回答方法は，「とてもそう思う（4点）」から「全くそう思わない（0点）」の5件法で行う．本尺度の得点化は，因子ごとに合計得点を求める．

表19.2 コンドームの使用行動に対する意思決定バランス尺度

因子	項目
Cons（負担）	コンドームを使用すると，不自然なセックスになってしまう コンドームを使用するのは，とても面倒くさい コンドームを使用することにより，パートナーを信用していないと思われる コンドームを使用すると，パートナーは怒るだろう
Pros（恩恵）	コンドームを使用すると，自分と同様にパートナーも保護してくれる コンドームを使用すると，妊娠の可能性が低くなる コンドームを使用することは，パートナーに責任感を示せる コンドームを使用すると，性感染症にかからなくなる

◎ 19.3.3 男性用性的欲求尺度[7]

〈測定概念・対象者・信頼性と妥当性〉

男性が持つ多様な性的欲求を測定する尺度である．本尺度で用いられている性的欲求とは，「性的刺激や性的活動への関心が，異性，同性を問わず，またその対象が人間だけではなく，特定の物や状態へも方向づけられる観念の強さによって測定できる変数」と定義づけされている．本尺度の対象者は，18歳以上の男性であり，本尺度の信頼性と妥当性は確認されている．

〈尺度の特徴と項目数〉

本尺度は，社会的望ましさのバイアスに影響されにくいように作成されている．また，本尺度は，一般的性欲尺度（16項目）と特異性欲求尺度（6項目）の2つに分けられていることも，1つの特徴といえる．一般的性欲尺度は，4つの因子（日常性欲，男性器志向性欲，性交志向性欲，ホモヘテロ）から構成されている．

〈回答方法と得点化〉

本尺度の回答方法は，「非常にそう思う（7点）」から「全くそう思わない（1点）」の7件法で行う．本尺度の得点化は，因子ごとに合計得点を求める．

◎ 19.3.4　性的自己意識尺度[8-10]

〈測定概念・対象者・信頼性と妥当性〉

　自己意識の中でも性的側面に関する意識である性的自己意識を測定する尺度である．本尺度で用いられている性的自己意識とは，「自己の性機能や生殖性や身体像など性的存在としての認知，および自己の性的成熟性や性行動に対する感じ方」と定義づけされている．本尺度の対象者は，中学生，高校生，大学生である．本尺度の信頼性は確認されているが，本尺度の妥当性については明確な言及がなされていない．

〈尺度の特徴と項目数〉

　本尺度は，異性と交際した経験のない人や性的関係を持った経験のない人も，自分がそうなった場面を想定して回答できるように，各項目の最後に「（と思う）」と付け加えられている．本尺度で用いられている性的関係とは，性交およびオーラルセックスなど性交に準じる性的接触を持つことを意味している．本尺度の項目数は，中学生版，高校生版，大学生版ともに，15項目であり，2つの因子（性的関係への肯定感，性的魅力への満足感）から構成されている．本尺度の中学生版および高校生版は，大学生版をベースに作られているが，本尺度の一部が大学生版の項目と異なる．

〈回答方法と得点化〉

　本尺度の回答方法は，「とてもそう思う（4点）」から「全くそう思わない（1点）」の4件法で行う．本尺度の得点化は，因子ごとに合計得点を求める．

◎ 19.3.5　性的リスク対処意識尺度[8-10]

〈測定概念・対象者・信頼性と妥当性〉

　性的リスク対処意識を測定する尺度である．本尺度で用いられている性的リスク対処意識とは，「性的関係におけるリスクを避けるための適切な行動がとれる自己管理能力の認知，および相手と親密な関係を形成しコミュニケーションをとることのできる性的対人関係能力に関する自信」と定義づけされている．本尺度の対象者は，中学生，高校生，大学生である．本尺度の信頼性は確認されているが，本尺度の妥当性については明確な言及がなされていない．

〈尺度の特徴と項目数〉

　本尺度は，「性的自己意識尺度」同様，各項目の最後に「（と思う）」と付け加えられている．本尺度で用いられている性的関係とは，性交およびオーラルセックスなど性交に準じる性的接触を持つことを意味している．本尺度の項目数は，学校段階によって異なり，中学生版は10項目，高校生版は16項目，大学生版は18項目から構成されている．本尺度の中学生版および高校生版は，大学生版をベースに作られているが，本尺度の一部が大学生版の項目と異なる．

〈回答方法と得点化〉

　本尺度の回答方法は，「とてもそう思う（4点）」から「全くそう思わない（1点）」の4件法で行う．本尺度の得点化は，因子ごとに合計得点を求める．

19.4　性に関する態度を測定する尺度

◎ 19.4.1　コンドームの使用に対する態度尺度[11]（表19.3）

〈測定概念・対象者・信頼性と妥当性〉

　男性用コンドームの使用に対する否定的な評価，または否定的な感情を測定する尺度である．本尺度

の対象者は，大学生であり，本尺度の信頼性と妥当性は確認されている．

〈尺度の特徴と項目数〉

本尺度の特徴は，項目数が少ない（7項目）ことから回答者への負担を最小限に抑え，回答者の実態を的確に反映させることである．また，本尺度の合計得点が高いほど，コンドームの使用に対する態度が悪いと評価し，最近の性交時にコンドームを使用していないことを予測することが可能である．本尺度の項目数は，7項目であり，1つの因子から構成されている．

〈回答方法と得点化〉

本尺度の回答方法は，「とてもそう思う（4点）」から「全くそう思わない（0点）」の5件法で行う．本尺度の得点化は，本尺度の7項目を合計した得点から求められる．

表19.3　コンドームの使用に対する態度尺度

因子	項目
コンドームの使用に対する態度	コンドームを使ったセックスは私を退屈させる コンドームはイライラさせるものである コンドームの使用はセックスを妨げる コンドームを使用することは面倒なことである コンドームを使ったセックスは性的な快感を減少させる コンドームのニオイや手触りは不快な気分にさせる コンドームの使用はパートナーにゆだねられない

◎ **19.4.2　性的態度尺度**[12]

〈測定概念・対象者・信頼性と妥当性〉

性に対する態度を測定する尺度である．本尺度では，どれくらい性的に開放されているのか，性に伴う責任をどれくらい意識しているのか，性は単なる道具と考え，また人を支配する手段になると考えているかを測定することができる．本尺度の対象者は，大学生である．本尺度の信頼性は確認されているが，本尺度の妥当性については明確な言及がなされていない．

〈尺度の特徴と項目数〉

本尺度の特徴は，性的態度を多次元的に測定することが可能ということである．本尺度の項目数は，28項目であり，3つの因子（性的寛容さ，性の責任性，性の道具性）から構成されている．「性的寛容さ」は17項目，「性の責任性」は7項目，「性の道具性」は4項目で構成されている．

〈回答方法と得点化〉

本尺度の回答方法は，各質問に対して，「そう思う」から「そう思わない」の5件法で行う．本尺度の得点化について明記されていない．

◎ **19.4.3　同性愛に対する態度尺度**[13]

〈測定概念・対象者・信頼性と妥当性〉

同性愛の存在を認めるか，あるいは，同性愛者を避けるかといった同性愛に対する態度を測定する尺度である．本尺度では，同性愛の容認の度合い，同性愛者との接触を避ける度合い，同性愛者に対してポジティブなイメージを持っている度合いを測定することができる．本尺度の対象者は，大学生である．本尺度の信頼性は確認されているが，本尺度の妥当性については明確な言及がなされていない．

〈尺度の特徴と項目数〉

本尺度の特徴は，項目内容が同性愛に対してポジティブかネガティブの一方に偏らないように配慮さ

れていることである．本尺度の項目数は，35項目であり，3つの因子（社会的容認度，心理的距離感，ポジティブイメージ度）から構成されている．社会的容認度は18項目，心理的距離は12項目，ポジティブイメージ度は5項目で構成されている．

〈回答方法と得点化〉

本尺度の回答方法は，各質問に対して，「あてはまる」から「あてはまらない」の5件法で行う．得点化について，各回答に対する得点が明記されていないが，各因子の項目の単純和を各因子の項目数で除したものを尺度得点とし，尺度得点が高いほど，社会的に容認されており，心理的距離感が大きく，ポジティブなイメージであることをあらわす．

[尼崎光洋]

文献

1) 中島義明他編,『心理学辞典』, 有斐閣, 1999.
3) 加藤隆一他,「札幌医大式性機能質問紙の妥当性に関する検討」,『日本泌尿器科学会雑誌』, **90**（11）, 1999.
5) 尼崎光洋・清水安夫,「大学生の性感染症予防に対する意識とコンドームの使用との関係―意識尺度の開発と予測性の検討―」,『日本公衆衛生雑誌』, **55**（5）, 2008.
6) 尼崎光洋・清水安夫・森 和代,「コンドームの使用行動に対する意思決定バランス尺度の開発」,『思春期学』, **27**（4）, 2009.
7) 田口真二・池田他,「男性用性的欲求尺度（SDS-M）の作成と信頼性・妥当性の検討」,『犯罪心理学研究』, **45**（1）, 2007.
8) 草野いづみ,「大学生の性的自己意識，性的リスク対処意識と性交経験との関係」,『青年心理学研究』, **18**, 2006.
9) 草野いづみ,「高校生の性的自己意識・性的リスク対処意識―性別及び性交経験との関係―」,『思春期学』, **25**（1）, 2007.
10) 草野いづみ,「中学生の性的自己意識・性的リスク対処意識―性別による検討―」,『思春期学』, **25**（2）, 2007.
11) 尼崎光洋・清水安夫,「性感染症予防における知識と態度がコンドームの使用に及ぼす影響―コンドームの使用に対する態度尺度の開発とKABモデルの検証―」,『学校保健研究』, **50**（2）, 2008.
12) 和田 実・西田智男,「性に対する態度および性行動の規定因（I）―性態度尺度の作成―」,『東京学芸大学紀要1部門』, **42**, 1991.
13) 和田 実,「青年の同性愛に対する態度―性および性役割同一性による差異―」,『社会心理学研究』, **12**（1）, 1996.

索　　引

■欧　文

A 型肝炎　68
AID による子の父子関係　149
AIDS　5, 68, 71, 78
ART　55, 60
AZF　41

B 型肝炎　68
bisexual　27

C 型肝炎　68
CBT　135
COMT 遺伝子対立多型　99

DSD　31
DSM-Ⅳ　107
DSM-Ⅳ-TR　29, 106
DV　131
DV 防止法　131
DV 連鎖　133

EC　142
ED　42
ELISA　72

FD-1　63
female　32
FSH　30, 48
FTA-ABS 法　71
FTM　29

G spot　47
gender　14, 23
GID　29, 34
GnRH　30, 47

HAV　68
HBV　68
HCV　68
heterosexual　27
HIV　5, 27, 67, 68, 71, 78
homosexual　27
HPV　68, 76
HSV　68, 76
HSV 分離培養法　73

IC　72
ICP　157
ICPD　157
ICT　116
IFA　72
IPPF　159
IUD　63

LAMP 法　73
LH　30, 48

male　32
MAOA　99
MHC　93

MTF　29

NANC 神経　37
NGU　68

PA　72
PCR 法　70, 73
PGD　152
PMS　49
PTSD　131

RLE　29

sex　14, 23
sex education　1
sexuality　14
SMS　116
SRS　29
SRY 遺伝子　31, 33
STD　74, 77
STI　67, 77
STS 法　71

TPHA 法　71

Western blot 法　72

■ア　行

愛　44
アクティブバース　145
アセスメント　134
アダルトビデオ　89
アドレナリン　92
アンドロゲン　30

イエ（家）　124
意思決定バランス　166
異常分娩　57
異性愛　27
異性間淘汰　20
一次性徴　26, 32
一次的予防　78
一夫一妻制　124
遺伝　97
陰核亀頭　47
陰茎　35
陰茎海綿体　35
陰茎血管作動物質　38
陰茎骨　35, 43
陰茎根　35
陰茎体　35
インセストタブー　93, 115
インターネット　89
咽頭感染（定着）　69
陰嚢　35, 36

生まれつき　33
浮気　86

永久避妊法　61, 64

エストロゲン　48, 88
エッグハンター　36
エピジェネティクス　33

黄体機能不全　51
黄体形成ホルモン　48
黄体ホルモン　30, 48
オキシトシン　86, 92
オギノ式　62
おしるし　57
雄（オス）　18, 32
雄間競争　20
オナニー言説　4
オープンマリッジ　86
思いやり　82
親以外の協力者による貢献　22
親との会話　114
親の監視　114
親の投資理論　20
親の目の内在化　114
オーラルセックス　67, 78
オルガスムス　43, 52

■カ　行

外陰膣カンジダ症　68
外陰部　35, 47
外陰部上皮内新生物　73
改正 DV 防止法　133
外性器　47
解発因効果　102
快楽　43
カイロ会議　153
家族　112, 123
過多月経　51
家庭　112
家庭環境　97, 113, 130
カテコール O メチル基転移酵素遺伝子
　　対立多型　99
家父長制　124
加齢　60
可愛らしさ　95
感覚と性行動　101
感受性宿主　79
感染経路　79
感染源　79
感染症予防　53
感染の 3 要素　79
浣腸愛　110

器質性月経困難症　49
基礎体温法　62
亀頭　35
希発月経　48
キブツ　93
ギャグ・ルール　163
吸引　64
嗅覚と勃起　40
急性前立腺炎　69
共感　82
共感能力　83

共有環境　97
キラー　36
緊急避妊法　61, 64, 142
緊急避妊薬　64
近親交配　93
筋層　46
禁欲主義教育　160
禁欲法　61, 62

クラインフェルター症候群　31, 42
クラミジア・トラコマティス　67
クラン　84, 115
クリトリス　47
クローン　19

頸管筋無力症　63
頸管粘液法　62
蛍光抗体法　72, 73
経口避妊薬　63, 143
刑法　123
ケジラミ症　68
月経過多　63
月経困難症　63
月経周期　48
月経初来年齢　97
月経前症候群　49
結婚　21
血清反応　71
検診率の向上　77

強姦者　104
交感神経系　36, 37
攻撃性　91
公娼制度　120
酵素抗体法　72
後天性免疫不全症候群　68, 71
高年妊娠　58, 59
後部尿道　35
声の魅力　94
国際家族計画連盟　159
国際人権会議　157
国際人口会議　157
国際人口開発会議　153, 157
子殺し　91
個人的法益に対する罪　123
戸籍変更　30
子育て　91, 113
骨盤位　57
骨盤内炎症性疾患　70
骨盤内感染症　63
言葉　116
子ども期　22
ゴナドトロピン放出ホルモン　47
コミュニティ環境　98
婚姻　123
婚姻形態　85
コンドーム　62
　──の適正使用　77
コンドームの使用行動に対する意思決定バランス尺度　166
コンドームの使用に対する態度尺度　167

■サ　行
性的事件　128
再犯防止教育　134
サージ　48
雑誌　116
殺精子剤　63
査定　134

三次性徴　32
産徴　57
産道　56

自慰　4
ジェンダー　14, 23, 119
ジェンダー・アイデンティティ　23, 33, 106
視覚的刺激　101
視覚と勃起　39
色情教育　1
子宮　46
子宮筋腫　46, 51, 60, 63
子宮頸がん　60, 73
子宮頸管炎　68, 71
子宮頸管粘液　53
子宮内避妊具　63
子宮内膜症　51
死後生殖による子の父子関係　149
自己保存欲求　91
思春期　26
視床下部　38, 43, 47, 101
施設分娩　145
自然淘汰　19
自然分娩　57
氏族　84, 115
死体愛　110
自宅分娩　145
実生活経験　29
嫉妬　86
室傍核　38
児頭骨盤不均衡　50
児童虐待　131
児童買春　127
児童買春・児童ポルノに係わる行為等の処罰及び児童の保護等に関する法律　122
児童ポルノグラフィ　126, 128
社会階層　97
社会規範　119
社会的法益に対する罪　123
尺度　164
若年妊娠　58
射精　37, 40
射精管　36
手淫＝有害説　4
獣愛　110
周期的禁欲法　62
醜業婦　121
重層扁平上皮　70
絨毛検査　150
受診経験割合　139
受診行動　138
受精　55
出産　56, 145
　──の医療化　145
出生前診断　150
主要組織適合性抗原複合体　93
受容体　86
純潔教育　2
常位胎盤早期剥離　51
小陰唇　47
障害児・障害者　136
娼妓解放令　120
上下関係　83
情動的攻撃　91
小児性愛　109
上皮内がん　73
小便愛　110
情報登録・公開制度　129

漿膜　46
食生活の欧米化　52
処女膜（痕）　47
女性の身体　46
女性の性感染症　74
女性不妊手術　64
女性ホルモン　87
自立支援　132
自律神経　36, 37
心因性勃起　37
神経性食欲不振症　51
神経伝達物資　37, 87
神経レベルの性別　33
人工授精　148
人工妊娠中絶　64
人工分娩　57
人口問題　153
新生児ヘルペス　72
身体空間　50
身体図式　50
身体知覚　50
身体的虐待　131
身体認知　50
陣痛　56
心的外傷後ストレス障害　131
心理的虐待　131
人類普遍的　85

睡眠関連勃起　40
健やか親子21　155
ステディセックス　81
刷り込み　94

性　31
性育　1
生活習慣病　60
生活史理論　22
精管結紮術　64
性感染　79, 80
性感染症　5, 67
精管　36
性感染症予防　77
性感染症予防行動に関する意識尺度　165
性器カンジダ症　77
性器クラミジア感染症　75, 78
性器ヘルペス　68, 72, 76
性教育　1
性教育元年　3
性教育の充実　77
性交　55, 80
性行為の多様化　80
性交開始年齢　97
性交障害　42, 69
性交中絶法　62
性行動　79
　──に伴うリスク　80
性差　101
精細管　36
精索静脈瘤　69
性嗜好　106
精子数　36
性自認　33
精子無力症　69
性周期　48
性衝動　87
正常分娩　57
生殖サイクル　97
生殖補助医療　55, 59, 60, 148, 149
性腺刺激ホルモン　48

索　引　171

性腺刺激ホルモン治療　42
性染色体　33
性戦略の理論　21
性腺レベルの性別　33
精巣　36
精巣上体　36
精巣上体炎　69, 70
精巣性女性化症候群　31
生態学的集団　84
性徴　26
成長加速現象　26
性的虐待　131
性的教育　1
性的空想　103
性的サディズム　109
性的刺激　39
性的自己意識　167
性的自己意識尺度　167
性的指向　24, 27
性的態度尺度　168
性的二型　20
性的マゾヒズム　109
性的魅力　93
性的問題行動　136
性的欲求　166
性的リスク対処意識　167
性的リスク対処意識尺度　167
性同一性障害　24, 29
性同一性障害者の性別の取扱いの特例に関する法律　122
性同一性障害に関する診断と治療のガイドライン　30
性淘汰　19, 93
性に関する健康　156
性に関する指導　3
性のダブルスタンダード　120, 121
性の伝承　9
性の2倍のコスト　18
性の民俗　11
性犯罪　128
性犯罪者処遇プログラム　135
性被害　130
性病性リンパ肉芽腫　68
性分化　25, 33
性分化異常症　31
性別適合手術　30
性別判定　32
性役割　23
性欲教育　1
赤痢アメーバ症　68
セクシュアリティ　3, 14, 119
セクシュアル・ヘルス　156
セクシュアル・ヘルス推進のための10ヵ条　157
セクシュアルマイノリティ　27
セクシュアル・ライツ　157
接近禁止命令　132
セックス　14, 23, 119
窃視症　110
接触型　129
窃触症　108
セーファーセックス　81
　──の啓発　78
セロトニン　88, 92
セロトニン運搬短対立遺伝子　99
セロトニンニューロン　39
前駆陣痛　57
尖圭コンジローマ　68, 73, 76, 78
染色体レベルの性別　33
前置胎盤　60

先天性梅毒　71
先天性副腎皮質過形成　31
前頭前野　43
前部尿道　35
前立腺　40
前立腺炎　68

掻爬　64
鼠径肉芽腫　68

■タ 行
大陰唇　47
ダイエット　50
体外受精　148
胎児付属物　57, 64
態度を測定する尺度　167
代理懐胎　148
代理懐胎による子の親子関係　149
ダーウィン　19
他者の目の内在化　114
助けを求める行動　142
堕胎　64
多胎妊娠　60
ターナー症候群　31
短期的配偶戦略　21
男子尿道炎　70
単純ヘルペス　76
男女交際　14
男性外性器　35
男性の身体　35
男性不妊手術　64
男性不妊症　69
男性ホルモン　87
男性用性的欲求尺度　166

チャタレイ事件　126
膣　46
膣外射精法　62
膣前庭　47
膣トリコモナス症　68, 77
着床前診断　151
中脳皮質辺縁ドーパミン系　43
超音波検査　151
長期的配偶戦略　21
陳旧性梅毒　71

帝王切開　57, 146
低酸素渇望　109
低用量ピル　143
デザイナーズベイビー　152
テストステロン　42, 88, 92
デーデルライン桿菌　53
デートDV　132
デートレイプ　131
出歯亀　110
転換点　99
電信　116

盗撮　110
同性愛　16, 27
同性愛に対する態度尺度　168
同性間淘汰　20
道徳　119
銅付加IUD　63
特発性造精機障害　69
ドーパミン　86
ドーパミンニューロン　40
ドメスティック・バイオレンス　131
トラコーマ感染症　68

■ナ 行
内科合併症　60
内性器　46
内膜　46
軟性下疳　68

においによる魅力　102
二次性徴　26, 32
二次的予防　78
二分脊椎症　51
日本産科婦人科学会　149
乳房　50
乳房切除術　30
尿道　36
尿道炎　68
尿道海綿体　35
人間関係　111
人間の性　79
妊産婦ケア　145
妊娠　51, 55
　とリスク　58
妊娠高血圧症候群　51
妊娠糖尿病　51
認知行動療法　135
妊孕性　60

ネオテニー　95
ネグレクト　98, 131

脳内ペプチド　86
脳レベルの性別　33
ノーセックス　81
のぞき見　110
のぼせ上がり　86

■ハ 行
配偶システム　86
配偶者からの暴力の防止及び被害者の保護に関する法律　131
配偶者暴力相談支援センター　132
売春　126
買春　127
売春防止法　122
梅毒　68, 71
ハイド条項　163
ハイリスク妊娠　58
パーカーインク法　71
恥ずかしさ　114
バソプレッシン　86, 92
バタードウーマン運動　131
ハタネズミ　86
発育スパート　26
発達　111
パラフィリア　106
パール指数　61
晩婚化　59
犯罪被害者等基本法　143
晩産化　59
繁殖戦略の性差　20

ピア環境　98
非共有環境　97, 113
非言語的コミュニケーション　115
非接触型　129
ビタミンAの過剰摂取　51
ヒトの生活史　22
ヒトパピローマウイルス　76
避妊法　61
非閉塞性乏精子症　41
非勃起時　39

ヒューマン・セクシュアリティ　159
表現型レベルの性別　33
非淋菌性尿道炎　68
非淋菌性非クラミジア性尿道炎　70
ピル　63
頻発月経　48

不育症　52
フィルタリングソフト・サービス　89
フェティシズム　108
フェロモン　102
腹圧　56
副交感神経系　36, 37
副腎皮質過形成　25
副性器炎症　69
服装倒錯的のフェティシズム　109
不顕性感染　80
不純異性交遊　7
父性愛　38
不妊　147
不妊原因　148
不妊治療　60, 148
部分性愛　110
プライマー効果　102
プロゲステロン　48, 88
プロスペクティヴ調査　130
プロチョイス　162
ブロッカー　36
プロライフ　162
雰囲気による魅力　102
分娩　56
　　──の3要素　56
糞便愛　110
分娩予定日　56

ペア・ボンド　86
平滑筋収縮弛緩に関与する物資　38
閉塞性無精子症　42
ペッサリー　63
ペニス　35, 43
娩出物　56
娩出力　56

防衛医療　146
包括適応度　22
包括的な性教育　160

包括的なセクシュアリティ教育　159
傍巨大細胞性網様核　38
乏精子症　41, 69
包皮　35
ボーエン病　73
ボーエン様丘疹症　73
保護者　137
保護命令　132
捕食攻撃　91
母性健康管理指導事項連絡カード　155
母体血清マーカー検査　151
母体保護法　162
勃起　37
勃起障害　42
ボディイメージ　49
ボディ・カセクシス　50
ポルノグラフィ　125
ポルノ動画　88
ホルモン療法　30

■マ　行
マスターベーション　103
祭りと性　10

ミス・コンテスト（ミスコン）　127
民事拘禁制度　129

無症候性梅毒　71
娘組　8
娘盗み　120
無精液症　69
無精子症　41, 69
無性生殖　19
無脳症　51

雌（メス）　18, 32
　　──による選り好み　20
メディア　115
免疫クロマトグラフィー法　72
メンテナンス　134

モノアミン酸化酵素A　99

■ヤ　行
夜間勃起　40
やせ志向　50

有性生殖　18
優生リング　63
優良遺伝子　53
輸出小管　36
夢うつつの状態　86

羊水検査　150
ヨバイ　8
夜這い　120
予防意識　165

■ラ　行
ラマーズ法　145
卵管　46
卵管結紮術　64
乱婚　85
卵巣　46
卵胞刺激ホルモン　48
卵胞ホルモン　30, 48

リスク・アセスメント　134
リスクのある性行動　80
リステリア菌　51
リプロダクティブ・ヘルス／ライツ　153, 156
粒子凝集法　72
両性愛　27
リリーサー効果　102
淋菌　69
淋菌感染症　68, 75

類似の性行為　80

レイプ　91, 104, 130
レジリエンス　99
レジリエンス尺度　99
変愛感情　85

ロウ判決　162
露出症　107

■ワ　行
若者組　8

編集者略歴

荒堀　憲二 (あらほり けんじ)
1952年　京都府に生まれる
1979年　自治医科大学医学部卒業
現　在　伊東市民病院院長
　　　　医学博士

松浦　賢長 (まつうら けんちょう)
1962年　愛知県に生まれる
1990年　東京大学大学院医学系研究科博士課程修了
現　在　福岡県立大学看護学部教授
　　　　保健学博士

性教育学　　　　　　　　　　　　　　　　定価はカバーに表示

2012年4月30日　初版第1刷
2024年8月25日　　　第4刷

　　　　　　　編集者　荒　堀　憲　二
　　　　　　　　　　　松　浦　賢　長
　　　　　　　発行者　朝　倉　誠　造
　　　　　　　発行所　株式会社　朝　倉　書　店
　　　　　　　　　　　東京都新宿区新小川町 6-29
　　　　　　　　　　　郵便番号　162-8707
　　　　　　　　　　　電　話　03(3260)0141
　　　　　　　　　　　ＦＡＸ　03(3260)0180
　　　　　　　　　　　https://www.asakura.co.jp

〈検印省略〉

© 2012 〈無断複写・転載を禁ず〉　印刷・製本　デジタルパブリッシングサービス

ISBN 978-4-254-64039-7　C 3077　　　　　Printed in Japan

JCOPY ＜出版者著作権管理機構　委託出版物＞

本書の無断複写は著作権法上での例外を除き禁じられています．複写される場合は，そのつど事前に，出版者著作権管理機構（電話 03-5244-5088，FAX 03-5244-5089，e-mail: info@jcopy.or.jp）の許諾を得てください．